베짱이 패러독스

30가지 경제학 이야기

베짱이 패러독스

30가지 경제학 이야기

남들 놀 때 열심히 일하고 저축하는 개미도 무언가 손해 보는 게 있지 않을까?

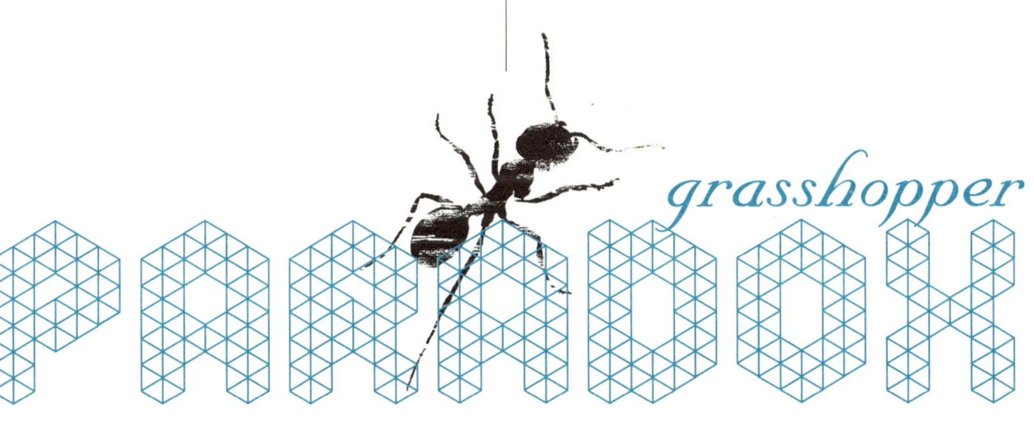

김대환 지음

부엔리브로

일상 소재로 풀어보는
경제학 개념

"그거 선생님이 쓰신 거예요?"

십여 년 전, 낮에는 신문사 기자 밤에는 대학 시간강사를 하던 시절 내 기사가 인터넷에서 유명세를 탄 적이 있는데 그 기사를 학생이 읽었던 모양이다. 기사 맨 끝에 'ХХ신문 김대환 기자'라고 분명히 쓰여 있었을 테니 그 기사를 쓴 사람이 정말로 내가 맞는지 몰라서 물어보는 것은 아니었을 것이다. 말투로 미루어 보건데 '그따위 것을 기사라고 쓰다니 창피하지도 않으세요'라고 하고 싶었는데 차마 그렇게 말하지는 못했던 듯싶다.

부연 설명을 하자면, 그때 나는 한 경제 신문의 정치부 기자로 청와대를 출입하고 있었다. 당시는 대통령 취임 초기였기 때문에 대통령의 일거수일투족이 중요 뉴스로 다루어지던 때였다. 종합 일간지였더라면 내 기사가 매일같이 신문 1면에 오르고 인터넷에서도 많이 읽혔을 것이다. 하지만 경제 신문은 사정이 달랐다. 경제 뉴스에 관심이 있는 사람들이 경제 신문을 사는 것이지 대통령의 동정에 관심이 있는 사람들이 경제 신문을 사지는 않는다. 그렇기 때문에 경제 신문에서 청와대발 뉴스는 그다지 중요하게 취급되지 않는다. 게다가 당시 나는, 기자들의 용어를 빌려 쓰자면, '2진'에 불과했다. 정말 중요한 뉴스는 나보다 한참 선배인 '1진' 기자가 다루었다. 그러니 내가 쓴 기사는 신문에 잘 나오지도 않았고 인터넷에서 유명세를 탈 일도 없었다.

그때 그 기사만 빼놓고 말이다. '대통령의 말실수 베스트 10'이라는 제목을 단 기사였다. 대통령이 여기저기에서 말실수를 한 자료를 모아놓으면 재미있는 읽을거리가 될 수도 있겠다는 생각으로 써본 것이었다. 경제와는 아무 상관이 없고 정치와도 거의 상관없는 기사였다. 적어도 내 의도는 그랬다. 그런데 그 기사를 본 사람들은 내가 대통령과 원한 관계에 있거나, 아니면 야당에서 사주라도 받은 것으로 생각했던 모양이다. 대통령을 싫어하는 사람들은 좋아서 내 기사를 퍼다 날랐고, 대통령을 좋아하는 사람들은 '뭐 이런 걸 기사라고 신문에 내는 거야'라며 화를 냈다. 그 기사를 읽고 나에게 따지듯이 물은 학생은 후자의 부류에 속했던 것이다.

글은 종류를 불문하고 일단 재미있어야 된다는 것이 내 지론이었다. 고등학생 시절, 연세대학교 마광수 교수가 쓴 『나는 야한 여자가 좋다』라는 책이 유명했었다. 마광수 교수가 이런 주장을 했다고 한다. 글은 일단 재미가 있어야 한다고. 아무리 좋은 내용을 담고 있어도 아무도 읽지 않으면 그게 무슨 소용이냐고. 이 책 제목에 나오는 '야하다'는 말은 '섹시하다'를 뜻하는 것이 아니라 '자연스럽다, 촌스럽다(野 자에 이런 뜻도 있다고 한다)'를 뜻하는 것이라는 다소 억지스러운 주장을 하던 고등학교 국어 선생님조차도 '글은 재미있어야 한다'는 마광수 교수의 주장에 일리가 있다고 말씀하셨다. 재미있는 글에 대한 나의 집착은 그때부터 생겼던 것 같다. 하지만 '대통령의 말실수 베스트 10' 기사로 일부 학생들의 신뢰를 잃고 난 후에는 나름대로 반성을 했다. 재미도 중요하지만 재미만 가지고 글을 쓰는 것은 위험할 수 있다는 것을 깨달았다고나 할까.

몇 해 전 쓴 『하버드 박사의 경제학 블로그』란 책은 생각보다 좋은 반응을 얻었다. 대단한 베스트셀러가 된 것은 아니지만 중학생, 고등학생을 포함한 다양한 사람들이 읽어주었다. 독자들의 평가도 긍정적이었다. 많은 분들이 쉽고 재미있게 읽을 수 있어 좋았다는 말을 해주셨다. 어렵게만 느껴지던 경제학 개념들이 마침내 이해되기 시작했다는 독자도 있었다. 물론 좋은 평만 있었던 것은 아니다. 책이 너무 가볍게 느껴진다는 독자도 있었고, 심지어는 '30분이면 충분히 읽을 수 있는 책'이라는 평을 한 독자도 있었다. 칭찬의 뜻으로 나온 말인지 비난의 의도로 나온 말인지는 모르지만, 그래도 1년 가까이 시간을 들여 쓴 책이었는데 아쉬운 면이 있다. 만화책 한 권도 자세히 읽으려면 30분이 더 걸리는데……. 책에 그만큼 내용이 없다는 비판을 담은 것이 아닌가 싶다.

이번 책에서는 조금 더 알찬 내용을 담고자 했다. 주요 개념과 이론들은 더 자세히 설명하고자 했다. 글로벌 금융 위기, 유로화 위기 등 최근의 경제 현안을 이해하는 데 도움이 되는 이론들도 많이 소개하려 했다. 책의 취지는 그대로다. 일상 속에서 소재를 찾아내 경제학 개념을 설명한다는 것이다. 그러니까 딱딱한 교과서 형식을 피하고 주요 경제학 개념들이 자연스럽게, 그리고 구체적으로 독자에게 다가갈 수 있도록 하는 것이 책의 취지다. 물론 이 취지를 얼마나 달성했는지 판단하는 것은 독자들의 몫이다.

책의 출판을 제안해주시고, 2년 가까이 참을성 있게 원고를 기다려주신 부엔리브로 강인숙 사장님께 감사드린다. 좋은 책을 만들기 위해 노력을 아끼지 않으신 최민석 편집자님께도 감사드린다. 바쁜 와중에도 초고를 꼼꼼히 읽고 여러 가지 유용한 제안을 해준 건국대학교 경제학과의 이완규 학생과 이영숙 학생에게도 고마움을 표시하고 싶다. '뻬쩨르부르그 패러독스'는 책 제목으로 너무 무겁게 들린다는 것, 「개미와 베짱이」 이야기에도 사실은 패러독스가 숨어 있다는 것, 그러므로 책 제목에 '베짱이 패러독스'라는 말을 넣는 것이 좋겠다는 결론에 도달하게 된 것은 며칠 전 아침 아내와 커피를 마시면서였다. 책 제목을 제대로 정한 것인지는 아직 잘 모르겠지만, 어쨌건 아내 크세니아에게도 고마운 마음을 전하고 싶다.

프롤로그 | 일상 소재로 풀어보는 경제학 개념　　　　　　　　　　　004

01 일상 속 경제 이야기

01 진보와 보수, 결국 중간에서 만난다　　　　　　　　　　015

02 오스트리아인의 목욕으로 헝가리인의 식수가 오염된다　　　025

03 단일 화폐 사용이 그리스의 위기를 키웠다　　　　　　　035

04 경영자의 임금, 적정선을 구할 수 있는가　　　　　　　043

05 왜곡된 고용 시장에서는 악화가 양화를 구축한다　　　　051

06 개미의 삶에서 잃은 것은 무엇일까　　　　　　　　　059

07 금융 위기는 검은 백조의 출현 현상이다　　　　　　　069

08 꼴찌도 최대로 행복할 수 있는 사회　　　　　　　　079

02 시장과 정책에 관한 이야기

09 비교우위를 잃은 산업에 구제책은 있는가   091

10 보이지 않는 손을 멈추게 하는 것들   101

11 불가리아 택시를 타며 담합을 그리워했다   111

12 동해보복은 경제적 균형성을 가지고 있을까   121

13 세율을 낮추면 정부 수입이 증대된다?   129

14 정부의 주유소 운영이 기름 값을 낮출까   137

15 소액주주인데 경영 지배권이 있다   145

16 대우그룹은 왜 무너졌나   155

17 4대강 사업은 국민소득을 증대시켰는가   163

18 독일은 왜 인위적 경기 부양책을 경계할까   171

19 미래를 전망하는 두 개의 시선   181

20 대학 교육, 시장논리로만 접근해야 하는가   189

03 금융생태계 이야기

21 10년 후의 10억을 지금 끌어 쓴다면 얼마인가   **201**

22 돈의 액수와 개인의 만족감은 비례하는가   **209**

23 나이 들면 주식 투자 비중을 줄여야 할까   **221**

24 환율 차익으로 불황을 잊은 기모노 트레이더   **229**

25 주가 변동은 단지 우연의 산물인가   **239**

26 버핏은 페이스북의 주식을 샀을까   **247**

27 선물·옵션, 금융 파생 상품의 위험성   **255**

28 이자율 0%, 버냉키 총재의 도박   **265**

29 시중 통화량에서 허수는 얼마일까   **273**

30 인간의 합리성은 익숙함에서 시작된다   **283**

1장

일상 속 경제학 이야기

진보와 보수, 결국 중간에서 만난다 — 중간투표자정리

오스트리아인의 목욕으로 헝가리인의 식수가 오염된다 — 외부효과

단일 화폐 사용이 그리스의 위기를 키웠다 — 최적통화권 이론

경영자의 임금, 적정선을 구할 수 있는가 — 노동가치 이론

왜곡된 고용 시장에서는 악화가 양화를 구축한다 — 역선택

개미의 삶에서 잃은 것은 무엇일까 — 평생소득가설

금융 위기는 검은 백조의 출현 현상이다 — 부채슈퍼사이클 이론

꼴찌도 최대로 행복할 수 있는 사회 — 최소의 최대화 원리

PAGE 17
MONDAY, MARCH
THE WALL ST
SMALL BUSINESS
More Firms Quiz Custome
For Clues About Competitio
By Steven P. Galante

01

진보와 보수,
결국 중간에서 만난다

중간투표자정리 ;

양당제에서는 보다 많은 유권자의 지지를 받기 위해 두 정당 모두 중간 성향의 유권자가 선호하는 정강과 정책을 채택하게 된다는 이론이다. 양당제가 정착된 영국과 미국의 정치 현상을 비교적 잘 설명하고 있는 것으로 평가된다.

한여름 햇볕이 내리쬐는 해수욕장, 이동식 차량에 냉장고와 파라솔 테이블을 갖춘 아이스크림 장사가 두 명이 있다. 넓은 해수욕장을 통틀어서 아이스크림 장사가 두 명뿐이라면 이들은 어디에 자리를 잡아야 할까? 물론 사람들이 많이 몰려 있는 곳에 자리를 잡으려 하겠지만, 문제를 흥미롭게 하기 위해 사람들이 골고루 퍼져 있다고 하자. 그럼 아이스크림 장사는 어디에 자리를 잡아야 할까? 해수욕장 양쪽 끝에 자리를 잡을 것인가? 아니면 4분의 1 지점과 4분의 3 지점에 자리를 잡을 것인가? 아니면 3분의 1 지점과 3분의 2 지점에 자리를 잡을 것인가?

좀더 중심으로 옮겨볼까..?
A
B
ice cream
ice cream

아이스크림 장사 이야기는 '중간투표자정리'를 설명하기 위해 종종 사용되는 예이다. 중간투표자정리란 원래 양당제하에서 정당이 어떤 정책을 선택하는가에 관한 이론이지만 그 논리를 설명하는 데는 아이스크림 장사 이야기만 한 것이 없다. 정당을 아이스크림 장사로 생각하고, 정당의 정책 선택 문제를 해변가에서 위치를 정하는 문제 정도로 생각하면 된다. 물론 정당에 한 표를 던지는 유권자는 아이스크림을 사러 오는 피서객으로 생각하면 된다.

다시 아이스크림 장사 얘기로 돌아가서, 우선 두 장사꾼이 해수욕장 양쪽 끝에 자리를 잡은 경우를 생각해보자. 왼쪽 끝에 자리를 잡은 장사꾼(이 사람을 A라고 하자)에 가까이 있는 피서객은 A에게 갈 테고, 오른쪽 끝에 있는 장사꾼(이 사람을 B라고 하자)에 가까이 있는 피서객은 B에게 갈 것이다. 해수욕장의 한가운데에 있는 사람(이 사람을 '중간피서객'이라고 하자)을 기준으로 생각하면 중간피서객의 왼쪽에 있는 사람은 모두 A로부터 아이스크림을 사고, 중간피서객의 오른쪽에 있는 사람은 모두 B로부터 아이스크림을 살 것이다. 피서객들이 해수욕장 전체에 골고루 퍼져 있으니 A와 B의 손님 수는 비슷해질 것이다.

그런데 이런 상황이 오래가지는 못한다. 해수욕장의 왼쪽 끝에 있는 A는 다음과 같이 생각한다. '내가 가게를 조금만 오른쪽으로 이동시키면 중간피서객의 오른쪽에 있는 사람의 일부까지 내 손님이 되지 않겠는가!' A가 가게를 오른쪽으로 이동한다고 해서 기존의 손님 중 누구도 B로 가서 아이스크림을 살 이유는 없다. 중간피서객의 왼쪽에 있는 사람은 모두 B보다 A가 가까울 것이기 때문이다. 따라서 A는 가게 위치를 오른쪽으로 이동시킨다. 그때 B라고 가만히 있을 리 없다. B는 자신의 가게를 왼쪽으로 이동시키면 기존의 손님을 하나도 놓치지 않고서도 새로운 손님을 유치할 수 있으리라는 결론을 내리게 된다. 그래서 가게 위치를 왼쪽으로 이동시킨다.

A는 왼쪽 끝에서 오른쪽으로 이동하고 B는 오른쪽 끝에서 왼쪽으로 이동할 때, 결국 누가 더 많은 손님을 차지하게 될까? 이에 대한 답은 'A와 B의 손님 수 모두 변화가 없다'가 된다. 왼쪽 끝에서 오른쪽으로 움직이던 A와 오른쪽 끝에서 왼쪽으로 움직이던 B는 정확히 중간 지점, 그러니까 중간피서객이 있는 지점에서 만날 것이다. A와 B가 모두 중간피서객이 있는 지점에 있다면 A와 B는 손님을 정확히 반씩 나눠 갖게 될 것이므로 위치 이동을 시작하기 전과 아무 차이가 없다. 하지만 A와 B 둘 중 하나가 왼쪽이든 오른쪽이든 이 지점에서 조금이라도 벗어나면 손님을 잃게 된다. 왼쪽으로 움직이면 중간피서객의 오른쪽에 있는 손님을 모두 잃고 거기에 더해 중간피서객의 왼쪽에 있는 손님도 일부 잃게 된다. 오른쪽으로 움직이면 반대로 중간피서객의 왼쪽에 있는 손님을 모두 잃고 거기에 더해 중간피서객의 오른쪽에 있는 손님도 일부 잃게 된다. 그러니까 중간 지점에서 조금이라도 움직일 이유가 없는 것이다.

이렇게 이해된 아이스크림 장사의 이야기를 양당제가 시행되는 나라의 정당에 적용하는 것은 아주 쉬운 일이다. 그러니까 처음에 왼쪽 끝에 있던 아이스크림 장사 A를 정당 A로 생각하고, 오른쪽 끝에 있던 아이스크림 장사 B를 정당 B로 생각할 수 있다. 조금이라도 더 많은 손님을 끌어들이기 위해 A가 오른쪽으로 이동하고 B가 왼쪽으로 이동하듯이, 조금이라도 더 많은 표를 얻기 위해 두 정당은 점점 중간투표자 쪽으로 이동한다. A와 B가 정확히 중간 지점, 즉 중간피서객이 있는 지점에 이르러 이동을 멈추듯이 정당 A와 정당 B도 중간 지점에서 멈추고, 결국 비슷한 정책을 제시하게 된다. 결국 두 정당은 비슷해지고 유권자가 어느 정당을 지지하는가는 큰 의미가 없어진다.

양당제가 오래전에 정착된 미국에서는 민주당이 진보 진영을 대변하고 공화당이 보수 진영을 대변한다. 대통령도 민주당 출신과 공화당 출신이 번갈아가며 맡는다. 2009년에 대통령이 된 버락 오바마는 민주당 출신이고, 그 바로 전 2001년부터 대통령이 된 조지 워커 부시는 공화당 출신이다. 1993년부터 2000년까지 대통령을 지낸 빌 클린턴은 민주당 출신이었고, 또 그 직전 1989년부터 대통령을 지낸 조지 허버트 워커 부시는 공화당 출신이었다. 상원과 하원으로 나뉘어 있는 국회에서도 공화당과 민주당이 대부분의 의석을 차지하고 있다. 민주당과 공화당 외 다른 정당이 없는 것은 아니지만 정치 과정에 큰 영향력을 행사하지는 못한다.

민주당과 공화당은 주요 이슈에 대해 대립되는 입장을 가지고 있다.

미국에 적대적인 쿠바, 베네수엘라, 이란, 북한 등과의 관계에서 공화당은 '채찍'을 강조하는 반면 민주당은 '당근'을 더 강조한다. 세금 정책과 사회보장 정책에 대해 공화당은 세금 감축에 더 무게를 두고 민주당은 보다 적극적인 사회보장 정책을 강조한다. 낙태, 동성애자 간 결혼 등에 대한 사회적 이슈에 대해서도 공화당은 반대의 입장을, 민주당은 찬성의 입장을 갖는다. 보수保守라는 말은 '지키고 또 지킨다', 즉 기존의 가치, 전통적인 가치를 중시한다는 뜻이다. 진보進步라는 말은 물론 앞으로 나아간다는 뜻으로, 지금 위치에 머물러 있으면 앞으로 나아갈 수 없기 때문에 새로운 것을 추구한다는 입장이다. 보수 정당인 공화당은 외교정책에서 기존 우방과의 관계를 더 중시하고, 경제정책에서는 개인의 역할을, 사회정책에서는 기존의 가치관을 지키는 것을 중시한다. 보다 진보적인 민주당은 그 반대 입장을 갖게 되는 것이다.

이렇게 보면 민주당과 공화당이 아주 다른 정책을 내놓을 것 같지만 실은 그렇지 않다. 중간투표자정리가 말하는 대로다. 민주당은 당초 '좌파'에서 시작했지만, 조금이라도 더 많은 표를 얻기 위해 조금씩 보수적으로 변해왔다. 공화당은 당초 '우파'로 시작했지만, 역시 더 많은 유권자의 지지를 받기 위해 조금씩 진보적으로 변해왔다. 결국 두 정당 모두 중간투표자에 상당히 접근해 있고, 이 두 정당이 내놓는 정책은 생각만큼 크게 다르지 않다. 두 정당의 정책이 동일하다고 하면 지나친 주장이 될 수도 있지만, 대통령이 바뀌고 국회의 과반을 차지하는 정당이 바뀌었다고 해서 미국의 정책이 크게 수정되지 않았다는 점을 보면 차이점을 너무 강조하는 것도 옳지 않다.

중간투표자정리를 우리나라 정치에도 적용할 수 있을까? 우리나라는 물론 양당제가 아니다. 많은 정당과 정파가 존재한다. 하지만 크게 보아 보수 진영과 진보 진영이 존재한다고 말할 수 있으니, 이 두 진영이 어떻게 변해왔는지를 생각해볼 수 있을 것이다. 최근 당명을 바꾼 새누리당의 정책을 보면 보수 진영의 좌경화를 확인할 수 있다. 복지 관련 예산에 상당히 유연한 입장을 취하게 된 것도 한 예이다. 조금 길게 보면 진보 진영 역시 중간을 향해 움직여왔음을 알 수 있다. 1980년대의 운동권 구호와 지금 민주통합당의 구호를 비교해보면 이는 분명해진다.

그렇기는 하지만 보수 진영과 진보 진영이 중간투표자의 위치까지 움직인 것은 아니다. 이는 양당제가 확립되어 있지 않다는 점과 관련이 있다. 민주통합당이 너무 중간 가까이로 오면 통합진보당 등이 진보 진영의 표를 많이 가져가 민주통합당은 세력을 잃을 수 있다. 마찬가지로 새누리당이 너무 중간 가까이로 오면 극우 정당이 출현해 보수 진영의 표를 빼앗아 갈 수도 있다. 그러니까 중간 쪽으로 오되 너무 많이 오지 않는 것이 다당제하 정당이 따르게 되는 전략으로 생각할 수 있다.

물론 중간투표자정리는 아주 단순화된 모형에서 도출된 하나의 이론일 뿐이다. 정당이 정책을 정하고 선거에서 다른 정당과 경쟁하는 일이 해수욕장에서 아이스크림 가게를 어디에 차릴까를 결정하고 손님을 기다리는 문제만큼 단순할 리 없다. 유권자들의 관점에서 봐도 그렇다. 유권자가 정당의 정책만 보고 투표를 하는 것은 아니다. 해수욕장에서 아이스크림 가게를 선택할 때는 가게까지의 거리만 고려할지 모르지만, 선거에서는 정당과 후보의 다양한 특성을 고려한 후 누구를 지지할지 결정하게 된다.

현실 정치는 중간투표자정리에서 가정하는 만큼 단순하지 않지만 중간투표자정리의 결론은 현실과 매우 잘 부합한다. 단순하면서도 현실을 잘 설명하는 것이 좋은 이론이다. 그런 면에서 중간투표자정리를 좋은 이론이라고 부를 수 있다. 경제학적 분석 틀을 이용하여 정치 현상을 설명하려는 시도들은 많이 있었지만, 중간투표자정리처럼 단순하면서 현실 설명력이 높은 이론은 많지 않다.

현실의 벽 앞에 선 경제학자들의 성적표

경제학과 같은 사회과학에서는 이론과 현실의 경계가 불분명한 경우가 있다. 그래서 그런지 경제학자 중에는 정치 현상을 설명하는 이론을 만들어내는 데 만족하지 않고 실제 정치 현장에 뛰어든 사람들이 있다. 남미 국가들에서는 경제학자 출신의 대통령이 여러 명 있다. 하버드 대학과 예일 대학 출신의 경제학 박사 카를로스 살리나스와 에르네스토 제딜로는 1980년대 후반부터 2000년까지 멕시코 대통령을 역임했다. 2000년대 초 페루의 대통령이었던 알레한드로 톨레도는 스탠포드 대학에서 경제학 박사학위를 받았고, 같은 시기 칠레의 대통령이었던 리카르도 라고스는 듀크 대학에서 경제학 박사학위를 받았다.

최근 재정 위기에 빠진 이탈리아의 신임 수상도 마리오 몬티라는 경제학자다. 마리오 몬티는 이탈리아의 명문 보코니 대학의 경제학 교수로, 총장을 역임하기도 했다. 온갖 부정부패 혐의와 섹스 스캔들에도 끄떡없던 실비오 벨루스코니 총리도 유럽을 강타한 재정 위기 앞에서는 버티지 못했다. 벨루스코니 총리가 실각한 이유가 경제문제라는 점에서 유명 경제학자를 후임 총리로 정한 것은 어찌 보면 당연한 순서인 듯 보인다.

우리나라에서도 정계로 진출한 경제학자들이 있다. 얼마 전까지 국무총리를 맡았던 정운찬 씨는 원래 경제학 교수였다. 미국 프린스턴 대학에서 박사학위를 받은 후 서울대 경제학과 교수로 재직하며 총장직을 맡기도 했다. 초대 민선 서울시장인 조순 씨도 원래 경제학 교수였다. 미국 캘리포니아 버클리 대학에서 박사학위를 받은 후 육군사관학교와 서울대학교에서 경제학을 가르쳤다. 경제부총리, 한국은행 총재를 역임한 후, 1995년 민주당 후보로 서울시장에 나와 당선됐다. 그 후 민주당과 한나라당의 총재를 맡기도 했다. 이외에도 경제학자로 활동하다가 장관이나 국회의원이 된 경우는 드물지 않다.

그런데 경제학자 출신 정치인들의 성적표는 그리 훌륭하지 못하다. 남미 국가들의 대통령 중 일부는 부패 혐의로 궁지에 몰리기도 했고, 심지어는 경제 위기를 초래했다는 비난을 받기도 했다. 우리나라의 경우에도 경제학자 출신 정치인이 국민적 지도자로 성장한 경우는 없지 않나 생각된다. 처음에는 신선함, 합리성 등으로 어필하지만 결국에는 '정치력'이 떨어진다는 평가를 받는다. 하지만 정치인으로서 경제학자들의 성적표에 지나치게 큰 의미를 부여할 필요는 없다. 생각해 보면 정치학자라고 해서 경제학자보다 유능한 정치인이 되는 것도 아니다. 서양 정치철학의 시조로 꼽히는 그리스의 플라톤을 생각해봐도 그렇다. 세계 최초의 학원인 아카데미아를 세우고 국제적으로 명성을 높여가던 플라톤은 시실리 섬 시라큐스 왕국으로 초청되어 갔다. 이곳에서 자신의 정치철학을 현실에서 실천해보고자 했지만 별다른 성과를 거두지 못하고 2년 만에 돌아오고 말았다. 동양 정치철학의 시조인 공자와 맹자의 경험도 크게 다르지 않았다. 이들 역시 생전에 현실 정치에 끼친 영향력은 매우 제한적이었다.

학문의 세계와 현실의 세계는 다르다고 했으니 정치학이든 경제학이든 열심히 공부한 사람들이 정치인으로 성공하지 못하는 것이 특히 이상할 것도 없다. 훌륭한 정치인이 되려면 사람들의 마음을 사로잡을 수 있어야 하는데, 학문이 효과적인 논리를 개발하고 논쟁에서 이기는 법을 가르쳐줄지는 몰라도 사람들의 마음을 사로잡는 법을 가르쳐주지는 않기 때문이다.

02

오스트리아인의 목욕으로
헝가리인의 식수가 오염된다

외부효과 ;

자신의 생산 활동이나 소비 활동이 다른 사람에게 해를 입히거나 이득을 만들어낼 때 외부효과가 있다고 한다. 외부효과가 있는 경우 생산 및 소비 활동이 지나치게 높아지거나 낮아져 비효율성을 초래하므로 정부는 세금, 보조금, 규제 등을 통해 이를 시정하려 한다.

음악 스트리밍 사이트인 벅스를 애용한 적이 있었다. CD를 사서 음악을 듣자니 가격도 비싸고, 이사할 때 짐만 될 것 같았다. 이에 비해 벅스는 회비가 크게 비싸지도 않았고 또 CD를 사서 모을 경우와는 비교할 수 없을 만큼 다양한 음악을 들을 수 있다는 점이 좋았다.

그런데 유튜브라는 사이트가 생겼다. 처음에는 아마추어 비디오만 올라오더니 시간이 지나며 어지간한 음악은 다 올라오기 시작했다. 단지 음악만 나오는 것이 아니라 온갖 종류의 콘서트 비디오, 뮤직비디오 등도 올라왔다. 굳이 돈 내고 벅스의 회원으로 남아 있을 이유가 없었다.

불법 다운로드?
O.K!

그런데 돈을 내지 않고 음악을 감상할 수 있어 좋기는 한데, 다른 한편으로는 외부효과의 문제에 신경 쓰이기도 했다. 음악을 좋아하는 사람들이 모두 유튜브에서만 음악을 들으면 음반을 만들어 파는 회사는 어떻게 돈을 벌 것이며, 또 가수들은 어떻게 돈을 벌 것인가? 음반 회사도 가수도 돈을 못 벌면 결국 음반 회사를 운영하는 사람도, 가수가 되겠다는 사람도 없어지지 않을까? 그럼 결국 유튜브에는 수십 년 전에 만들어진 음악 비디오만 남고 더 이상 새로운 노래가 만들어지지 않는 것이 아닐까?

외부효과, 무심한 나의 경제 행위가 타인의 삶에 일으킨 파장

물론 음악을 좋아하는 사람이 모두 유튜브에서만 음악을 들을 리도 없고, 유튜브 때문에 음반 회사가 망할 가능성도 거의 없다. 그러나 돈을 내고 음악을 듣는 사람의 수가 줄고 유튜브 등을 통해 공짜로 음악을 듣는 사람의 수가 늘수록 그로 인한 외부효과의 의미가 커지는 것은 분명하다.

한 사람의 경제 행위가 다른 사람에게 해를 입히거나 이익을 초래하지만, 이에 대해 적정한 값을 지불하지도 지급받지도 않을 때 외부효과가 발생한다고 한다. 가수와 음반 회사가 좋은 음악을 만드는 것은 음악 애호가에게 이익을 주지만, 음악 애호가가 돈을 내지 않고 음악을 감상한다면 가수와 음반 회사에 어떠한 경제적 대가도 지급받지 못하게 하는 불이익을 초래한다. 따라서 외부효과가 발생한다고 할 수 있다. 외부효과라고 말하는 것은 가수와 음반 회사 '내부'에서는 아무 이익을 보지 못하지만, '외부'에 있는 음악 애호가들은 이익을 보기 때문이다. 일은 음악가가 했는데 득은 '외부인'만 보는 것이다.

이러한 외부효과는 두 종류로 나누어 생각하는 것이 일반적인데, 좋은 음악을 만들고도 대가를 받지 못하는 경우처럼 남에게 이익을 초래하고도 대가를 받지 못하는 경우 '양陽의 외부효과'가 발생한다고 하고, 반대로 남에게 해를 입히고 값을 치르지 않는 경우 '부負의 외부효과'가 발생한다고 한다. 일반적으로 이익은 양수로 표시하고 손해는 음수로 표시하는 관례를 따른 명칭이다.

부의 외부효과를 설명하기 위해 다음과 같은 예를 종종 든다. 한강 상류에서 공장을 운영하는 사람이 폐수를 강으로 흘려 보내면 한강 하류에 사는 사람들은 피해를 보게 된다. 물에서 악취가 날 수도 있고 물이 더러워서 미관에 나쁠 수도 있을뿐더러, 심한 경우 수돗물이 오염될 수도 있다. 이처럼 폐수를 흘려 보내고도 아무런 보상을 하지 않는다면 음의 외부효과가 존재한다. 피해를 보는 사람이 생기는데 이 일을 초래한 사람은 대가를 지불하지 않는 상황이기 때문이다.

강 상류에서 오염 물질을 방출하는 공장의 예를 들었는데, 꼭 공장만 문제가 되는 것은 아니다. 오스트리아 수도인 비엔나 한가운데로 다뉴브 강이 흐르는데, 비엔나에 사는 사람들은 여름이면 강변에 누워 일광욕을 즐기다가 종종 강에 들어가 수영을 한다고 한다. 그런데 다뉴브 강물은 하류인 헝가리, 세르비아, 루마니아 등에서 산업용수로 쓰이기도 하지만 마시는 물로도 쓰인다고 한다. 상류에서 수영을 한다고 해서 하류에서 이 물을 산업용수로 쓰는 데는 문제가 생기지 않겠지만, 식수로 사용하는 데는 조금 문제가 될 수도 있을 것 같다. 그러니까 비엔나 시민들의 여가 활동이 하류에 사는 헝가리인, 세르비아인, 루마니아인에게 외부효과를 일으키는 것으로 볼 수 있다.

이러한 외부효과가 존재할 때 경제는 비효율적으로 움직인다. 가수와 음반 회사가 돈을 못 벌면 가수를 하려는 사람이 줄어들고 음반 회사도 사라질 수 있다고 했는데, 만약 이런 일이 실제로 발생한다면 이는 매우 비효율적인 상황이라고 할 수 있다. 음악을 '소비'하고자 하는 사람들은 있는데 음악을 만들어내는 사람들은 없기 때문이다. 그리고 아무런 제재가 가해지지 않아서 한강 상류에서 마구 폐수를 방출하는 공장주가 있다면 이 역시 비효율적 상황이다. 한강 하류에 있는 사람들의 피해가 너무 크고, 이들의 피해는 상류에 있는 공장주의 득보다 클 것이기 때문이다.

외부효과, 재산권 지정으로 대응하다

그렇다면 외부효과로 인한 비효율성을 없애기 위한 방법은 없을까? 시카고 대학의 로널드 코즈 교수는 1960년에 발표한 「사회적 비용의 문제」라는 논문에서 이 물음에 대한 답을 제시했다. 코즈 교수의 답은 재산권을 분명히 지정하는 것이 외부효과에 대한 가장 효과적인 대응책이라는 것이었다. 그러니까 주인을 분명히 해주면 외부효과의 문제가 풀린다는 것이다.

한강 상류에서 폐수를 강으로 흘려 보내 문제를 일으키는 공장이 있을 경우 한강의 주인이 누구인지 분명하게 해두면 문제가 해결될 수 있다. 하류에서 살고 있는 사람이 한강의 주인이라면 이 주인은 공장주에게 폐수로 입은 피해를 보상하도록 요구할 수 있을 것이다. 그렇게 되면 공장주는 폐수를 흘려 보냄으로써 자신이 얻는 이익이 강의 주인에게 돌아가는 피해보다 클 때만 폐수를 흘려 보낼 것이다. 만약 폐수를 흘려 보냄으로써 얻는 이익이 미미하다면 주인에게 보상하는 것이 아까워 폐수를 흘려 보내지 않을 것이다.

공장주에게 한강의 소유권을 주어도 마찬가지 결과가 나온다. 공장주가 한강의 주인이라면 깨끗한 한강을 원하는 하류의 사람들은 공장주에게 돈을 지불할 수 있을 것이다. 공장주는 이들이 지불하고자 하는 돈의 액수가 폐수를 흘려 보냄으로써 얻게 되는 이익보다 크다면 폐수를 흘려 보내지 않고 강을 깨끗하게 만들어놓을 것이다.

지적재산권을 존중해야 한다는 경제학의 분석도 사실은 이러한 코즈의 정리에 바탕을 둔 것이다. 음악을 공짜로 듣는 사람들이 있어서 외부효과가 발생한다면 음악의 주인이 누구인지 분명히 해두면, 즉 음악의 재산권을 보장하면 문제가 해결될 수 있다. 음악을 듣는 사람들은 주인에게 돈을 지불해야 하고, 주인은 자신의 이윤 극대화를 위해 적정 수준의 음악이 생산되도록 만들 것이다.

벅스가 유료 회원제를 운영하는 것은 음악의 주인인 음반 회사와 가수들에게 일정 금액을 지불해야 하기 때문이다. 그러니 벅스에 돈을 내고 음악을 들으면 외부효과의 문제를 초래하지 않는 셈이다. 유튜브가 돈을 받지 않는 것은 조금 다른 문제이다. 유튜브에 올라오는 동영상 중 상당수는 주인이 불분명한 동영상들이다. 콘서트를 녹화한 비디오 등에 대해 가수나 음반 회사가 일일이 소유권을 주장하지 않는다. 또 일부는 음반 회사가 판촉용으로 유튜브에 올리기도 한다.

재산권이 외부효과의 해법이라는 코즈 교수의 분석은 '코즈의 정리'로 불리기 시작했고, 이후 많은 경제학 연구와 법학 연구에 영향을 미쳤다. 물론 코즈는 재산권만 있으면 모든 문제가 깨끗이 해결될 것이라고 생각했던 것은 아니다. 재산권이 분명하더라도 연관된 사람들이 너무 많으면 조정하기 어려워지고 문제 해결도 어려울 수 있다는 점을 분명히 하였다.

코즈는 외부효과에 대한 연구, 그리고 제도경제학이라고 불리는 분야에서 지대한 공헌을 한 것을 인정받아 1991년 노벨 경제학상을 수상했으나, 지적재산권이 외부효과의 문제에서 가장 효과적이라는 그의 관점에 모든 경제학자들이 동의하는 것은 아니다. 지적재산권에 대한 보호가 예술가, 작가, 발명가, 컴퓨터 프로그래머 등에게 더 많은 인센티브를 주는 것은 분명하지만, 지적재산권에 대한 보호 자체가 사회적 비용을 초래하기도 한다. 지식이라는 것은 많은 사람들이 서로 공유할 때 그 진가를 발휘하는데, 지적재산권을 지나치게 보호하다 보면 지식의 공유가 이루어지지 않을 수 있다. 난치병에 대한 약을 개발했는데 재산권 보호를 위해서 돈을 낼 수 있는 환자에게만 이 약을 공급한다면 이는 윤리적으로 잘못된 결정이 될 수도 있다.

창작 활동이 경제적 인센티브에 얼마나 영향을 받는가에 대한 회의적인 견해도 있다. 가수가 돈을 벌기 위해서만 노래를 부르는 것이 아니고, 배우가 돈을 벌기 위해서만 연기를 하는 것은 아니다. 경제적 인센티브가 없는데도 뛰어난 창작물을 만들어내는 경우가 종종 있다. 옛 공산권 국가에서 훌륭한 음악가와 예술가를 많이 배출했던 것을 보아도 이를 알수 있다. 인터넷 백과사전 위키피디아는 아주 많은 고급 콘텐츠를 가지고있다. 경제적 대가가 없어도 자신이 알고 있는 지식을 다른 사람과 나누고 싶다는 욕구만으로 백과사전이 만들어질 수 있다는 걸 보여주고 있다.

그렇지만 돈을 많이 받는 가수가 노래를 더 잘 부르고 돈을 많이 받는 배우가 연기를 더 잘하는 것이 맞다는 생각이 든다. 물론 개별 차이는있겠지만 평균적으로 볼 때, 적은 예산으로 만들어진 유럽의 예술영화보다는 수백억 원을 들여 만든 할리우드의 액션 영화가 더 재미있고, 동네구민회관에서 열리는 연주회보다는 뉴욕 카네기 홀에서 열리는 연주회가 더 감동적이다. 공짜인 위키피디아보다는 돈을 내야 볼 수 있는 브리태니커 백과사전이 더 믿음직스러운 것도 그렇다.

외부효과, 정부의 규제와 지원으로 대응하다

외부효과에 대한 대응 방법으로 지적재산권만 있는 것은 아니다. 외부효과를 초래하는 행위에 대해 정부가 직접 규제를 할 수도 있고, 또 양의 외부효과를 초래하는 행위에 대해서는 정부가 지원책을 마련할 수도 있다. 환경오염 행위에 대한 규제, 각종 문화산업에 대한 지원, 기업과 대학에서의 연구 개발 활동에 대한 지원 등이 그 예다.

부의 외부효과에 대한 또 한 가지 대책은 외부효과가 발생할 때마다적절한 값을 내게 하는 것이다. 쓰레기 종량제가 이에 해당한다. 쓰레기를 배출할 때 외부효과가 발생한다. 배출된 쓰레기를 수거, 운반하는 데에도 비용이 들고, 쓰레기를 매장하거나 소각하는 것도 환경에 해를 끼친다. 쓰레기 종량제는 이런 외부효과를 없애기 위해 만들어진 제도이다. 쓰레기를 배출할 때마다 그 양에 따라 비용을 지불하는 쓰레기 종량제는 쓰레기를 배출하는 사람이 이로 인해 발생하는 사회적 비용을 부담하게 되는 것이다. 따라서 비용 없이 남에게 해를 끼치지는 않는다는 점에서 외부효과가 사라진 것으로 볼 수 있다.

외부효과가 존재하는 경우, 나와 다른 사람들 사이, 즉 행위를 하는 주체와 그 행위로 인해 피해를 입는 사람들 사이의 구분이 중요해지고 이를 '내부'와 '외부'로 표현한 바 있다. 외부효과를 없애기 위해 행위를 하는 주체에게 비용을 부과하게 하면 이 내부와 외부 사이의 구분이 없어지고, 그런 의미에서 '외부효과가 내부화되었다'는 표현을 쓰기도 한다.

외부효과를 내부화했다는 점에서 쓰레기 종량제는 우수한 제도라고 생각한다. 또 쓰레기 종량제가 생활 쓰레기도 줄이고 환경문제를 줄이는 데도 공헌했다고 본다. 하지만 쓰레기 종량제로 인한 폐해도 커지고 있다. 외부효과를 줄이고 쓰레기의 양도 줄이는 데는 성공했는지 모르지만 쓰레기 종량제 실시로 도시 미관은 크게 악화됐다. 길거리에 있던 쓰레기통은 없어지고, 대신 집집마다 쓰레기로 가득 채워진 종량제 봉투가 대문 앞에 놓여 있다. 길거리에 놓여 있던 쓰레기통은 쓰레기 처리 비용 부담의 문제로 모두 사라졌다. 그리고 수거를 용이하게 하기 위해 쓰레기 봉투를 집 앞에 내놓도록 했기 때문에 어느 집을 가거나 제일 먼저 손님을 반기는 것은 쓰레기로 가득 찬 종량제 봉투가 되어버렸다.

쓰레기 종량제를 생각해낸 사람들이 경제적 인센티브가 작용하는 방식을 지나치게 편협하게 해석하는 오류를 범한 것은 아닌가 생각한다. 쓰레기가 곧 비용이라는 인식이 퍼지면서 그 효과로 버려지는 것들이 적어질 것이라는 예상은 좋았다. 하지만 그 부담자를 특정할 수 없는, 그러나 부득이하게 발생되는 비용에 대해 서로 부담을 회피하며 타인에게 떠넘기려는 태도로 발생될 부작용은 제대로 예상하지 못했던 것 같다.

결국 인센티브가 문제다. 지적재산권 제도와 쓰레기 종량제처럼 인센티브를 인위적으로 조정해서 사회적으로 바람직한 결과를 얻어내려 할 때, 사람들은 의외의 방식으로 대응할 수 있다. 따라서 어떤 사회적 현상을 제도로 조정하려 할 때에는 그에 따른 효과는 물론 반작용에 대해서도 신중한 예측이 필요하다. 지적재산권 제도는 창작 활동에서 경제적 인센티브가 차지하는 중요성을 지나치게 확대 해석한 면이 있다. 경제적 인센티브가 크지 않은 경우에도 우수한 창작물이 나오는 것을 보면 그렇다. 반대로 쓰레기 종량제는 인센티브가 작용한 방식을 지나치게 편협하게 해석한 면이 있다. 두 가지 모두 인센티브를 조정할 때는 보다 조심스러운 접근법이 필요함을 시사한다.

03

단일 화폐 사용이
그리스의 위기를 키웠다

최적통화권 이론 ;

얼마나 넓은 지역에서 하나의 통화를 사용하는 것이 가장 바람직한지에 대한 이론이다. 유럽의 공통 화폐인 유로화의 도입에 이론적 배경이 되었다.

신흥 경제대국 브라질, 러시아, 인도, 중국을 통틀어서 BRIC이라고 부르곤 한다. 이 네 나라의 영어 이름 Brazil, Russia, India, China에서 첫 글자만 모아 만든 말인데, 벽돌을 뜻하는 영어 단어brick와 발음이 동일하다. 이 나라들의 경제가 벽돌처럼 굳건하다는 뜻도 내포하고 있는 말이다.

그런가 하면 유럽의 5개국 스페인, 아이슬란드, 아일랜드, 그리스, 포르투갈은 다소 불명예스러운 별칭으로 불리기도 한다. 이 나라들의 영어 이름인 Portugal, Iceland, Ireland, Greece, Spain의 첫 글자를 모아서 PIIGS라는 말을 쓰곤 한다. '돼지들'을 뜻하는 영어 단어와 철자와 발음이 유사하다. 이 나라 사람들은 많이 억울하겠지만, 이 다섯 나라가 유럽의 경제, 혹은 전 세계의 경제를 다시 위기로 빠뜨릴 수 있다는 우려가 있는 것도 사실이다.

이 다섯 나라 중 제일 먼저 곤경에 처한 것은 아이슬란드였다. 인구도 얼마 안 되는 작은 섬나라인 아이슬란드는 예전에 작은 어촌 마을 정도였다고 한다. 하지만 2000년대 일부 은행들이 국제 금융업계에 진출하고 외국에서 큰돈이 흘러 들어오기 시작하면서 온 나라가 투기 열풍에 휩싸이게 되었다고 한다. 2008년 미국발 금융 위기가 유럽으로 퍼져 나가면서 아이슬란드의 은행들은 파산했고 나라 전체가 빚더미에 올라 앉게 되었다.

아이슬란드 경제가 사실상 몰락한 후 그다음으로 세계의 이목이 집중된 곳은 그리스였다. 그리스는 미국처럼 부동산 가격의 붕괴라든지 아이슬란드처럼 은행의 부실 채권이 문제가 된 것이 아니고 정부의 재정이 문제가 되었다. 쉽게 말하면 정부의 씀씀이가 너무 헤펐던 것이다. 정부가 세금으로 걷는 돈은 얼마 되지 않는 데 비해 공무원 월급 등으로 쓴 돈이 너무 많았다. 수입을 초과하는 지출은 채권을 발행해 메워 왔는데 국제 금융 위기 이후 그리스 정부가 발행하는 채권을 사려는 사람이 없었다. 지출은 많은데 수입은 적고, 또 돈을 빌리기도 여의치 않으니 그리스 정부가 위기에 빠지게 된 것이다.

아이슬란드는 위기를 맞은 이후 국제통화기금International Monetary Fund에 손을 벌려야 했다. 우리나라도 1997년 경제 위기 때 국제통화기금으로부터 돈을 빌린 적이 있는데, 이곳에서 돈을 빌리면 아주 까다로운 조건이 붙는다. 돈을 다 갚을 때까지 온 나라가 허리띠를 조여 매고 불필요한 지출은 물론, 필요한 지출 중 상당 부분도 없애버려야 한다. 국제통화기금이 제시한 조건이 너무 지나쳐 나라 전체를 아사 상태로 몰아간다는 비난이 나오기도 했지만, 경제 위기를 맞아 당장 아쉬웠던 우리나라로서는 선택의 여지가 없었다. 아이슬란드도 마찬가지로 다른 대책이 없었던 것이다.

그리스 경제 위기, 유로존에 들어 초기 진압의 기회를 상실하다

위기를 맞은 그리스도 국제통화기금에 도움을 요청했다. 하지만 그리스의 경우는 아이슬란드에 비해 상황이 더 복잡했다. 그리스는 유럽연합 회원국이자 유로 화폐를 사용하는 유로 단일 통화 지역에 속해 있기 때문이다. 유럽연합의 회원국이고 유로 화폐를 사용하는 나라이므로 다른 유럽 국가들이 앞장서서 그리스를 도와주려 하지 않았을까라는 생각을 해볼 수도 있지만, 사정은 그렇지 못했다. 국제통화기금은 그리스 문제를 유럽연합에 떠넘기려 했고, 유럽연합은 유로 화폐를 책임지고 있는 유럽 중앙은행에 떠넘기려 했다. 그런가 하면 유럽 중앙은행은 그리스의 문제는 금융 문제가 아니라 재정 문제이니 자기 소관이 아니라는 입장이었다. 결국 국제통화기금, 유럽연합, 유럽 중앙은행 모두가 그리스 문제에 관여하게 됐지만, 그렇게 될 때까지 오랜 시간이 걸렸다.

이런 이유로 그리스가 유로존에 들어 있어 위기를 해결하는 데 어려움을 겪고 있다는 견해도 나온다. 이 말을 이해하기 위해 유로를 통화로 사용하지 않는 경우를 먼저 따져보자. 아이슬란드를 생각해도 좋고 1997년 당시 우리나라를 생각해도 좋다. 2008년 아이슬란드나 1997년 우리나라나 경제가 위기에 빠지자 외환시장에서 화폐의 가치가 크게 떨어졌다. 미화 1달러에 1,000원 미만이던 원화 환율이 한때 2,000원 가까이 되기도 했다. 달러의 값이 높아진다는 것은 원화의 값이 낮아진다는 것이다. 1,000원 하던 달러가 2,000원이 됐다는 것은 원화의 가치가 절반으로 떨어졌다는 것이다.

경제 위기가 닥쳤을 때 자국의 화폐 가치가 하락하는 이유를 이해하기란 어렵지 않다. 위기를 맞아 경제가 몰락할 상황에 처했으니 부동산 가격이 높아야 할 이유도 없고 주식시장에서 주가가 높아야 할 이유도 없다. 이런 상황이 되면 부동산이나 주식을 보유하고 있던 외국인은 이들 자산을 빨리 처분하고 빠져나가려 할 테고, 가지고 있던 화폐도 달러 등으로 바꾸려 할 것이다. 화폐를 사려는 사람은 없는데 팔려는 사람만 있으면 화폐의 가치는 떨어질 수밖에 없다.

그런데 화폐의 가치가 하락하는 것이 꼭 나쁜 현상은 아니다. 화폐 가치의 하락이 위기에 빠진 경제를 살려내는 데 도움을 줄 수도 있다. 화폐 가치가 떨어지게 되면 노동자들이 받는 월급의 실질 가치도 떨어진다. 한 달 월급으로 백만 원을 받고 있었다면 이 월급의 실질 가치는 예전에는 미화 1,000달러였는데 원화 가치가 절반으로 떨어진 후에는 미화 500달러로 바뀌는 것이다. 화폐 가치가 하락하면 월급만 내려가는 것이 아니라 대다수 물건 가격도 내려가게 된다. 예를 들어 원화 가치가 절반으로 떨어진 경우, 만 원 하던 이발 요금은 원화로는 그대로 만 원이지만 미 달러로는 10달러에서 5달러로 내려가는 것으로 볼 수 있다. 버스 요금, 택시 요금도 내려갈 것이고, 백화점에서 파는 물건들 가격도 대부분 내려 갈 것이다. 물론 수입품 가격은 내려가지 않을 것이다.

실질 소득이 내려가고 국산품 가격이 내려가면, 수입품에 대한 지출 이 크게 줄어들고 수출은 크게 늘어날 것이다. 또 국민 모두의 씀씀이가 줄어들기 때문에 저축이 크게 늘어날 것이고 외국에서 빌린 돈을 더 빨리 갚을 수 있을 것이다. 결국 화폐 가치의 하락이 경제 위기를 더 빨리 벗 어나도록 도와주게 된다. 화폐 가치가 하락하지 않는다면 이런 현상들이 나타날 수 없을 것이다.

하지만 유럽의 다른 나라와 함께 유로를 화폐로 사용하는 그리스는 사정이 다르다. 유로화의 가치는 그리스 경제뿐이 아니라 다른 유로화 사 용 국가의 경제 상태에 따라 정해지기 때문에 그리스가 위기에 처해 있다 고 해서 유로화의 가치가 폭락하지는 않는다. 사실 유로 통화권에서 그리 스 경제가 차지하는 비중은 미미하다. 그리스 경제가 몰락 직전이라고 해 도 유로화의 가치는 크게 하락하지 않을 것이다.

유로화의 가치가 크게 변하지 않는 상황에서 그리스가 지출을 줄일 수 있는 방법은 하나뿐이다. 공무원, 교사, 경찰, 그 외 모든 노동자들의 월급을 낮추고 은퇴한 사람들에게 돌아가는 연금의 액수도 낮추어야 한 다. 의료보험액을 높이거나 지급액을 낮추어야 하고, 실업수당 등도 줄 여야 한다. 외환시장에서 화폐의 가치를 낮출 수 있다면 이 모든 것들이 자동적으로 이루어져 보다 수월했을 텐데 말이다.

그리스 정부의 긴축정책은 엄청난 사회적 저항을 몰고 왔다. 길거리 로 쏟아져 나온 시민들은 반정부 구호를 외치며 긴축정책에 반대 의사를 표현했다. 국회의원이 의사당 안으로 들어가는 것을 물리적으로 막으려다 경찰과 충돌하는 일도 잦아졌다. 외환시장에서 화폐 가치가 떨어졌다면 외국인 투자자의 비겁함만 욕하고 말았을 텐데, 긴축정책을 추진하고 집행하는 국회의원과 정부 인사들에게 그리스 시민의 분노가 집중된 것이다.

정치적 통합 없는 단일 통화권 형성의 위험

여러 나라가 하나의 통화를 함께 발행하고 관리할 때 이를 단일 통화 지역이라고 부른다. 단일 통화 지역이라는 아이디어 자체의 역사는 오래됐으나 대규모 단일 통화 지역이 나타난 것은 유로권이 처음이라고 볼 수 있다. 중세 이후 유럽에서 금이나 은으로 통화를 발행하는 나라들이 많기는 했지만, 각 나라가 발행한 금화와 은화가 모두 동일한 가치를 가졌던 것은 아니므로 이를 단일 통화 지역의 예로 보기는 어렵다. 나라들 간에 통화 정책에 대한 조율이 있었던 것도 아니다.

유럽에서 여러 나라가 단일 통화를 만들어내는 데 합의할 수 있었던 것은 이 나라들의 경제가 서로 워낙 밀접하게 연관되어 있어 사실상 하나의 경제권을 형성하고 있다고 여겼기 때문이다. 네덜란드 경제는 이웃인 벨기에나 독일 경제와 떨어져 자립할 수 없고, 독일 경제도 이웃인 프랑스, 오스트리아 경제와 떼어놓고 생각할 수 없었다. 경제뿐 아니라 유럽 각국은 역사적으로나 문화적으로도 많은 것들을 공유하고 있었기 때문에 어쩌면 하나의 국가처럼 완전히 합치려고 하지 않는 것이 더 이상할 수도 있다.

하지만 유로권에 들어간 각국의 경제력은 서로 대등하지 않았다. 그리스, 포르투갈 등은 다른 서유럽 국가들에 비해 소득 수준이 낮은 편이고, 룩셈부르크, 벨기에, 네덜란드, 오스트리아 등은 영토가 아주 작았다. 이렇게 사정이 다른 나라들이 하나의 통화를 쓰고, 하나의 중앙은행을 통해 하나의 통화 정책을 펴는 일은 결코 쉽지 않다. 스페인 경제가 침체되어도 독일 경제가 호황이면 유럽 중앙은행은 긴축정책을 펴게 될 수도 있고, 반대로 스페인 경제가 호황이더라도 다른 곳의 경제가 불황이면 유럽 중앙은행은 확장정책을 펼 수도 있다.

물론 한 국가 내에서도 지역별 격차가 클 때 중앙은행이 효과적으로 대응할 수 없는 것은 마찬가지다. 미국 서부 캘리포니아의 경기가 아무리 나빠도 동부 뉴욕 등에서 경기가 호황이면 미국 중앙은행이 확장정책을 펼 리가 없다. 제주도 경기가 나쁘다는 이유만으로 한국 중앙은행이 이자율을 낮추지는 않는다.

지역별 격차가 유로권에만 있는 문제는 아니지만, 유로권에서는 지역별 격차가 발생할 때 대응 방안이 제한적이다. 캘리포니아 경기가 나쁘면 중앙은행이 이자율을 낮추지는 않더라도 정부가 캘리포니아에서 지출을 늘릴 수는 있다. 제주도 경기가 아주 나쁘면 한국 정부는 제주도에 더 많은 지원금을 줄 수도 있다. 하지만 유로권에서는 이 같은 지원이 매우 어렵다. 중앙은행은 하나지만 정부는 각각 독립되어 있기 때문이다. 그리스에 문제가 있으니 독일 국민들에게 세금을 더 걷겠다고 하면 독일인들이 찬성할 리 없다.

단일 통화 지역을 제대로 운영하려면 결국 정부도 하나로 합쳐야 한다는 주장이 나오는 것은 이 때문이다. 유럽에 연방정부 같은 것이 있다면 그리스에 연방정부 예산을 나눠줄 수도 있을 것이다. 프랑스, 이태리에서 세금을 내는 시민들은 다소 불만이 있을 수도 있겠지만 같은 나라 사람이라면 도와줘야 한다는 생각 정도를 갖게 될 것이다.

동아시아에서도 경제 통합의 정도가 높아지면 언젠가는 단일 통화를 만들어야 한다는 견해가 있다. 한국과 중국 간의 무역량이 엄청나게 늘어나는 추세이고, 한국과 일본의 경우 경제뿐 아니라 문화 영역에서도 점차 교류가 확대되고 있다. 동아시아 각국 경제의 상호 의존도는 점점 높아질 것으로 보이고, 또 문화 교류가 확대되면 결국 사이 좋은 이웃 국가가 될 수 있을 법도 하다. 하지만 나라 간 관계가 아무리 밀접해져도 단일 통화권을 만들어내는 것이 쉬운 일은 아니다. 단일 통화권을 만들면 결국 정치적 통합을 필요로 하게 된다는 점을 생각해보면 말이다.

경영자의 임금, 적정선을 구할 수 있는가

노동가치 이론 ;

상품의 가치는 상품을 만드는 데 투입된 노동량에 따라 결정되며 상품을 소비하는 개인의 선호와는 무관하다는 이론이다. 이 이론은 기술 진보에 따라 상품의 가격이 변하는 현상은 잘 설명할 수 있지만 유행에 따라 가격이 변하는 현상은 설명하지 못한다.

서울올림픽을 한 해 앞둔 1987년, 전국 방방곡곡에 파업의 열풍이 불어 닥쳤다. 공장, 회사 가릴 것 없이, 직원이 많고 적고 가릴 것 없이 모든 사업장에서 노조가 결성되었고, 결성된 노조의 첫 번째 임무는 파업을 선언하는 것이었다. 그동안 억눌려왔던 노사 간 갈등이 갑자기 폭발했던 것이다.

공장 노동자들의 가장 큰 불만은 역시 임금에 대한 것이었다. 임금의 절대적 수준이 낮다기보다는 일한 만큼 보상을 받지 못한다, 혹은 일은 남들만큼 했는데 보상은 남들만 못 하다는 불만이 더 컸다. '우리는 밤낮없이 일하고 쥐꼬리만 한 월급을 받아서 겨우 먹고사는데, 사장이라는 인간은 하는 일 없이 책상에 앉아서 소리나 지르다가 받아가는 월급이 우리 월급의 열 배가 된다'는 말은 당시의 정서를 잘 드러낸다.

경영자의 임금, 노동의 한계생산성에 부합하는가

1980년대 말, 노동운동이 반자본주의적이고 급진적이었다는 평가가 있지만 사실 일한 만큼 월급을 받아야 한다는 주장은 해석하기에 따라서는 친親자본주의적인 주장이다. '일한 만큼'이라는 말을 아침 몇 시에 출근해서 저녁 몇 시에 퇴근했는가로 따지는 것이 아니라 회사의 이익에 얼마나 기여했는가로 따지면 그렇다. '회사의 이익에 기여한 만큼 월급을 받는다'는 것은 현대 경제학의 가장 중요한 명제 중 하나다. 이 말을 보다 전문적인 경제학 용어를 써서 표현하면, '임금은 노동의 한계생산성과 동일하다'고 할 수 있다.

노동의 한계생산성이란 노동의 투입량을 한 단위 늘렸을 때, 즉 노동시간을 한 시간 늘렸을 때 늘어나는 생산량을 말한다. 하루에 8시간 일하며 피자를 80개 만들던 사람이 노동시간을 한 시간 늘려 9시간 일했을 때 피자를 88개 만든다면 이 사람의 한계생산성은 피자 8개가 되는 것이다. 임금이 노동의 한계생산성과 같아지려면 이 사람의 시간당 임금은 피자 8개의 가치와 같아져야 한다. 이 사람이 1시간 더 일함으로써 피자 생산이 8개만큼 늘었고, 회사의 이익도 그 양만큼 늘었기 때문에 그의 아홉 번째 시간의 노동에 대한 적절한 대가는 피자 8개라고 볼 수 있다.

이렇듯 노동시간 및 시간당 생산량 측정이 비교적 쉬운 공장 노동자의 경우 한계생산성 측정이 비교적 용이하다. 하지만 경영자의 한계생산성을 측정하는 일은 이처럼 쉽지 않다. 아침 9시에 출근해 저녁 7시에 퇴근했다고 해서 정확히 10시간 일했다고 말하기도 힘들고, 또 10시간 동안 정확히 무엇을 만들어냈는지를 말하는 것은 더욱 어렵다. 냉장고를 만드는 공장의 경영자가 사무실에 1시간 덜 앉아 있는다고 해서 냉장고 생산량이 줄어드는 것도 회사의 이익이 줄어드는 것도 아니다. 경영자의 한계생산성을 측정하는 것이 힘든 만큼 경영자의 임금이 한계생산성과 부합하는지를 결정하는 것도 쉽지가 않다.

'사장님은 하는 일도 없는데 왜 노동자보다 월급이 열 배로 많은가'라는 질문은 '사장님의 한계생산성이 노동자의 한계생산성보다 10배나 높은가'라는 질문으로 바꾸어 생각해볼 수 있다. 그런데 사장님의 한계생산성을 결정하는 일은 쉬운 일이 아닌 만큼 이 질문에 직접적인 답을 하는 것도 쉬운 일이 아니다.

한계생산성대로 월급이 정해져야 한다는 주장이 당위성은 인정되지만, 현실적으로 월급이 한계생산성대로 정해질 수 있는 것일까? 예를 들어 한계생산성이 60인 사람과 40인 사람이 있을 때 회사에서 이 두 사람에게 줄 수 있는 월급이 정확히 100이 된다면 문제가 없지만, 만약 회사에서 이 두 사람에게 줄 수 있는 월급이 100보다 작거나 혹은 100보다 많다면 문제가 되지 않을까? 100보다 작다면 두 사람 중 한 명은 자신의 한계생산성보다 적은 월급을 받아야 하는 문제가 생기고, 100보다 크다면 누군가는 한계생산성보다 더 많은 월급을 받는 문제가 생기게 된다.

하지만 경제학자들은 '규모에 대한 수익 불변'이 성립하는 한 이 같은 문제는 일어나지 않을 것을 이미 오래전에 알고 있었다. 규모에 대한 수익 불변이란 투입 요소를 두 배로 늘리면 생산량도 정확히 두 배로 늘어나고, 투입 요소를 절반으로 줄이면 생산량도 정확히 절반이 된다는 뜻이다. 예를 들어 자동차 공장에서 연간 10만 대의 자동차를 생산한다면 이 공장과 똑같은 공장을 하나 더 지을 경우 이 두 번째 공장에서도 연간 10만 대의 자동차를 생산할 수 있다는 것이다. 반대로 첫 번째 공장의 규모를 절반으로 줄이면 연간 자동차 생산량이 5만 대로 줄어들 수도 있을 것이다. 이때 규모에 대한 수익 불변이 성립하는 것이다.

규모에 대한 수익 불변이 성립하는 상황에서는 회사가 번 돈을 모든 사람에게 공평하게 나누어줄 수 있게 된다. 즉, 모든 노동자도 경영자도 그들의 한계생산성만큼 월급을 가져가고, 회사의 주인도 소유한 기계, 공장 등 자본의 한계생산성만큼 돈을 가져가면 돈이 남지도 모자라지도 않고 딱 맞아 떨어지게 된다. 적어도 이론적으로는 노동자의 몫과 자본가의 몫이 어떻게 되어야 하는지를 고민할 필요가 없게 되는 것이다. 현실에서 이대로 분배가 이루어지는가는 다른 문제라고 하더라도 말이다.

탁상공론화 되는 경제 이론은 외면당한다

미국 암허스트 대학의 경제학 교수였던 찰스 콥과 폴 더글라스는 이러한 경제학 이론의 현실 적합성을 확인해보았다. 그들은 우선 생산 과정에 투입되는 노동과 자본을 계산하고 이 투입량과 생산량의 상관관계를 통계학적 기법으로 추정했다. 이를 통해 규모에 대한 수익 불변의 가정이 맞는지 확인해보았다. 또 이 기법으로 노동과 자본의 한계생산성도 계산해보았다. 마지막으로 이 한계생산성이 노동자의 월급, 자본가의 소득과 비슷한지도 확인해보았다. 이 같은 분석을 통해 이들이 내린 결론은 이론이 현실과 잘 들어맞는다는 것이었다.

물론 콥과 더글라스의 이 같은 결론에 모두가 만족하는 것은 아니었다. 노동과 자본의 투입량과 한계생산성을 계산하는 것이 결코 간단하지 않기 때문이다. 노동 투입량은 보통 일한 시간으로 따지는데, 같은 시간 동안 일했다고 해서 똑같은 노력을 했다고 말하기는 힘들다. 1시간 일을 해도 집중해 열심히 일하는 사람이 있는가 하면, 2시간을 책상 앞에 앉아 있어도 인터넷만 보고 아무 일도 하지 않는 사람이 있다. 자본의 투입량도 마찬가지다. 자본의 투입량은 보통 자본의 가격, 즉 기계, 공장, 토지의 가격 등으로 따지는데 가격이 같다고 해서 생산에 기여하는 정도가 다 같은 것은 아니다. 투입량을 계산하는 것이 이렇게 어려운데 한계생산성을 계산하는 것은 얼마나 어렵겠는가.

그렇긴 해도 콥—더글라스 함수라고 불리는 이 수식은 경제학의 여러 분야에서 아주 요긴하게 활용되었다. 기업의 생산 과정 연구는 물론이고 국가의 생산성을 연구하는 데도 활용되었다. 어느 나라 기술 발전이 빨리 일어나고 어느 나라 노동생산성이 더 높은가 등의 문제를 논의할 때, 그 바탕에는 콥—더글라스 함수가 숨어 있는 경우가 많다.

콥과 더글라스의 결론 중 하나는 경제 전체로 보았을 때 규모에 대한 수익 불변의 가정이 성립한다는 것이었지만, 경제 전체가 아닌 산업 단위에서 살펴보면 이 가정이 성립하지 않는 경우를 곳곳에서 찾아낼 수 있다. 텔레비전을 만드는 공장의 경우, 기존 공장 옆에 똑같은 공장을 하나 더 지으면 텔레비전의 생산량이 정확히 두 배가 될 것인가? 아마도 생산량은 두 배보다 조금 더 많아질 것이다. 공장의 규모가 커지면 각종 관리비를 절감할 수도 있을 테고, 첫 번째 공장을 운영하며 쌓은 노하우로 두 번째 공장을 더 효율적으로 이용할 수도 있기 때문이다. 그러나 배를 만드는 회사의 경우에는 그 반대의 상황이 나타날 수도 있다. 수만 명의 사람이 한 군데 모여 일하는 대규모 공장에서는 사람들의 생산 활동을 조정하는 것이 쉽지 않다. 그러니 바로 옆에 대규모 공장을 하나 더 지으면 두 배로 많아진 사람의 생산 활동을 조정하는 일은 두 배 이상 힘들어질 수 있고, 또 없던 문제가 새로 생길 수도 있기 때문에 비용이 절감되기보다는 더 늘어날 가능성이 높다.

규모에 대한 수익 불변이 성립하지 않는 상황에서는 한계생산성대로 월급을 주는 것이 불가능하다. 누군가는 한계생산성보다 더 가져가거나 덜 가져가게 된다. 이 상황에서는 경제 이론만 가지고 노동자의 몫과 자본가의 몫을 정하는 것이 불가능해진다. 이때 교섭력이 중요해진다. 교섭력이라고 하여 설득의 논리를 의미하는 것은 아니다. 그것도 중요하겠지만, 교섭에서 가장 중요한 것은 '누가 더 힘이 센가'이다. 힘이 센 사람이 결국 더 많이 차지하게 되는 것이다. 그렇다고 꼭 물리적 힘을 말하는 것은 아니고, 상대방에게 압력을 행사할 수 있는 모든 수단과 방법을 포괄적으로 지칭하는 것이다.

노동자의 파업은 자본가와의 교섭에서 자신들을 힘을 보여주는 수단이다. 자본가도 자신들의 힘을 과시하기 위해 직장 폐쇄 등으로 대응하기도 한다. 그렇다고 파업이 항상 효과적인 교섭 수단인 것은 아니다. 파업이 별 의미가 없는 경우도 있다. 특히 전문직종에서는 그렇다. 서로 다른 지식과 기술을 가지고 있고, 다른 일을 하는 경우에는 노동조합을 구성해 단체 교섭을 하는 것이 힘들어진다. 월급이 개별 협상을 통해 정해지기 때문이다. 이 경우 노동자가 가지고 있는 가장 효과적인 교섭 수단은 '월급을 올려주지 않으면 다른 회사로 가겠다'는 엄포다. 하지만 경기가 나빠 회사를 옮기는 것이 어려우면 이런 말도 별 효과가 없을 것이다. 경기가 나쁠 때 노동자의 교섭력이 떨어지는 것은 이 때문이다.

현대 경제학에서는 이처럼 노동과 자본의 문제를 한계생산성이라는 개념 위주로 설명하고 여기에 교섭력이라는 개념을 더하는 것이 일반적이다. 하지만 이런 전통이 그리 오래된 것은 아니다. 20세기 전반까지만 해도 『자본론』을 저술한 칼 마르크스의 노동가치 이론이 아주 중요하게 여겨졌다.

『자본론』에서 마르크스는 '모든 가치는 노동에서 나온다'는 이론을 전개했다. 운동화 한 켤레의 값이 만 원인 것은 운동화를 만드는 데 들어간 노동시간의 가치가 만 원이기 때문인 것이고, 자동차 한 대의 값이 삼천만 원인 것은 자동차 한 대를 만드는 데 들어간 노동량이 그만큼 더 많기 때문이라는 것이다. 그렇다고 생산에서 자본의 역할을 완전히 부정하는 것은 아니다. 생산 기계, 공구, 컴퓨터 등이 생산에서 차지하는 역할을 분명 인정한다. 그러나 이들 자본재의 가치도 자본재를 만드는 데 들어간 노동량으로 설명할 따름이다. 생산에 기계가 기여를 하는 경우 그것은 기계 자체의 기여가 아니라 이 기계를 만들어낸 노동자의 기여로 보아야 한다는 것이다.

'기계가 생산에 기여했을 때, 이는 기계를 만들어낸 노동자의 기여다'라는 주장에 대해 이의를 제기할 사람은 별로 없다. 이견이 발생하는 부분은 이 주장이 노동과 자본의 몫을 가르는 데 상관이 있는가 없는가 하는 것이다. 현대 경제학의 관점에서 보면 기계를 만들어낸 노동자는 기계를 파는 시점에 적절히 보상을 받았을 것이고, 그 이후에 이 기계가 어떤 유용한 일을 한다면 이에 대한 대가는 기계의 주인에게 주어져야 한다는 것이다. 반면 마르크스의 노동가치 이론에서는 기계가 노동자의 손을 떠나 자본가에게 팔려 나갈 때 제값이 지불되었다고 보지 않는다. 만약 제 값이 지불됐다면 자본가가 기계를 이용하여 이익을 창출할 수 없어야 한다는 논리다. 기계를 살 때 제값을 지불하지 않았으므로 기계가 생산에 기여했다고 해도 자본가가 이를 가져갈 수 없다고 주장한다.

어떤 이론이 더 우월한지는 관점의 문제인 듯싶다. 마르크스가 『자본론』을 펴낸 후 100년 가까이 논쟁이 이어진 것을 보면 두 이론 중 어느 것도 논리가 아주 약하지는 않은 모양이다. 마르크스의 이론을 내세우며 진행된 현실 속 공산주의 운동은 실패로 끝났다는 점에서 결국 현대 경제학이 이겼다는 말을 할 수도 있다. 하지만 공산주의 실험이 진행되는 동안 현대 경제학의 명제들이 크게 약화된 것도 사실이다.

어쩌면 두 이론이 모두 그럴듯해서가 아니고, 너무 허술해서 논쟁이 오랫동안 이어진 것인지도 모른다. 모든 기업의 이익을 노동자가 가져가야 한다는 마르크스의 주장도 너무 지나친 듯하고, 월급은 한계생산성과 같고 자본가와 노동자는 각각 제 몫을 받아가고 있다는 콥과 더글라스의 주장 역시 너무 낙관적이라는 것은 처음부터 자명했던 것인지도 모른다.

05

왜곡된 고용 시장에서는 악화가 양화를 구축한다

역선택 ;

구매자 혹은 판매자가 상대방보다 더 많은 정보를 가지고 있는 상황에서는 품질이 낮은 제품만 거래되고, 품질이 높은 제품은 시장에서 사라지는 현상을 가리킨다. '악화가 양화를 구축한다'라는 표현을 쓰기도 한다. 역선택의 문제가 심한 경우 시장 자체가 없어져버리기도 한다.

'여학생이 취업 관문을 통과하는 것은 낙타가 바늘구멍을 통과하기보다 어렵다'는 말이 있다. 대학 졸업자의 취업이 어려운 상황에서 기업이 여학생 뽑기는 더 꺼린다. 여학생들의 주장으로는 대기업의 경우 남자, 여자 신입 사원의 비율이 4대 1에서 5대 1 정도라고 한다. 이런 통계가 얼마나 믿을 만한지는 모르겠지만, 취업 전선에 있는 여학생들이 이런 생각을 갖고 있다는 것 자체가 문제의 심각성을 보여준다.

　문제를 더욱 심각하게 만드는 것은 평균적으로 볼 때 여학생이 남학생보다 학점도 높고 각종 시험 점수도 높다는 점이다. 공부는 더 잘하는데 취업은 더 힘들기 때문에 차별이라고 말할 수도 있을 것 같다. 대학 4년 동안 남들보다 더 열심히 공부했는데, 취업하기는 남들보다 더 어렵다고 생각하면 속이 상할 법도 하다.

내가 대학 다닐 때만 해도 남자가 여자보다 공부를 잘한다는 생각이 지배적이었던 것 같다. 하지만 요즘은 정반대다. 평균적으로는 여학생이 공부도 열심히 하고, 시험도 잘 치러 좋은 학점을 받는다. 여자가 남자보다 공부를 잘한다는 것은 교사 임용 상황을 봐도 알 수 있다. 학교에서는 남자 교사가 부족하다고 아우성인데 아무리 남자 교사를 더 뽑으려 해도 쉽지가 않다. 공립학교 교사는 교사 임용 고시를 통해 채용하는데 시험만 가지고 뽑으면 여자 합격자가 훨씬 더 많다고 한다. 그렇다고 시험 점수를 무시하고 남자를 우선적으로 뽑을 수는 없는 일이다.

일반 기업체 채용도 공립학교 교사 임용처럼 시험을 통해 이루어진다면 여학생들의 불만은 사라질 수도 있겠다. 하지만 민간 기업이 어떻게 사원을 채용하는지에 대해 외부에서 이래라 저래라 할 수는 없다. 사원 채용은 회사 고유의 업무이기 때문에 불법만 저지르지 않는다면 정부나 언론 등에서 뭐라고 할 수 없는 일이다.

차별, 정보의 비대칭성에 의한 역선택

그런데 채용 시장에서 기업들이 여자를 차별하는 이유는 무엇일까? 단지 편견 때문일까?

'여자는 일을 잘 못한다', '여자는 결혼을 하면 가사와 육아가 우선이기 때문에 업무 능력이 떨어진다'는 편견 때문일 수도 있지만, 이런 설명 역시 설득력이 약하다. 여자가 일을 잘 못한다는 생각이 편견이라면, 즉 여자가 사실은 일을 잘하지만 편견에 의해 이를 인정하지 못하는 일부 채용 담당자로 인해 여자를 고용하지 않는다면, 결국 이런 채용 담당자가 있는 회사의 생산성은 떨어질 것이다. 일 잘하는 여자 대신 일 못하는 남자를 뽑아 회사를 운영하다 보면 다른 회사와의 경쟁에서 밀릴 것이기 때문이다. 반면 여자가 일을 잘한다는 사실을 인정하고 채용한 회사는 경쟁에서 앞서 나갈 것이다. 그 결과 여자를 많이 뽑은 회사는 성장하여 살아남는데, 여자를 뽑지 않은 회사는 경쟁에서 패하고 시장에서 사라져버릴 것이다. 그리고 마침내 시장에서 여자에 대한 차별은 사라질 것이다.

이는 찰스 다윈이 말한 '자연선택'의 과정과 비슷하다. 생태계의 종은 생존을 위해 경쟁하는데, 결국 경쟁에서 이긴 종은 번창하고 경쟁에서 뒤처진 종은 소멸하게 된다. 그 결과 생존경쟁에서 살아남은 종의 특성만 보존된다. 마찬가지로 여자를 많이 뽑는 기업이 경쟁에서 살아남고 남자를 많이 뽑는 기업이 경쟁에서 도태된다면, 결국 시장의 모든 기업은 '여자를 많이 뽑는다'는 특성을 가지게 될 것이다.

그러니 편견만 가지고는 차별 현상을 설명할 수 없다는 것이 경제학의 관점이다. 시장에서의 경쟁은 일종의 생존경쟁인데, 편견을 가진 기업은 생존경쟁에서 살아남을 수 없다고 보기 때문이다. 그럼 편견 때문이 아니라면 차별은 왜 나타나는 것일까? 편견에 대한 경제학의 관점을 이해하기 위해서는 우선 '정보의 비대칭성'이라고 불리는 상황에 대한 이해가 필요하다.

시장에서 물건을 파는 사람은 자기가 파는 물건에 대해 잘 알고 있지만, 물건을 사는 사람은 사려는 물건에 대해 잘 모르는 경우가 종종 있다. 거래하고자 하는 물건에 대한 전문 지식의 차이일 수도 있지만, 거래되는 물건이 표준화되어 있지 않아 물건을 오랫동안 소유하고 사용하지 않으면 그 물건에 대해 잘 모르는 것이다. 중고차 시장을 생각해보면 쉽게 이해가 된다. 중고차를 파는 사람은 그 차를 오랫동안 사용했으므로 차의 성능에 대해 잘 알고 있다. 하지만 중고차를 사는 사람은 파는 사람의 설명에만 의지하여 차의 성능을 판단해야 한다. 시승을 하게 되는 경우라도 몇 분 정도의 체험으로 차의 성능을 모두 파악하기란 쉽지 않다. 이처럼 거래의 한쪽이 다른 쪽보다 더 많은 정보를 가지고 있을 때 정보의 비대칭성이 존재한다고 한다.

정보의 비대칭성이 존재할 때 역선택이라는 문제가 나타난다. 물건을 파는 사람이 아무리 질 좋은 물건이라고 말을 해도 물건을 사는 사람은 확인할 길이 없기 때문에 그 말을 믿으려 하지 않는다. 물건을 파는 사람은 누구나 높은 값을 받으려고 물건의 품질이 좋다고 말할 것이고, 이런 생리를 아는 구매자는 판매자의 말을 믿으려 하지 않게 된다. 이렇게 물건의 품질을 모르기 때문에 값이 낮을 경우에만 물건을 사고자 할 것이다. 이런 상황에서는 정말 좋은 물건을 가진 사람도 제값을 받고 물건을 팔 수가 없다. 결국 좋은 물건을 가지고 있는 사람은 물건 팔기를 포기할 것이고, 시장에는 질 나쁜 물건만 남게 될 것이다. 악화가 양화를 구축하는 것이다. 이를 역선택이라고 한다. 시장이 '거꾸로' 선택한다는 뜻에서 붙은 이름이다.

신호 보내기와 적극적 선별

이러한 역선택의 문제를 해결하기 위해 물건을 파는 사람들은 '신호 보내기signaling'를 한다. 자신이 팔고자 하는 물건이 정말 질 좋은 물건이라는 것을 상대방이 믿을 수 있도록, 상대방이 신뢰할 수 있는 신호를 제공하는 것이다. 가령 자신이 팔고자 하는 차의 성능에 정말 자신이 있다면 '한 달간 타보고 마음에 들지 않으면 거래를 취소해도 좋다'는 약속을 해줄 수도 있을 것이다. 이런 약속을 하면 차를 사는 사람의 입장에서는 차의 성능에 믿음이 갈 것이다. 설사 못 믿더라도 한 달간 타다가 그냥 돌려주면 그만이므로 높은 가격에도 계약을 체결할 수 있을 것이다.

물론 경우에 따라서는 이런 약속이 지켜지지 않을 수도 있다. 한 달 후에 차가 마음에 들지 않아 계약을 취소하러 갔을 때 판매자가 그런 약속 한 적 없다고 잡아뗄 수도 있고, 약속을 부인하지는 않더라도 한 달 사용하는 도중에 운전자의 과실로 차량 가치가 떨어졌다고 시비를 걸 수도 있다. 그러니까 구매자와 판매자 사이에 어느 정도의 신뢰가 있을 때에만 이런 약속이 역선택 문제에 대한 해결책이 될 수 있다. 중요한 거래의 경우 중간에 전문적인 중개인을 두는 것은 약속의 신뢰도를 높이기 위한 방법이다.

물건을 파는 사람들이 정보의 비대칭성을 극복하기 위해 신호 보내기를 한다면 물건을 사는 사람들은 보다 적극적인 선별screening 노력을 한다. 자동차를 사기 전에 전문가에게 확인하거나 자동차의 사고 기록을 확인하는 것은 선별 노력의 일종이다. 온라인에서 물건을 거래하는 경우라면 물건을 파는 사람에 대한 네티즌 리뷰가 있는지 확인해볼 수도 있을 것이다.

　채용 시장 얘기로 다시 돌아가보자. 채용 시장에서도 물론 정보의 비대칭성 문제가 심각하다. 채용 시장에서는 구직자를 물건을 파는 사람으로, 기업을 물건을 사는 사람으로 볼 수 있다. 구직자는 자신의 노동이라는 물건을 파는 것이고, 기업은 이 노동을 사는 것이다. 그런데 물건의 질이 얼마나 좋은지, 즉 채용되었을 때 일을 얼마나 열심히 하고 잘할지에 대해 구직자와 회사가 동일한 정보를 갖고 있지 않다. 구직자는 자신이 얼마나 성실하고 능력이 있는지 회사보다 많이 알고 있다. 회사는 구직자가 하는 말만 가지고 이 사람이 얼마나 성실한지, 능력이 있는지를 판단해야 한다.

　구직자가 자신의 능력에 대해 잘 알고 있다는 말에 동의하지 않는 사람이 있을 수도 있다. 어떤 사람들은 자신의 뛰어난 능력을 모르기도 하고, 알더라도 겸손해서 말을 하지 않기도 한다. 더 흔한 경우는 자신의 능력을 과대평가하는 경우다. 스스로는 능력이 있다고 생각하지만, 다른 사람이 보기에는 게으르기만 하고 일은 잘 못하는 경우가 종종 있다. 물론 이런 경우라면 정보의 비대칭성이 심하지 않을 수 있다. 본인도 본인의 능력을 모르고, 기업도 이 사람의 능력을 모르기 때문이다. 그렇기는 하지만 평균적으로는 본인이 본인에 대해 알고 있는 것이 기업이 본인에 대해 알고 있는 것보다 훨씬 많기 때문에 결국 구직자는 정보의 우위를 점하게 된다.

　마찬가지로 노동시장에서도 신호 보내기와 선별 노력이 중요하게 작용한다. 자격 시험을 보고 영어 시험을 보는 등 구직자가 자신의 능력을 증명하기 위해 펼치는 노력은 신호 보내기로 볼 수 있다. 대학 진학을 신호 보내기 노력의 하나로 보기도 한다. 대학에서 새로운 지식과 기술을 배우는 등 자기계발에 투자하는 것으로 볼 수도 있지만, 입학하기 힘든 대학과 학과에 진학함으로써 남들보다 우월한 능력을 가지고 있다는 것을 보여주는 것이라는 해석이다. 반면에 입사 시험을 보게 하고, 그룹 면접을 하고, 때로는 한 달 동안 합숙을 시키며 입사 지원생을 평가하는 것 등은 기업의 선별 노력으로 볼 수 있다. 입사 시험을 보고 합숙 기간 동안 평가한다고 해서 구직자의 능력을 완전히 파악할 수 있는 것은 아니지만 정보의 비대칭 상황을 조금이라도 줄일 수 있을 것이다. 처음부터 정규 사원으로 뽑지 않고 6개월간 인턴을 시키다가 정규 채용을 결정하는 제도도 일종의 선별 노력으로 해석할 수 있다. 한 달 합숙보다는 6개월 인턴을 시키는 것이 더 많은 관찰을 할 수 있기 때문이다. 물론 인턴을 시키는 동안 월급을 아낄 수 있다는 얄팍한 계산도 작용했을 수 있지만 말이다.

채용 시장의 프로파일링, 또 다른 편견의 필터링

그러나 이런 신호 보내기와 선별 노력으로 정보의 비대칭성이 모두 해소되지는 않는다. 사람의 능력을 평가하는 것은 쉬운 일이 아니기 때문이다. 그렇다고 입사 지원자를 평가하고 선택하는 데 많은 시간과 돈을 들일 수는 없는 일이다. 수익 창출이 목적인 기업이 신입 사원 채용에 할애할 수 있는 자원에는 분명 제약이 있다.

누군가를 뽑아야 하는데 누가 더 능력 있는 사람인지 모를 때, 어떻게 선택을 해야 할까? 이럴 때 프로파일링profiling이라는 것을 하는 경우가 있다. 공항 보안 담당자가 승객들의 외모 등을 보고 누가 테러리스트처럼 생겼는지 결정할 때 프로파일링이라는 말을 쓴다. 채용 담당자가 '명문 대학을 나왔으니 똑똑하겠지', '지방 대학을 나왔으니 서울에서 대학을 나온 사람보다 못 하겠지'라든가, '뚱뚱하니까 게으르지 않을까', '머리에 염색한 걸 보면 너무 가볍지 않을까' 등의 생각을 하는 것도 프로파일링에 해당된다. 학력, 외모 등 쉽게 확인할 수 있는 특성을 보고 이를 바탕으로 개인의 성향을 추측하는 것은 모두 프로파일링에 해당된다.

구직자의 능력을 모르기 때문에 프로파일링에 기초해 평균 능력을 상정하고 채용 결정을 내린다는 점에서 프로파일링은 역선택의 상황과 유사하다. 역선택의 상황이 나타나는 것은 재화의 품질이 높은지 낮은지 모를 때 품질이 평균 정도 될 것으로 생각하고 구매 결정을 내리기 때문이다. 다만 차이점은 역선택의 결과 악화가 양화를 구축하지만, 프로파일링의 결과는 특정한 프로파일을 가진 사람들이 취업하는 데 더 큰 어려움을 갖는다는 점이다. 이는 개인차를 고려하지 않은 평균값으로 또 다른 차별을 만드는 것이다.

06

개미의 삶에서
잃은 것은 무엇일까

평생소득가설 ;

한 해의 소비는 그해의 소득에 따라 결정되는 것이 아니고 평생 동안 얻게 될 소득의 기대치에 따라 결정된다는 이론이다. 생애 주기에 따른 저축 패턴을 잘 설명하는 이론이지만 경기 변동에 따른 소비의 변화는 잘 설명하지 못한다.

「개미와 베짱이」에 나오는 개미는 여름 내내 열심히 일하며 겨울에 먹을 음식을 비축해둔다. 반면 베짱이는 햇볕 아래 누워 노래만 부르며 일은 전혀 하지 않는다. 추운 겨울이 닥치자 먹을 것이 없어진 베짱이는 개미에게 찾아가 구걸하지만 개미는 냉정하게 거절한다. 먹을 것을 못 구한 베짱이는 결국 어떻게 되었을까? 그냥 고생만 조금 하다가 말았는지 아니면 음식을 전혀 구하지 못해 굶어 죽었는지는 이야기마다 조금 다른 것 같다. 내가 어릴 때 들은 이야기에서는 '베짱이의 최후'에 대한 부분은 언급되지 않았던 것으로 기억하는데, 이야기에 따라서는 베짱이가 정말로 굶어 죽기도 하는 모양이다. 베짱이의 최후가 어쨌건, 이 이야기의 교훈은 '열심히 일해서 저축하지 않으면 나중에 고생한다' 정도일 것이다.

그런데 개미와 베짱이의 삶으로 제시하는 교훈에는 몇 가지 논리적 취약점이 있다는 생각을 해보았다. 남들 놀 때 열심히 일하고 저축하는 개미도 그 일생에서 무언가 잃은 것이 있지 않을까? 그렇다면 무조건 '너희도 개미처럼 열심히 일해라'라고 말하기보다는 '개미가 손해 보는 것과 베짱이가 손해 보는 것을 비교해보았을 때 베짱이가 손해 보는 것이 더 크니, 너희도 개미처럼 열심히 일해라'라고 말하는 것이 더 논리적이고 설득력 있지 않을까 하는 생각이 든다.

저 축 은 왜 필 요 한 가

남들 놀 때 열심히 일하고 저축하는 개미는 두 가지 점에서 손해를 볼 수 있다. 첫째로 여름 내내 개미의 소비 수준은 베짱이의 소비 수준보다 낮다. 베짱이가 햇볕 아래 누워 노래를 부르며 여유로운 '소비' 활동을 하는 동안 개미는 추운 겨울에 대비하여 뜨거운 햇볕 아래 쉴 없이 먹거리를 모으고 쌓아두는 '저축'을 하고 있는 것으로 볼 수 있다. 둘째로 개미는 고생스레 비축해둔 음식이 필요 없게 될 위험을 감수해야 한다. 겨울이 항상 추울 것이라는 보장은 없다. 겨울이 의외로 따뜻하다면 베짱이는 겨울에도 햇볕 아래 누워 노래를 부르며 개미를 비웃을지 모른다. 이런 일이 생기면 개미는 정말 허무할 것이다. 혹은 겨울이 오기 전에 개미가 죽어버릴 수도 있다. 그러면 개미가 열심히 일해 쌓아둔 음식을 여름 내내 놀기만 한 베짱이가 가져다 먹을 수도 있을 것이다.

서머셋 모옴의 단편소설 「개미와 베짱이」에 나오는 톰과 조지 형제의 경우가 그렇다. 형 톰은 개미처럼 항상 열심히 일하고 저축하는 반면 동생 조지는 베짱이처럼 놀면서 문제만 일으키고 다닌다. 조지는 문제가 생기면 톰에게 도움을 요청하고 톰은 그런 조지의 미래를 걱정하며 항상 도움을 준다. 그러던 어느 날 조지는 자신의 어머니뻘 되는 돈 많은 부인과 약혼했는데 약혼 직후 부인이 사망하며 조지는 엄청난 유산을 물려받는다. 그런 조지를 보며 개미처럼 열심히 일하고 저축했던 톰은 상실감에 빠지게 된다.

현실이 서머셋 모옴의 소설과 더 비슷한지 아니면 원래의 「개미와 베짱이」 이야기와 더 비슷한지는 잘 모르겠다. 어쨌건 열심히 일하고 저축하는 개미의 생활 방식이 정말 바람직한가에 대해서는 논란의 여지가 있어 보인다. 열심히 일하고 저축하는 것이 왜 필요한지를 「개미와 배짱이」의 이야기만 가지고 설명하는 데는 분명 한계가 있다.

저축이 필요한 이유를 경제학적으로 설명할 때 '효용의 볼록성'이라는 개념과 '소비의 평활화'라는 개념을 사용한다. 조금 생소할 수 있지만 난해한 개념은 아니다. 효용이란 개인의 만족도를 나타내는데, 맛있는 것을 먹고 재미있는 일을 하면 만족도가 높아지고, 춥고 배고프고 놀지도 못하면 만족도가 낮아진다. 햇볕 아래 누워 노래를 부르는 배짱이의 효용은 높지만 땀 흘리며 일하는 개미의 효용은 낮다. 반대로 겨울에 배짱이의 효용은 매우 낮아지고 개미의 효용은 높아진다.

봄
여름
가을
겨울
왜 이렇게 따뜻하지??
月

그런데 아무리 맛있는 것을 먹고 재미있는 일을 한다 해도 처음에는 좋지만, 지속하다 보면 그다지 좋은 줄 모르게 된다. 즉 만족도가 떨어진다. 그러니 아무리 맛있는 음식도 한꺼번에 몽땅 먹으면 맛이 없고, 재미있는 일도 오래 지속하면 재미가 없어지기 마련이다. 이처럼 어떤 것을 즐길 때 처음에는 효용이 크지만 나중에는 그만큼의 효용을 얻지 못하는 것을 효용의 중간 부분이 볼록하게 튀어나와 있다고 말할 수 있다. 이것을 효용의 볼록성, 즉 효용이 볼록하다고 하는 것이다.

효용이 볼록한 경우 맛있는 음식을 한 번에 많이 먹거나 재미있는 일을 한 번에 오래 하는 것은 경제적이지 못하다. 그러니 좋아하는 그 어떤 것도 나누며 즐길 줄 아는 것이 만족감을 극대화할 수 있는 방법이다.

개미와 배짱이의 경우에 여름과 겨울의 소비를 비슷한 수준으로 만드는 것이 효용 수준을 높이는 방법이다.

저축, 일생 동안 소비의 평활화를 이룬다

소비 수준이 높았다 낮았다 하는 것을 피하고 항상 비슷한 수준으로 '평평하게' 유지되도록 하는 것을 '소비의 평활화'라고 한다. 베짱이는 소비의 평활화를 이루지 못한 반면 개미는 소비의 평활화를 이루었다고 볼 수 있다. 소비의 평활화를 달성하려면 개미처럼 저축을 하는 것이 필요하다. 소득이 많을 때 저축해서 쌓아두었다가 소득이 적을 때 이를 소비해야 소비의 평활화가 이루어질 수 있다.

그러니까 왜 저축이 필요한가라는 물음에 대해 경제학에서는 '효용이 볼록하기 때문에 소비를 일정한 수준에 유지하는 것, 즉 소비의 평활화가 필요한데, 소비의 평활화를 이루기 위해 소득이 많을 때 소득이 없을 어느 날을 대비하여 저축하는 것이 필요하다'라고 말한다.

개미는 여름에 음식을 저축해두었다 겨울이 되면 이것을 먹고 살아간다. 하지만 사람들은 이것과는 조금 다른 저축 패턴을 가지고 있다. 철에 따라 저축을 하는 것이 아니라 나이, 더 정확히는 생애 주기에 따라 저축을 한다. 어렸을 때는 부모님의 도움으로 생활하고, 젊을 때는 저축을 하고, 나이가 들어 은퇴를 하게 되면 젊었을 때 모아둔 돈으로 살아가게 된다.

저축은 소득과 소비의 차이로 결정된다. 소득 중 소비하지 않은 부분이 저축이 된다. 소득 수준은 생애 주기가 변하면서 '0─저─고─저'의 양상을 보인다. 어렸을 때는 전혀 소득이 없다가 사회 진출 후 시간이 지나며 점차 증가하지만, 은퇴 후 다시 낮은 수준이 된다. 소득이 '0─

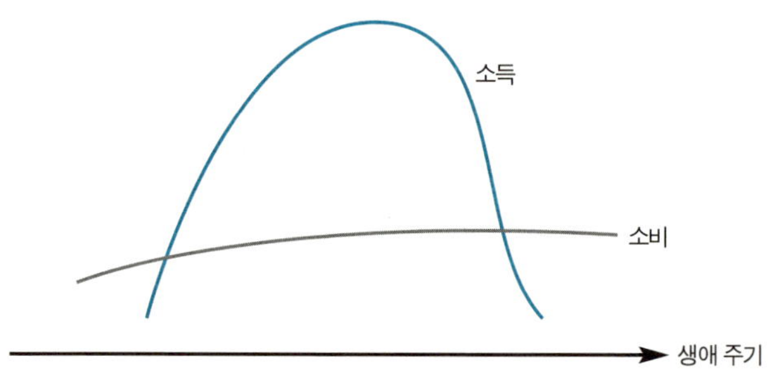

생애 주기 변화에 따른 소득과 변화

저—고—저'의 양상을 보이는 반면 소비는 대체로 '저—저—중—중'의 양상을 보인다. 어렸을 때 소득이 전혀 없다고 소비를 전혀 하지 않는 것이 아니고, 은퇴 후에 소득 수준이 떨어졌다고 해서 소비 수준도 똑같이 떨어지지는 않는다.

소득의 변화와 관계없이 소비가 일정한 수준을 유지하는 것은 소비의 평활화 때문이다. 소득이 낮을 때 소비를 줄였다가 소득이 높을 때 소비를 늘리는 것보다는 소비 수준을 평탄하게 유지하는 것이 삶 전체의 질을 높일 수 있기 때문이다. 그렇다 해도 소비 수준을 완벽하게 평탄화하는 것은 물론 불가능하다. 아무래도 어렸을 때는 소비 수준이 조금 낮고 나이가 들어서는 소비 수준이 다소 높아진다. 그리고 소비 수준을 완벽하게 평탄화하기 위해서는 미래에 얼마나 소득을 얻을지, 또 얼마나 오래 살게 될지도 알아야 하는데 이는 불가능하다. 불완전한 정보를 바탕으로 소비 평탄화를 추구하므로 그 결과로 나타나는 소비 패턴은 근사적으로만 평탄하게 된다.

평생소득가설이란 무엇인가

시카고 대학의 교수 밀튼 프리드만(1912~2006)은 사람의 일생에 걸친 소비 평활화 추구 과정을 '평생소득'이라는 개념으로 설명했다. 평생 소득이란 개인이 평생 동안 벌게 될 소득을 모두 더한 값을 말한다. 일반적으로 사람들은 소비 수준을 결정할 때 먼저 자신의 평생 소득을 계산해보고 장차 얼마나 살 것인가, 즉 잔여 수명을 따져본 다음에 평생 소득을 잔여 수명으로 나눈 값을 소비액으로 결정한다고 한다. 물론 평생 소득과 잔여 수명을 정확히 알 수 있는 것이 아니기 때문에 계산에 상당한 오차가 있을 테고 이를 감안해 평생 소득을 잔여 수명으로 나눈 것보다는 조금 더 작은 수준에서 소비가 결정될 것이다. 이렇게 볼 때 해마다 각 개인이 얼마나 소비하는가는 그해의 소득 수준이 아닌 평생 동안 벌게 될 소득의 예상치에 의해 결정된다는 것이 프리드만의 생각이었다. 경제학에서는 프리드만의 이 같은 생각을 '평생소득가설'이라 부른다.

평생소득가설에 따르면 경기가 일시적으로 좋아져 소득이 일시적으로 증가한다 해도 사람들은 소비를 크게 변화시키지 않는다. 일시적 소득 증가는 평생소득에 큰 영향을 끼치지 않기 때문에 소비를 증가시키지도 않는 것이다. 소득은 증가하는데 소비는 증가하지 않으므로 소득과 소비의 차이인 저축이 증가하게 된다. 그러니까 일시적 소득 증가는 저축 증가를 가져오게 된다. 하지만 경기가 일시적으로 나빠지면 정반대의 상황이 나타난다. 일시적 소득 감소는 평생소득을 감소시키지 않으므로 소비에는 변화가 없고 저축만 감소하게 될 것이다.

프리드만은 거시경제학 발전에 대한 공로를 인정받아 1976년 노벨 경제학상을 수상했다. 하지만 프리드만의 '평생소득가설'이 현실을 제대로 설명하는가에 대해서는 비판적 견해가 많다. 경기가 일시적으로 좋아지면 소비에는 변화가 없고 저축만 증가한다는 예측과 경기가 일시적으로 나빠지면 역시 소비에 변화가 없고 저축만 감소한다는 예측이 현실과는 동떨어져 있기 때문이다. 현실에서는 경기가 오르고 내림에 따라 소비도 늘었다 줄었다를 반복하는 모습을 보인다. 그렇다면 생애 주기에 따라 소득이 변할 때는 소비를 비교적 일정하게 유지하는 사람들이 경기가 좋아지거나 나빠질 때는 소비를 일정하게 유지하지 않는 것은 왜일까?

경기가 나빠졌을 때 사람들이 소비를 줄이는 데는 적어도 두 가지 이유가 있는 것으로 보인다. 우선 소득이 줄었을 때 소비 수준을 이전처럼 유지하려면 저축을 줄이거나 은행에서 돈을 빌려야 하는데 이 두 가지 모두 쉬운 일은 아니다. 그리고 주식, 채권 등 자산을 가지고 있더라도 이 자산을 처분해 현금화하는 것 또한 쉽지 않다. 경기가 나쁠 때는 자산들의 가격도 낮아질 수 있고, 이럴 때 자산을 팔면 손해 본다는 생각이 들 수도 있을 것이다. 혹여 돈이 금융 자산이 아니라 부동산 등의 실물 자산에 묶여 있다면 자산을 현금화하는 일은 더 어려워진다. 그러니까 소비 수준을 줄이지 않기 위해 모아둔 돈을 쓴다는 것도 아주 쉬운 일은 아니라는 것이다.

이처럼 자산을 처분하거나 돈을 빌리는 데 많은 비용이 드는 것은 금융시장의 불완전성을 보여주는 한 예이다. 프리드만의 이론은 이러한 현실이 고려되지 않은 것으로 시장이 완벽하게 작동하고 금융시장에서 자산을 처분하고 돈을 빌리는 데 아무런 문제가 없는 것을 가정하고 있다. 물론 금융시장이 발달하면서 거래 비용이 낮아지고 돈을 빌리는 것도 비교적 쉬워지긴 했다. 그렇다고 거래 비용이 적은 것은 아니기 때문에 소득이 줄어들 때 사람들은 소비를 줄이는 것이다.

소득과 소비가 함께 움직이는 또 다른 이유는 미래 소득에 대한 불확실성에서 찾을 수 있다. 경기가 나빠지면 또 언젠가는 경기가 다시 좋아지는 것이 보통이지만, 항상 그런 것은 아니다. 경기가 나빠졌다가 회복되는 대신 상태가 더 나빠져 장기 공황에 빠질 수도 있고, 확률이 높지는 않지만 영영 회복되지 않을 가능성도 있다. 경기가 나빠진 상황에서는 앞으로 어떤 일이 생길지를 모르고, 특히 나쁜 경기가 얼마나 오래 갈지 모르기 때문에 사람들은 최악의 상황까지도 대비하게 된다. 최악의 상황이 닥쳐서 직장을 잃고 앞으로 수 년간 아무 소득 없이 살아가야 할지도 모른다는 것을 생각하면 소비를 줄이는 것은 당연한 것이다.

그런데 이런 경우라면 평생소득가설이 틀렸다고 말할 수는 없다. 경기가 나빠질 때 사람들이 소득을 줄이는 것을 평생소득가설에 따라 설명하는 것도 가능하다. 즉, 사람들이 평생소득을 계산해 소비를 정하는 것은 맞는데, 다만 경기가 나빠질 때마다 사람들은 평생 소득이 크게 떨어졌다고 느끼기 때문에 소비를 줄이는 것이다. 이 같은 설명이 조금 이상하다고 말할 사람도 있을 것이다. 경기는 좋아졌다 나빠졌다를 주기적으로 반복하는데 경기가 나빠질 때마다 '이제 모든 게 끝장이다'라고 생각한다는 것은 말이 안 된다고 볼 수도 있기 때문이다. 하지만 사람들이 때로는 극단적인 위험 기피 성향을 보인다는 점을 고려하면 전혀 가능성이 없는 것도 아니다. 경기가 조금 나빠지려 하면 언론에서 '위기다', '정말 위기다', '이번에는 정말 위기다'라는 말을 쏟아내는 것을 보아도 그렇다.

07

금융 위기는
검은 백조의 출현 현상이다

부채슈퍼사이클 이론 ;

가계와 기업의 부채 비율이 상승하는 시기와 하락하는 시기가 번갈아 나타나는데, 상승기와 하락기를 반복하는 동안 평균적으로는 부채 비율이 지속적으로 높아진다는 이론이다. 상승기에서 하락기로 전환되는 시점에 경제 위기가 발생한다고 설명한다.

검은 백조라고 불리는 새가 있다. 백조와 똑같이 생겼는데 하얀 깃털이 아닌 검은 깃털을 가지고 있어 붙은 이름이다. 백조는 유럽과 아시아 등 북반구에 서식하고, 검은 백조는 호주, 뉴질랜드 등 남반구에 서식하고 있다. 그러다 보니 호주, 뉴질랜드와 왕래가 없던 17세기 유럽 사람들은 모든 백조는 하얗다고 믿었다. 17세기 말 호주 서부 탐험에 나섰던 네덜란드인 빌렘 드 블라밍이 검은 백조를 발견하기까지는 그랬을 것이다.

17세기 말 검은 백조를 처음 본 유럽 사람들은 어떤 생각을 했을까? '백조가 검다니 정말 이상하다. 아주 희귀한 새일 거야' 라고 생각했을 것이다. 하지만 검은 백조가 희귀하다는 생각은 곧 틀린 것으로 밝혀졌다. 호주와 뉴질랜드에 있는 백조는 모두 검은 백조이기 때문이다.

부채슈퍼사이클, 경기 과열이 초래한 불황

세계적 베스트셀러가 된 『검은 백조』라는 책에서 나씸 탈레브는 세상에는 검은 백조처럼 처음에는 희귀한 것으로 여겨지지만 알고 보면 그렇지 않은 것들이 많이 있다고 말한다. 경제 현상도 마찬가지다. 1930년대 세계 대공황이 발생했을 때 사람들은 '이런 엄청난 재앙은 수백 년에 한 번 일어날 만한 일이다'라고 생각했지만 사실 경제 위기는 이보다 빈번하게 발생한다. 최근 역사만 보더라도 1997년에 아시아 외환 위기가 있었고, 2001년에는 닷컴 버블의 붕괴가 세계 경제를 강타했다. 또 2008년에는 미국발 신용 위기, 2010년에는 그리스발 신용 위기가 있었다.

1930년대 대공황은 1929년 10월 뉴욕 증시의 대폭락과 연결지어 설명되곤 한다. 1929년 10월 뉴욕 증시가 갑자기 폭락하기 시작했고 그러면서 많은 주식 투자자들이 곤경에 처하게 되었다. 주가 상승을 믿고 직장을 그만두었던 사람은 더 이상 할 일이 없어졌고, 남의 돈을 빌려 주식을 샀던 사람은 빚더미에 앉게 됐다. 자본 조달이 어려워진 기업들이 도산하면서 실업을 가져왔다. 직업을 잃은 사람들, 빚더미에 앉은 사람들은 당연히 지출을 줄였고, 이에 따라 기업의 매출도 내려가면서 경제 전체의 침체가 뒤따랐다.

그런데 대공황을 연구한 학자들은 뉴욕 증시의 폭락이 대공황을 가져왔다는 설명은 잘못된 것이라고 말한다. 뉴욕 증시의 폭락은 대공황의 한 현상이었을 뿐 원인은 아니라는 것이다. 증시 폭락으로 많은 주식 투자자들이 곤경에 처한 것은 사실이지만 이들이 지출을 줄였다고 해서 경제 전체가 급속히 침체로 빠져드는 것은 아니다. 당시 주식 투자 인구는 지금과는 비교할 수 없을 정도로 적었다. 컴퓨터는 물론 인터넷도 없었다. 당연히 금융 중심지에서 멀리 떨어진 지역에 생활하는 사람이 주식 투자를 하려 했다면 매우 어려웠을 것이다. 그러니 주식 투자자들의 소비 위축이 경제 전체에 영향을 끼쳤다는 평가는 과장되었던 것으로 보인다. 게다가 주가 폭락으로 기업들이 갑자기 자금 조달에 어려움을 겪는 것도 아니다. 주식을 발행하여 자금을 조달하는 기업의 비중은 별로 높지 않다. 많은 기업들은 개인적 투자를 받거나 은행에서 돈을 빌린다. 주식을 발행할 수 있는 기업들은 대기업들뿐이다. 그 기업들도 어쩌다 한 번 주식시장에서 신주를 발행하는 것이지 매일 주식을 발행하지는 않는다. 그러니까 주가 폭락이 기업에 미치는 영향도 과장되었다고 보아야 한다.

경제학자들은 1930년대의 대공황은 그 이전 기간의 경기 과열에서 비롯된 것이라는 설명을 한다. 1차 세계대전이 끝난 후 평화가 찾아오면서 미국을 중심으로 경기 호황기가 찾아왔다. 전화와 라디오가 급속히 보급되면서 생활 패턴이 크게 변했고 사람들은 '신경제'를 말하기 시작했다. 미래에 대한 전망도 아주 긍정적이었다. 당시 사회 상황은 인터넷 붐이 일어난 1990년대와 여러 면에서 비슷했다고 한다. 기업은 빠른 속도로 투자를 늘렸고 개인들 역시 빠르게 소비를 늘려 나갔다. 이 같은 상황이 수 년간 지속되면서 1920년대 후반에는 경기가 지나치게 과열되었다.

기업의 투자는 지나친 수준에 도달했고, 물건은 많이 만들어내는데 더 이상 팔 수 없는 상황이 된 것이다. 개인들 역시 소비를 더 이상은 늘릴 수 없었다. 결국 경기 호황은 경기 불황으로 바뀌었는데 상승세가 가팔랐던 만큼 하락세도 가팔랐던 것이다.

1997년에는 'IMF사태'로 불리는 위기가 한국에 찾아왔다. 위기가 한국에만 있었던 것이 아니고 아시아 전역에서 나타났기 때문에 아시아 외환 위기, 혹은 아시아 금융 위기라고 하는 편이 더 정확하다. 아시아 외환 위기는 태국 바트화의 가치가 갑자기 추락하면서 발생했다고 말하는 사람들이 있다. 1997년 여름 바트화의 가치가 갑자기 하락하면서 태국 외환시장이 마비되었고, 이후 아시아 각국의 환율도 동반 급락하였다는 설명이다. 하지만 대공황이 뉴욕 증시의 폭락으로 시작된 것이 아닌 것처럼 아시아 외환 위기도 바트화의 폭락 때문에 시작되었다고 말하기는 어렵다. 위기 발생 요인이 잠재하고 있다가 바트화의 폭락과 함께 분출된 것으로 보는 것이 더 설득력 있다. 아시아 외환 위기를 가져온 주요 요인으로는 아시아 국가들의 높은 대외 부채와 급속한 자본시장 개방에 따른 '핫 머니'의 유입을 꼽을 수 있다. 한국을 포함한 아시아의 신흥국들은 급속한 성장을 이루기 위해 외국에서 많은 돈을 빌려야 했다. 돈을 빌려준 외국인들이 갑자기 마음을 바꾸어 이제 돈을 갚아달라고 요구하면 위기가 찾아올 수밖에 없는 구조였다. 아시아 국가들에 돈을 빌려준 외국인 중에는 장기적 안목을 가지고 투자를 한 사람들도 있었지만, 짧은 시간 내에 이익을 얻을 것을 기대하고 투기적 심리로 돈을 빌려준 사람들도 있었다. 시장에 불안감이 퍼져 나갈 때 이들이 서로 먼저 빠져나가려고 하면서 위기를 확대한 면이 있다.

일종의 뱅크런bank run 현상이다. 일반적으로 은행은 망하지 않을 것이라는 신뢰가 형성되어 있기 때문에 문제가 일어나지 않는 것이지, 만약 은행이 망할지도 모른다는 의심이 시장에 번져 나가기 시작하면 은행은 정말 망할 수 있다. 은행이 망할 것이라는 생각이 들면 은행에 예금이 있는 사람들은 모두 은행으로 달려갈 것이다. 하지만 모든 예금주들이 갑자기 예금 전부를 인출하겠다고 할 때, 이들 모두에게 예금 전액을 지급해줄 수 있는 은행은 없다. 예치된 돈은 창고에 쌓아두는 것이 아니라 기업체 등에 빌려주기 때문이다.

얼마 전 저축은행이 연달아 문을 닫은 적이 있다. 일부 저축은행에 대한 영업정지 결정이 내려지자 시장 전체로 불안감이 퍼져 나갔다. 뱅크런의 위험성이 커진 것이다. 결국 상대적으로 취약했던 몇몇 저축은행들이 추가로 문을 닫아야 했다. 외국인들이 빌려준 돈을 돌려달라고 했을 때 우리나라가 돈을 갚을 수 없었던 것도 비슷한 이유에서다. 빌린 돈을 다 써버렸던 것이 아니라 빌린 돈을 다른 곳에 투자해놓았기 때문에 갑자기 이를 회수할 방법이 없었던 것이다. 그때 조금 기다리면 돈을 다 돌려주겠다는 말을 외국인이 들으려 하지 않았던 것은, 우리 정부가 돈을 갚을 수 있는가 없는가는 문제가 아니었기 때문이다.

탈레브, 검은 백조 현상으로 경제 불황을 말하다

각각의 경제 위기는 모두 나름대로의 사연이 있는 독특한 현상이다. 하지만 이처럼 독특해 보이는 경제 위기들이 사실은 검은 백조처럼 일상적인

1930
ASIA 1997
2010

것이라고 탈레브는 주장한다. 이와 연관된 이론으로 부채슈퍼사이클debt super-cycle 이론이 있다. 이론에 따르면 경제 위기는 주기적으로 발생한다고 한다. 그 이유는 부채의 누적 때문이다.

부채슈퍼사이클은 금융시장 분석을 전문으로 하는 BCA라는 회사의 최고경영자인 안토니 뵤크가 1970년대에 제시한 이론이다. 기업이 은행으로부터 돈을 빌리는 것이 쉬워질 때 경제가 팽창되고, 기업 은행 빚이 너무 많이 쌓여 더 이상 돈을 빌릴 수 없게 될 때 기업 파산이 늘어나면서 경제가 위기에 빠진다. 이를 해결하기 위해 정부는 이자율을 낮추고 대출을 장려한다. 그러면 다시 경기 팽창기에 들어서게 되고, 이 팽창기는 다시 기업이 너무 많은 빚을 가지고 있어 더 이상 은행으로부터 돈을 빌릴 수 없게 될 때 끝난다. 이와 같이 팽창과 위기의 사이클이 반복되면서 경제의 전체적인 부채 수준이 점차 증가한다는 것이 부채슈퍼사이클 이론의 내용이다.

2008년의 미국발 국제 신용 위기도 이 같은 관점에서 설명할 수 있다. 1990년대 실리콘 벨리에서 시작한 인터넷 열풍은 결국 닷컴버블dot-com bubble로 이어졌다. 인터넷 열풍이 한창 몰아치던 시절 회사 이름에 '닷컴'이라는 말만 넣으면 주가가 폭등하던 데 따라 붙은 이름이다. 버블 붕괴 후 경기 위축을 우려한 정부는 저금리 정책을 채택했다. 중앙은행이 돈을 많이 풀었고 은행의 대출 이자는 크게 떨어졌다. 이렇게 풀린 돈의 일부는 기업에게, 그 나머지는 집을 사려는 개인들에게 대출되었다. 그러다 보니 너도 나도 집을 사려 했고 그 결과 집 값이 크게 오르고, 그에 따라 개인 대출금도 과다해지고, 결국은 빚을 갚지 못하는 사람들이 늘어나기 시작했다. 그러한 상황에서 빌려준 돈을 돌려받지 못할 것을 우려

한 은행은 대출을 중단하기에 이른다. 은행이 대출을 줄이기 시작하자 그 영향이 즉시 경제 전체로 퍼져 나갔다. 빚을 갚지 못하고 파산하는 사람도 더욱 늘어나고, 대출을 받지 못해 파산하는 기업도 늘었다. 그리고 파산하는 사람과 기업에게 돈을 빌려준 개인과 기업이 연이어 파산하고 또 이 사람들과 기업에 돈을 빌려준 사람도 파산하는 연쇄 파산의 위기가 급속히 확산되었다.

슘페터, 경제 불황의 창조적 파괴 기능을 말하다

경제 위기는 많은 사람들에게 고통을 가져다 준다. 직장을 잃고 정기적 소득을 잃는 것은 당사자와 그 가족에게 경제적, 심리적으로 엄청난 고통이다. 또한 소유하고 있던 재산이 갑자기 사라지는 상황을 지켜본다는 것도 괴로운 일이다. 1929년의 뉴욕 증시 대폭락 이후 재산을 잃은 상실감에 자살을 택한 사람도 많다고 한다. 소득과 재산을 전부 잃지 않아도 경제 위기는 여러 개인의 삶을 바꾸어놓는다.

그런데 이렇게 많은 사람에게 고통을 주는 경제 위기에도 순기능이 있다고 주장하는 사람들이 있다. 이들은 보통 조셉 슘페터(1883~1950)의 창조적 파괴creative destruction라는 말을 인용한다. 창조적 파괴라는 용어는 하버드 대학 교수였던 슘페터가 자본주의의 진화 과정을 묘사하기 위해 만들어낸 것이다. 흔히 새로운 기술이 개발되면 이전의 기술은 더 이상 쓰이지 않게 되는, 일종의 파괴 현상이 일어난다. 즉 새로운 기술을 가진 새 기업이 등장해 시장을 넓혀가면 기존 기업은 시장을 잃고 쇠퇴기로 들어선다. 이렇듯 무언가 새롭게 창조된 것이 사회에 수용될 때마다 다른 한쪽에서는 무언가가 사라지게 된다는 사실을 강조하는 말이 창조적 파괴이다. 문제는 이렇게 설명될 수 있는 슘페터의 창조적 파괴가 경제 위기로 많은 기업이 도산되고 재산이 사라지고 기존의 경제적 사회적 구조가 크게 변화하는 현상을 설명하는 데에도 부합되는가이다. 이견을 주장하는 입장에서는 경제 위기로 파괴되는 것은 있지만 새로 창조되는 것도 있는지는 분명치 않다고 한다. 또 슘페터의 아이디어를 따르면 파괴와 창조가 동시에 일어나는 것이어야지 파괴가 먼저 일어나고 그 뒤에 창조가 나타나는 것은 아니라는 지적을 한다.

논란이 있음에도 경제 위기에 순기능이 있다고 말을 하는 데에는, 흔히 경제적 사회적 구조 조정은 위기 상황에 처하지 않는 한 이루어내기가 힘들다는 사실을 목도한 때문일 것이다. 아시아 외환 위기가 닥칠 때까지 우리나라에는 '재벌은 망하지 않는다'는 믿음이 있었다. 재벌이 망해야 경제에 도움이 되는 것은 아니지만, 재벌은 망하지 않는다는 생각이 사회 전체에 확산되면서 비효율과 왜곡을 발생시켰던 사실을 지적하고자 한다. 재벌 불패를 생각하며 두려움을 잊은 기업은 무모한 투자를 감행할 수 있고, 은행도 기업에 동조하여 무조건 자금 대여를 할 수 있다. 외환 위기 직전 삼성그룹이 자동차 회사를 설립한 것이나 현대그룹이 반도체 부문을 확장한 것은 무리한 투자의 예로 지적되기도 한다. 외환 위기를 겪으며 대우그룹이 해체되는 과정에서 '재벌은 망하지 않는다'는 믿음은 사라졌다. 기아자동차와 현대자동차가 합병되고, 대우자동차와 삼성자동차가 외국 기업에 합병되었다. 또 반도체를 만드는 하이닉스가 채권단 관리로 넘어가고, 외환은행이 외국 자본에 팔리는 등 대규모 구조 조정이 진행되었다. 이 같은 구조 조정은 위기가 아니고서는 이루어지기 힘든 것이다.

외환 위기를 겪으며 국내 노동시장은 더 큰 구조 조정을 겪었다. 평생 직장 개념이 없어졌고 회사의 사정이 나쁘면 언제라도 회사를 떠나야 한다는 생각이 받아들여지기 시작했다. 평생 직장 개념이 사라진 만큼 회사는 직원에게 더 이상 헌신적 공헌을 기대할 수 없게 됐다. 직장 상사는 평생 동안 모셔야 하는 분에서 회사에 머무는 동안의 상사로 바뀌었고, 직장 동료도 평생 동료가 아닌 그냥 직장 동료로 바뀌었다. 대인관계가 재정립되는 계기를 만든 것이다. 이 같은 변화가 좋은지 나쁜지에 대한 평가는 차치하고 위기가 아니고서는 이 같은 변화를 이루기란 불가능에 가깝다는 것은 분명하다.

아시아 외환 위기 이후 우리나라 경제는 빠른 속도로 회복되었고, 국제통화기금에서 빌린 돈도 예정보다 일찍 갚았다. 10년 뒤에 다시 경제 위기가 왔을 때는 북미, 유럽의 선진국들보다 더 잘 대응했다는 평가를 받기도 했다. 그러니까 지나고 보면 아시아 외환 위기에 따른 긍정적인 효과가 있었다고 말할 수도 있을 것 같다.

경제 위기를 겪은 모든 나라들이 우리나라와 같은 성공적인 구조 조정을 이룬 것은 아니다. 남미의 여러 나라들은 수차례의 경제 위기를 겪었지만 아직도 툭하면 찾아오는 위기로부터 자유롭지 못하다. 그러니까 '위기가 긍정적 효과를 가져올 수도 있다'라고 말할 수는 있어도 '위기가 항상 긍정적이다'라고 말하기는 힘들다.

08

꼴찌도
최대로 행복할 수 있는 사회

최소의 최대화 원리 ;

몇 가지 대안 중 하나를 선택해야 하는 경우 각 대안을 선택했을 때 얻을 수 있는 최악의 결과를 생각해보고 이 중 제일 좋은 결과를 주는 대안을 선택해야 한다는 원리이다. 이런 원리를 따르는 것은 불확실성이 아주 큰 경우에 더 합당하다.

미국 하버드 대학에서 철학을 강의하는 마이클 샌델 교수의 『정의란 무엇인가』라는 책이 우리나라에서 큰 반향을 불러일으켰다. 이는 우리 사회에 쌓여가는 정의에 대한 갈증을 반영한 현상이라는 분석도 있지만, 꼭 우리 사회가 점차 정의롭지 못한 사회가 되어가고 있기 때문이라고 볼 필요는 없을 것 같다. '정의로운 사회란 어떤 사회인가'라는 물음은 어느 시대를 살고 있든 가지기 마련이다.

샌델 교수와 마찬가지로 하버드 대학에서 1960년대부터 철학을 강의했던 존 롤스(1921-2002) 교수가 있었다. 샌델 교수의 한참 선배 격인이 사람도 '정의로운 사회란 어떤 사회인가'라는 물음을 가지고 있었고, 이에 대한 자신의 답을 『정의론』이라는 책으로 엮어냈다. 이 책은 샌델 교수의 책보다 더 큰 반향을 불러일으켰다. 철학은 물론이고 정치학, 경제학 등의 사회과학 분야에도 큰 영향을 미친 책이다.

롤스의 정의사회, 원초적 입장의 선택

롤스 교수는 공평한 사회가 바로 정의로운 사회라는 생각으로, 어떤 사회가 공평한 사회인지에 대해 설명했다. 만약 인간이 세상에 태어나기 전에 어떤 세상에 태어날지를 선택할 수 있다고 해보자. 빌 게이츠 같은 엄청난 부자와 하루 소득이 천 원도 안 되는 가난한 사람들이 함께 살아가는 빈부의 격차가 큰 세상과, 큰 부자는 없어도 아주 가난한 사람도 없는 빈부의 격차가 아주 작은 세상이 있다고 하자. 이 두 세상 중 하나를 선택할 수 있다면 사람들은 어떤 세상을 선택하겠는가?

물론 태어난 후에 빌 게이츠와 같은 부자가 될 것을 미리 알 수 있다면 그런 부자가 있는 세상에 태어나기를 원할 것이다. 그런데 태어난 후 자신의 삶의 조건, 즉 어떤 부모 밑에서 어떤 능력을 가진 사람으로 태어날지는 미리 알 수가 없다고 해보자. 그렇다면 부자가 될 수도 있지만 거지가 될 수도 있는 세상에 태어나고자 할 것인가? 아니면 부자가 될 수는 없지만 거지도 되지 않을 세상에 태어나려고 할 것인가?

이런 경우 대부분의 사람들은 후자를 선택하리라는 것이 롤스의 생각이다. 운이 좋아 뛰어난 능력을 가진 개인으로 태어난다면 물론 부자가 될 수 있는 세상이 좋지만 운이 나쁠 경우도 생각을 해야 하기 때문이다. 부자가 될 수 있는 세상을 선택했다가 운이 나빠 부모도 가난하고 머리도 나쁘고 돈 벌 능력도 없는 사람으로 태어나면 평생 고생할 수도 있으니 말이다.

세상에 태어나기 전, 어떤 세상에 태어날지를 선택할 수 있는 가상적 상황을 롤스는 원초적 입장original position이라고 불렀다. 그리고 원초적 입장에 있는 사람들은 어떤 세상에 태어날지는 선택할 수 있어도 자신이 남자로 태어날지 여자로 태어날지, 돈이 얼마나 많은 가족에 태어날지, 또 얼마나 똑똑하고 부지런한 사람으로 태어날지도 알지 못하는, 즉 무지의 장막veil of ignorance에 가려져 있다고 하였다.

그래서 원초적 입장에 있는 사람들은 모두가 평등하다. 누구도 자신이 어떤 사람으로 태어날지 모르기 때문에 모두가 같은 처지에 놓여 있고, 그런 만큼 불평등이 존재하지 않는 것이다. 이같이 공평한 상황에 있는 사람들이 선택하는 사회가 공평한 사회라는 것이 롤스의 정의론이다.

세상에 부자와 가난한 사람은 얼마나 많은지, 그리고 부자가 얼마나 많은 부를 축적하고 있는 것이 바람직한지 등에 대한 이론을 경제학에서는 분배 이론, 혹은 소득분배 이론이라고 한다. 상위 10퍼센트의 부자가 사회 전체 부의 몇 퍼센트를 보유하고 있는지 혹은 사회 전체 소득의 몇 퍼센트를 가져가는지를 논할 때 쓰이는 개념들도 분배 이론에서 개발한 것들이다.

공리주의utilitarianism 이론은 경제학에서 가장 오래된 분배 이론이다.

어디서 태어날지 마음대로 골라보라.
단, 어떻게 살게 될지는 아무도 모른다는 거!
갑부는 아니지만 못 사는 것도 아냐.
A사회
B사회

공리주의자들의 생각은 '최대 다수의 최대 행복'이라는 말에 집약되어 있다. 사회 구성원 개개인의 행복의 크기를 합친 것을 사회 전체의 행복의 크기로 볼 수 있다는 뜻으로, 이렇게 계산된 사회 전체의 행복이 최대가 되는 사회가 가장 바람직한 사회라는 것이 공리주의의 생각이다.

어찌 생각하면 당연한 말인 듯하지만 사실은 그렇지 않다. 개개인의 행복의 크기를 더할 수 있다는 생각 자체가 상당히 비현실적인 발상이다. 그것은 내가 사과 하나를 먹을 때 얻는 만족감과 내 이웃이 배 하나를 먹을 때 얻는 만족감의 크기를 비교할 수 있다는 생각과 같은 것이다. 그래도 그 발상을 수용해 내가 사과 하나를 먹을 때 얻는 만족감의 크기가 내 이웃이 배 한 개를 먹을 때 얻는 만족감의 크기와 비슷하다고 가정해보자. 그리고 이웃이 내 사과 하나를 훔쳐가 그 사과를 배 한 개와 바꾼다면 어떨까? 공리주의 입장에서 보면 이 상황에서도 사회 전체의 행복의 크기는 변화가 없게 된다. 이 경우 나는 사과를 잃고도 불평할 수 없다. 사회 전체의 행복만을 따진다면 말이다.

그러나 만약 나에게 훔쳐간 사과를 시장에서 배 두 개와 바꿀 수 있다면 어떨까? 어쩌면 내 이웃은 내가 가지고 있는 사과를 모두 훔쳐갈지도 모르고 경찰은 이를 보고도 제지하지 않을 수도 있다. 사회 전체의 행복 수준을 높이는 것이 경찰의 목적이라고 하면 말이다. 하지만 이웃의 행복을 위해 나의 희생을 강요하는 것, 혹은 반대로 나의 행복을 위해 이웃의 희생을 강요하는 것, 그것은 결코 사회정의에 합치된다 할 수 없지 않은가.

공리주의를 따른다면 다소의 불평등이 존재하더라도 사회 전체의 행복의 합이 높기만 하면 이를 바람직한 것으로 볼 수 있다. 인구의 10퍼센트가 기아에 허덕이더라도 나머지 90퍼센트가 아주 행복하다면 사회 전체의 행복의 합은 크게 낮아지지 않는다. 하지만 기아에 허덕이는 10퍼 센트의 사람들을 행복하게 하기 위해 나머지 90퍼센트의 행복 수준이 크 게 떨어진다면 그런 정책은 사회정의에 반하는 것이지 않은가.

그런데 이러한 공리주의의 원리는 국가 간 무역의 문제에 종종 적용 된다. 한국이 미국과 자유무역을 하게 되면 농부는 다소 손해를 보더라도 제조업에 종사하는 사람들은 큰 이득을 얻게 되어 득과 실을 합하면 득이 더 크다는 분석이 있다. 이 같은 분석을 바탕으로 한국이 미국과 자유무 역을 하면 사회 전체의 만족도가 높아진다는 결론을 내리게 된다. 하지만 농부의 손해와 제조업자의 이득을 비교할 수 있다는 가정을 누구나 받아 들이는 것은 아니다. 제조업자가 조금 이득을 보면 농부들이 굳이 반대할 이유는 없지만 자신들의 손해를 감수하면서까지 제조업자가 이득을 보 게 할 이유는 없다. 제조업자들이 농부들의 손해를 어떤 식으로든 보전해 준다면 모르지만 말이다.

정의사회, 가장 불행한 사람조차 최대 행복을 찾게 하다

롤스의 정의론은 이 같은 공리주의의 한계점을 극복하고자 제시된 것으 로 볼 수 있다. 그에 따르면 최대 다수의 최대 행복이 중요한 것이 아니라 가장 불행한 사람을 최대한 행복하게 하는 것이 중요하다. 사회 구성원 중 가장 불행한 사람의 삶도 크게 나쁘지 않은 사회가 가장 만족스러운 사회라는 것이다.

최고로 불행한 사람을 최대한 행복하게 하는 것을 수학적 표현으로 말하면 최소의 최대화 원리maximin principle라고 하는데, 이는 수학자와 통계학자들이 오랫동안 사용하던 개념이다. A와 B 두 개의 대안 중 하나를 선택해야 하는데, A나 B를 선택했을 때 어떤 결과가 생길지 정확히 모른다고 해보자. 이런 경우 최소의 최대화 원리가 유용하게 쓰일 수 있다. 롤스가 최소의 최대화 원리를 분배 문제에 적용한 것은, 원초적 입장에서는 무지의 장막에 가려 있기 때문에 확률이라는 것이 큰 의미가 없다고 보았기 때문이다. 아무것도 모르는 상태이니만큼 내가 이 세상에 태어났을 때 빌 게이츠로 태어날 확률, 보통 사람으로 태어날 확률, 또 가난한 사람이 될 확률이 얼마인지를 결정할 수 없다는 것이다. 이런 확률을 결정할 수 있다면 최소의 최대화 원리가 아닌 보다 복잡한 선택법을 적용해볼 수도 있겠지만 아무런 확률을 말할 수 없으니 최소의 최대화 원리가 적합하다는 것이다.

이런 상황은 경제학에서 종종 나타난다. 미시경제학 분야에서 소비자가 무엇을 얼마나 소비할지, 기업이 무엇을 얼마나 생산할지를 어떻게 선택하는가의 문제를 다루는데, 이때 소비자와 기업은 자신들이 어떤 선택을 했을 때 어떤 결과가 나올지 모르는 채로 결정을 내려야 하는 경우가 많다.

다음과 같은 경우는 어떨까? 심각한 병에 걸렸는데 두 가지 치료법이 있다고 해보자. 첫 번째는 수술을 하는 방법이다. 수술이 잘되면 병을 완치할 수 있지만 수술이 잘못되면 사망할 가능성이 있다. 두 번째는 수술 없이 약으로만 치료하는 방법이다. 수술을 하지 않기 때문에 수술 중 사망할 가능성은 없지만 병이 완치될 가능성도 없다고 한다. 그러니까 치료가 잘 진행되더라도 계속 고통 속에 살아가야 하는 것이다. 이 두 치료법 중 하나를 선택해야 할 때 최소의 최대화 원리를 적용하는 것이 적절할까?

'사망할 가능성을 고려하면 첫 번째 방법은 너무 위험하니 두 번째 방법을 택하겠다'라고 하면 이는 최소의 최대화 원리를 적용하는 것이다. 반면 사망 가능성이 있더라도 완치를 목표로 치료해야 한다고 결정을 내린다면 이는 최소의 최대화 원리를 적용하지 않는 것이다.

이런 경우 보통 어떤 결과가 나올 확률의 정도가 알려져 있다. 치사율이 0.1퍼센트니 0.2퍼센트니 하는 말들을 보면 그렇다. 확률이 알려져 있으니 최소의 최대화 원리를 적용하지 않는 것이 더 적절할 것인가? 첫 번째 방법을 선택해서 수술을 했을 경우 사망할 확률이 1퍼센트이고 나머지 99퍼센트의 경우는 완치된다고 해보자. 완치율이 높으니 1퍼센트의 사망 확률은 무시하고 수술을 하는 것이 합리적인 것일까?

치사율이 1퍼센트가 아니라 0.1퍼센트밖에 되지 않는다고 하더라도 1,000명 중 한 명이 죽는다는 것을 생각한다면 '그 정도 위험은 감수하지'라고 생각하고 선뜻 수술에 동의할 사람은 많지 않을 것이다. '최악의 경우 죽을 수도 있다'는 점을 한동안 생각해보아야 하지 않을까? 확률이 아무리 낮더라도 말이다. 그러니까 확률이 주어진 상황에서도 최소의 최대화 원리가 어느 정도 쓸모가 있지 않나 싶다.

그렇다고 항상 최악의 상황만을 생각하고 살아간다면 삶이 너무 끔

직해질 수도 있겠다는 생각이 든다. 얼마 전, 요리한 음식을 먹으면 발암 물질에 노출될 수도 있다는 염려로 생식만을 고집하는 한 가족의 이야기가 텔레비전에 나온 적이 있다. 발암 물질에 대한 노출을 줄이는 것은 좋지만 그렇다고 요리한 음식을 완전히 피하는 것은 지나치다는 생각이 든다. 자동차 사고가 무서워 자동차를 운전하지 않고, 비행기 사고가 무서워 비행기를 타지 않고, 익사 사고가 무서워 수영을 하지 않고, 산사태가 두려워 산에 가지 않는 것처럼, 약간이라도 위험성이 있을 때마다 아예 포기해버린다면 세상에 할 수 있는 일은 거의 없을 것이다.

어떤 경우에 최소의 최대화 원리를 적용하는 것이 적절한지를 판단하기란 매우 어려운 문제다. 확률이 알려져 있는 경우에도 최소의 최대화 원리를 무시할 수가 없고, 항상 최소의 최대화 원리만 따를 수도 없는 일이다. 모든 선택을 하나의 규칙에 따라 할 수 있다면 사는 것이 참 쉬울 터인데 말이다.

2장

시장과 정책에 관한 이야기

비교우위를 잃은 산업에 구제책은 있는가 — 무역의 이익

보이지 않는 손을 멈추게 하는 것들 — 수요와 공급의 법칙

불가리아 택시를 타며 담합을 그리워했다 — 담합

동해보복은 경제적 균형성을 가지고 있을까 — 내쉬 균형

세율을 낮추면 정부 수입이 증대된다? — 공급주의 경제학

정부의 주유소 운영이 기름 값을 낮출까 — 정부의 실패

소액주주인데 경영 지배권이 있다 — 배당권과 지배권의 분리

대우그룹은 왜 무너졌나 — 최적자본구조 이론

4대강 사업은 국민소득을 증대시켰는가 — 재정승수

독일은 왜 인위적 경기 부양책을 경계할까 — 필립스 곡선

미래를 전망하는 두 개의 시선 — 적응적 기대와 합리적 기대

대학 교육, 시장논리로만 접근해야 하는가 — 공공재

5712
NATIONAL BANCORP OF ALASKA, INC.
NATIONAL BANCORP OF ALAS
INCORPORATED UNDER THE LAWS OF THE STATE OF DELAW
is the owner of
of the Common Stock, par value $10.00 per share.   **ONE THOUSAND TWENTY FIVE**
hereinafter called the "Corporation," transferable only on the books of the Corporation by the h
attorney, upon the surrender of this certificate properly indorsed
The amount of Common Stock is set forth on the books of the Corporation. The par value of
Certificate of Incorporation of the Corporation and the amendments thereto, which are hereby
This Certificate is not valid until countersigned by the transfer agent
IN WITNESS WHEREOF, the Corporation has caused this certificate to be signed by its d
hereunto affixed.
Dated Anchorage, Alaska   AUGUST 2, 1985

09

비교우위를 잃은 산업에 구제책은 있는가

무역의 이익 ;

모든 필요한 재화를 혼자 생산할 때보다 한 가지 재화의 생산에 특화하고 교환을 통해 다른 필요한 재화를 획득할 때 더 높은 소비 수준을 달성할 수 있음을 말한다. 개인 간 거래뿐만 아니라 국가 간 거래에서도 무역의 이익이 발생한다.

백화점에 갈 때마다 드는 생각 중 하나는 옷 값이 너무 비싸다는 것이다. 백화점이니까 당연하다고 생각할 수도 있겠지만 바지 하나가 수십만 원, 재킷 하나가 백만 원을 넘어가는 것은 정도가 심한 것이 아닌가 하는 생각이 든다. 특히 똑같은 옷이 외국에서는 우리나라 백화점 가격의 절반밖에 되지 않는다는 것을 알게 되면 그 불만은 더욱 커진다.

옷 값뿐만이 아니다. 어쩌다 와인 매장에 붙어 있는 가격표를 보면 이만 원, 삼만 원은 싼 편이고 십만 원 이상의 와인도 즐비하다. 와인을 마시지 않고 살면 그만이라고 할 수도 있겠지만, 똑같은 와인을 유럽과 북미에서는 절반 가격에 살 수 있다는 사실을 생각해보면 왠지 불공평하다는 느낌이다.

자유무역, 소비자의 희생을 줄인다

똑같은 물건을 외국에서 살 때보다 우리나라에서 살 때 더 높은 값을 지불해야 하는 이유는 국내 시장이 외국 시장과 통합되어 있지 않기 때문이다. 그래서 외국산 제품을 우리나라로 들여올 때 우리나라 정부에 관세를 지불해야 하는데, 그 세율은 품목에 따라 다르게 책정된다. 그 결과 관세가 높은 경우 혹은 관세가 높지 않다 할지라도 수입 물량이나 수입 업체의 수가 제한되어 있는 경우라면 해당 제품의 국내 판매 가격은 외국에서의 판매 가격에 비해 높아질 수밖에 없다. 이렇듯 외국에서의 판매 가격과 국내에서의 판매 가격에 차이를 만드는 관세나 수입 물량 제한과 같은 제도적 장치를 무역장벽이라고 하는데, 마치 외국산 제품이 쉽게 통과하지 못하도록 국경에 장벽을 쌓아놓은 것과 같다는 의미에서 붙은 이름이다. 무역장벽이 높을수록 무역의 양은 줄어들고 해당 제품의 국내 판매 가격도 높아지게 된다.

'나는 외제 물건에는 관심이 없으니까 상관 없어'라고 가볍게 생각할 수도 있겠지만, 무역장벽의 영향은 국산 제품만 구매하는 소비자들도 비켜 갈 수 없다. 무역장벽으로 외국산 제품이 시장에 공급되지 않으면, 그것을 대체하는 국내 제품의 경쟁이 그만큼 약해지고, 그때 국내 기업들이 제품 가격을 높게 책정할 수 있다. 그러면 국산 제품을 구매하는 소비자들도 높은 값을 지불하게 될 것이기 때문이다. 백화점 옷 값이 국산, 외제 가릴 것 없이 높은 것은 이 때문이다.

경쟁의 중요성은 비행기를 탈 때 종종 체감하게 된다. 한번은 러시아 모스크바를 방문했다 돌아오는 길에 베이징에서 비행기를 갈아탄 적이 있다. 모스크바에서 인천까지 바로 오는 직항기가 있었으나 모두 만석이었기에 베이징을 경유하게 됐다. 모스크바에서 베이징까지 가는 비행기와 베이징에서 인천까지 가는 비행기는 동일한 항공사 소속이었다. 그런데 두 비행기의 내부 시설은 너무도 달랐다. 모스크바에서 베이징까지는 8시간 가까이 걸리는 장거리 루트인데도 기내 좌석에는 그 흔한 개인용 모니터도 설치되지 않았고, 객실도 상당히 누추해 보였다. 반면 베이징에서 인천까지는 1시간밖에 걸리지 않는 단거리 루트인데도 좌석마다 개인용 모니터가 설치되어 있고, 객실도 깔끔하게 정리되어 있었다.

장거리 루트보다 단거리 루트에 더 나은 서비스가 제공되는 것은 왜일까? 물론 경쟁 때문이다. 모스크바와 베이징 사이의 구간은 이용객 수가 적고 운항 편수도 많지 않아 주로 러시아와 중국의 항공사들이 비교적 경쟁 없이 운항하고 있다. 하지만 베이징과 인천 사이의 구간은 다르다. 운항 편수가 많아 경쟁이 매우 치열하다. 그 경쟁이 비행기 티켓 가격을 낮추면서도 서비스의 수준을 높게 만들었다. 결국 시장 경쟁 약화가 소비자의 손실로 연결된다는 사실을 알 수 있다.

무역장벽은 국내 시장의 경쟁을 약화시킨다. 경쟁 없는 시장에서 국내 기업은 품질 향상 없이도 제품에 높은 가격을 책정할 수 있어 많은 이윤을 창출할 수 있겠지만, 그것은 결국 소비자의 희생을 바탕으로 만들어진 것이므로 사회적으로 바람직하지 않다.

경제학의 가장 기본적인 개념 중 하나인 무역의 이익은, 국제 무역이 참여하는 모든 국가에게 이익을 준다는 아이디어에서 만들어졌다. 사실 삶에 필요한 모든 물건을 한 국가에서 직접 만들려고 하면 극히 비효율적인 결과에 이를 수 있다. 각 국가의 여건에 따라 잘 만들 수 있는 품목도 있지만 그렇지 못한 품목들도 있으니, 잘 만들 수 있는 물건을 집중 생산하고 나머지는 다른 나라에서 생산하도록 하여 그것을 서로 교환한다면 결국 모든 물건을 더 많이 가질 수 있다.

각자가 옷도, 음식도, 집도 직접 만들려 한다면 생활수준은 크게 떨어질 것이다. 이 중 어느 한 가지를 잘할 수는 있지만 모든 것을 다 잘하기란 불가능하기 때문이다. 자기가 잘하는 것 하나를 선택하여 집중하고 그 외의 것들은 다른 사람과 교환을 통해 얻는 것이 더 현명하다.

경제학에서는 이러한 논리를 비교우위라는 용어로 설명한다. 비교우위란 절대적 기준이 아닌 상대적 기준에 바탕한 우위의 개념으로, 비교적 남들보다 잘하는 것에 대해 사용하는 말이다. 요리를 비교적 잘하면 요리에 비교우위가 있고, 운동을 비교적 잘하면 운동에 비교우위가 있다. 이때 요리를 정말 잘하는가, 운동을 정말 잘 하는가가 중요한 것이 아니고 본인의 다른 능력과 비교했을 때 요리 능력이 비교적 우수한지, 운동 능력이 비교적 우수한지가 기준이 된다.

누구나 적어도 한 분야에서는 비교우위를 가지고 있다는 것은 이 때문이다. 모든 일에 서투르다고 하더라도 그 가운데 비교적 덜 서툰 것이 있다면, 그 분야에 비교우위를 인정할 수 있다. 요리도 못하고 운동도 못하고 노래도 못 부르지만 이 세 분야 중에서 요리가 조금 덜 처지는 편이라면 요리에 비교우위가 있다고 말할 수 있다. 같은 이유로 모든 분야에서 비교우위를 가진 사람도 없다. 모든 것을 다 잘한다는 사람도 비교해 보면 조금 더 잘하는 것이 있고 조금 덜 잘하는 것이 있기 마련이다. 그러 니까 잘하는 일이 아무것도 없는 사람은 없는 것이다.

무역의 이익은 각자에게 비교우위가 있는 일을 특화하고 다른 필요 한 것들은 교역을 통해 얻을 때 서로에게 득이 된다고 말한다. 그것은 국 가 간 교역에서도 마찬가지다. 각 나라가 모든 것을 스스로 만들려고 하 기보다 비교우위가 있는 몇 분야를 선정해 특화하고 나머지는 다른 나라 와 교역을 통해 조달하는 것이 국부를 늘리는 데 도움이 된다. 우리나라 의 경우 농업에 비교해 자동차와 선박, 전자제품을 만드는 데 비교우위 가 있다면, 이 분야를 특화하는 것이 국부를 빠르게 늘릴 수 있는 방법이 라고 할 수 있다.

한미 FTA에 관한 두 가지 시선

우리나라는 세계의 여러 국가와 자유무역협정Free Trade Agreement을 체결하 고 있다. 우리나라 기업이 외국에 가서 쉽게 물건을 팔 수 있게 하고 또 외국 기업이 우리나라에서 쉽게 물건을 팔 수 있게 하는 것이 자유무역협 정이 지향하는 바다. 교역이 쉬워지면 무역의 이익이 커지게 된다. 수입 과 수출을 자유롭게 하면 기업의 입장에서는 시장이 넓어져서 좋고 소비 자의 입장에서는 다양한 재화를 소비할 수 있어 좋다. 그런데 이 같은 장 점에도 불구하고 자유무역협정에 대해 국민 모두가 긍정적 지지를 보이 지는 않는다. 특히 미국과의 자유무역협정 체결에 대해서는 엄청난 반발

이론적으로는!
FTA가 경제에
도움이 된다고 보세요??
FTA결사반대

이 지난 수 년간 지속되어왔다. 기업은 물론 소비자에게도 득이 될 수 있다는 자유무역협정에 왜 그토록 반대하는 것일까?

몇 해 전 한 잡지사의 요청으로 미국 콜럼비아 대학의 조지프 스티글리츠 교수와 인터뷰를 한 적이 있다. 스티글리츠 교수는 정보의 경제학이라는 분야를 개척한 공로로 2001년에 노벨 경제학상을 수상했고, 세계은행 부총재와 미국 대통령의 경제 자문위원으로 활동하기도 했다. 이런 경력으로만 본다면 자유무역에 대한 찬성론자일 것 같지만 실은 그렇지 않다.

미국, 캐나다, 멕시코 세 나라 사이에 북미 자유무역협정North American Free Trade Agreement, NAFTA이 체결되어 있다. 경제통합을 위해 나라 간 관세를 철폐한 것이다. 멕시코 기업이 생산한 제품을 미국과 캐나다에 가져다 팔 때에도, 마찬가지로 미국과 캐나다 기업이 생산한 제품을 멕시코에 가져다 팔 때에도 관세를 낼 필요가 없게 되었다. 그러니 기업 입장에서는 물건을 팔 수 있는 시장이 크게 넓어진 것이고, 소비자 입장에서는 보다 다양한 제품을 싼 값에 구입할 수 있는 선택의 폭이 넓어진 것이다. 이는 기업에게도 소비자에게도 좋은 일이 아닌가?

그런데 스티글리츠 교수는 그렇지 않다고 설명한다. 멕시코 기업들에게 자유무역은 별 이득을 주지 못했다. 이는 시장은 넓어졌지만 경쟁도 더 치열해졌기 때문이다. 멕시코 기업은 자국 내에서 미국과 캐나다 기업의 활동이 활발해지면서 이윤 압박을 더욱 심하게 받게 되었지만 미국과 캐나다로 진출하기란 쉽지 않았다. 아무래도 미국과 캐나다 기업에 비해 멕시코 기업은 경쟁력이 떨어지는 것이 사실이다. 그래도 멕시코 소비자들에게는 자유무역이 도움이 되지 않았을까? 꼭 그렇지는 않았다고 한다. 미국산, 캐나다산 물건이 시장에 더 많아졌다고 해서 이들 물건을 더 많이 살 수 있게 된 것은 아니다. 자신들이 다니는 회사의 수익성이 나빠져 소득이 감소했기 때문이다.

스티글리츠 교수는 자유무역협정의 추진 동기에 대해서도 불만이다. 경제학은 경험과학이다. 따라서 어떤 이론을 계발했을 때는 이를 현실과 견주어보고 현실과 맞지 않으면 이론을 수정하든가 폐기해야 한다. 이미 자유무역협정이 개발도상국의 소득 수준을 높이는 데 별 도움이 되지 않았음이 경험으로 드러났는데도, 계속 추진하는 하는 것은 경제학이 경험과학이라는 사실을 망각했기 때문이라는 것이다. 경제학 이론을 교리인 양 받아들여 그 이론이 현실에 맞지 않는데도 이를 무시하고 계속 추진한다는 것에 불만을 표했다.

스티글리츠 교수는 한미 자유무역협정에 대해서도 반대였다. 우리나라와 멕시코의 경제 상황이 동일하지는 않지만 자유무역협정의 결과는 비슷하리라고 분석하였다. 그 말에 일리가 있다는 생각이 들었다. 한미 간 자유무역을 한다고 한국 농업이 갑자기 경쟁력이 커지며 미국 시장에 진출할 것 같지는 않은데, 그렇다면 적어도 일부 한국인의 소득이 낮아지는 것을 피할 수 없을 것이다. 또 지금까지 선진국과 비선진국 간에 맺어진 자유무역협정이 비선진국의 소득 수준을 높이는 데 실패한 것이 사실이라면 한미 간 자유무역협정에서만 예외적 결과를 거둘 것이라고 말할 이유는 없지 않은가.

스티글리츠 교수와 인터뷰를 마친 며칠 후 하버드 대학의 데일 조겐슨 교수와 인터뷰를 가졌다. 조겐슨 교수는 기술 발전과 경제성장에 대한 세계적 권위자이다. 스티글리츠 교수가 노벨 경제학상 수상자이긴 하지만 그의 주장이 경제학자의 다수 의견은 아니다. 조금은 보수적인 의견도 듣고 싶었다. 그런 면에서 조겐슨 교수가 적절한 사람인 듯했다.

조겐슨 교수는 한미 자유무역협정에 대해 우호적이었다. 이 협정이 한국과 미국 두 나라 모두에 아주 긍정적 영향을 끼칠 것이라는 견해였다. 한국의 제조업체는 미국 시장 진출이 쉬워져 더 많은 성장 기회를 가지게 될 것이고, 서비스 시장의 개방은 자국 내 서비스업의 경쟁력을 키우는 데 도움이 된다는 것이다. 또한 미국은 한국에 값싼 농산물을 수출할 수 있고, 각종 서비스 산업도 진출시킬 수 있어 이득을 본다는 것이다.

우리나라는 미국과의 교역에서 자동차, 반도체 등의 수출 비중이 높고 농산물, 첨단 기계류 등의 수입 비중이 높다. 우리가 미국보다 자동차, 반도체 등을 싸게 잘 만들기 때문이고 농산물, 첨단 기계류 등은 싼 비용으로 잘 만들 수 없기 때문이다. 그러다 보니 우리 농산물 가격은 미국에서 수입하는 농산물 가격에 비해 비싸다. 이는 농업 기술의 격차 때문이라기보다는 땅이 좁은 탓에 농업이 대형화되지 못했기 때문이다. 이런 상황에서 농산물을 우리가 직접 만드는 것보다는 싼 값에 미국에서 수입하고, 대신 농산물을 만드는 데 쓸 자원을 우리가 비교우위에 있는 자동차, 선박, 반도체, 전자제품을 만드는 데 쓰는 것이 낫다고 볼 수도 있다. 대다수의 경제학자는 이런 관점에 동의할 것이다.

그렇다고 자유무역 반대론자의 견해를 완전히 무시할 수는 없다. 스티글리츠 교수는 자유무역협정이 경제 전체에도 도움이 되지 않을 것이라고 보았지만, 그렇게까지 극단적인 관점에 동의하지 않더라도 자유무역협정이 여러 가지 심각한 사회문제를 가져올 수 있다는 점에는 동의하게 된다. 특히 문제가 되는 것은 비교우위가 없어서 포기하게 되는 산업에 종사하는 사람들은 어떻게 되나 하는 점이다. 자동차를 만들고 선박을 만들고 반도체를 만드는 사람들이야 득을 보겠지만 농업을 천직으로 생각하고 살아온 농부들은 어떤 식으로든 사회가 보상을 해주어야 하는 것이 아닐까? 그런데 이런 보상을 실제로 시행하기란 여간 어려운 일이 아니다. 누가 보상을 받아야 하는가를 정하기도 쉽지 않지만 보상 액수를 정하기란 더더욱 어려운 일이다. 또 보상에 필요한 재원을 어떻게 마련할 것인가에 대한 사회적 합의를 이끌어내는 일도 과제가 될 것이다.

10

보이지 않는 손을 멈추게 하는 것들

소비자들이 얼마나 많은 양의 재화를 사고자 하는가를 수요라 하고, 생산자들이 얼마나 많은 양의 재화를 팔고자 하는가를 공급이라 한다. (가격이 오르면 수요가 줄고 가격이 내리면 수요가 늘어나는 현상을 수요의 법칙이라 한다. 가격이 오를 때 공급이 늘고 가격이 내릴 때 공급이 줄어드는 현상을 공급의 법칙이라 한다.)

대학 시절 학교는 서울의 남쪽 끝에 있고 집은 서울의 서쪽 끝에 있어 집에서 학교까지 가는 데 1시간 정도가 걸렸다. 거리나 시간으로 치면 나보다 더 먼 곳에서 더 오랜 시간을 걸려 학교에 오는 사람도 많이 있었지만, 그렇더라도 매일 아침 출근 시간대에 지하철 안에 1시간 가까이 있는 것은 상당한 고역이었다. 게다가 많은 사람들로 붐비는 2호선 구간이 포함되어 있어, 어쩌다 출입구에서 조금 떨어진 안쪽에 서 있다가는 사람들 사이를 헤쳐 나갈 수 없어 내려야 할 역에서 내리지 못할 때가 종종 있었다.

당시 경제학을 갓 배우기 시작하던 때이니만큼 만원 지하철 문제도 경제학적으로 해결할 수 없을까 생각해보았다. 지하철이 이렇게 붐빈다는 것은 지하철 서비스에 대한 수요는 아주 높은데 공급은 이를 따라가지 못한다는 것이다. 그러니까 지하철을 덜 붐비게 하려면 수요를 줄이거나 공급을 늘리면 되지 않을까?

지하철 공급을 늘리려면 기존 선로에 더 많은 열차를 투입하거나 선로를 하나 더 만드는 방법밖에 없다. 그런데 아침 출근 시간대 지하철 2호선 배차 간격은 그리 길지 않다. 전문가가 아니라 해도 그 이상의 열차 투입은 무리라는 것을 알 수 있었다. 그렇다고 선로를 하나 더 증설하는 방법으로 접근을 하자니, 긴 시간이 걸릴 일이어서 선로가 완성될 때쯤이면 나는 이미 대학을 졸업해 있을 터였다. 붐비는 지하철 통학의 고통에서 벗어날 방안을 모색하던 나에게 몇 년 뒤 다른 사람들의 고생이 줄어들지 아닐지는 큰 관심사가 아니었다.

공급으로 해결이 안 되면 수요로 해결할 수 있지 않을까? 지하철에 대한 수요를 줄이기 위해 요금을 크게 올리는 것은 어떨까. 요금을 두 배나 세 배 정도 올리면 수요가 줄어들고 지하철이 조금 덜 붐비지 않을까. 물론 지하철 요금이 인상되면 이를 만회하기 위해 다른 지출을 크게 줄여야 하겠지만, 혼잡한 지하철이 너무 싫었던 나는 출근 시간 텅 빈 지하철을 타고 학교에 갈 수 있다면 그 요금을 두 배, 세 배, 아니 다섯 배 정도 올리더라도 기꺼이 감수하겠다는 생각을 했다.

물론 전혀 현실성 없는 대책이었다. 지하철 요금을 갑자기 두 배로 올린다면 성난 시민들의 항의가 지하철공사, 서울시청, 총리실로 빗발치듯 밀려들 것이다. 그것을 떠나 어떤 간 큰 공무원이 이 같은 정책을 추진하려 하겠는가. 소수의 사람들의 아침 출근길을 편안하게 만들려고 대다수의 서민을 곤경에 빠뜨리는 이런 정책을 정당화하기란 불가능할 것이다.

따지고 보면 경제학적으로도 문제가 많은 생각이다. 지하철은 사실 독점 기업이 공급하는 서비스인데, 그 기업의 이윤을 최대화하도록 가격을 책정하는 것은 문제가 있다. 지하철을 독점 시장으로 만든 이유는 기업 이윤이 아닌 시민 편의를 극대화하기 위해서였다.

그렇기는 하지만 돈을 조금 더 내더라도 조금 더 편하게 학교에 갈 수 있으면 좋겠다는 생각을 떨쳐내기란 쉽지 않았다. 돈을 더 내고 보다 좋은 서비스를 구매할 의향이 있는데도 시장에 그런 서비스가 공급되지 않는 것은 시장의 실패가 아닌가 하는 생각도 들었다.

결국 나는 만원 지하철을 피하기 위해 새벽 일찍 학교에 가는 방법을 택했다. 새벽 5시 정도에 일어나서 6시 조금 전에 집을 나서니 지하철이 조금 한가했다. 시장을 통한 해법이 주어지지 않으니 대신 다소 무식한 해법을 선택한 것이다.

경제학의 창시자로 불리는 아담 스미스(1723~1790)는 누군가의 인위적 간섭이 없어도 시장이 알아서 경제문제를 해결해줄 것이라고 말했다. 스미스는 시장의 이 같은 기능을 보이지 않는 손invisible hand이라고 불렀다. 보이지 않는 손이 제대로 작동하면 수요와 공급은 항상 일치하고, 재화의 가격은 생산 비용과도 일치하며, 소비자가 재화로부터 얻는 만족감과도 일치한다. 그러니 보이지 않는 손이 제대로 작동한다면 지하철의 공급과 지하철에 대한 수요가 일치해 지하철이 지나치게 붐비는 일도 생기지 않아야 하고 지하철 요금이 지나치게 높거나 낮은 일도 생기지 않았어야 했다.

보이지 않는 손의 개념을 제대로 이해하려면 수요와 공급의 법칙에 대한 이해가 필요하다. 소비자들이 일정한 가격대에서 얼마나 많은 물건을 사고자 하는가를 수요라 하고, 생산자들이 얼마나 많은 물건을 팔고자 하는가를 공급이라 한다. 가격이 높아지면 물건을 사고자 하는 사람의 수는 줄어들고, 물건을 사던 사람도 소비를 줄이려 하므로 수요가 감소하는 경향이 있는데, 이를 수요의 법칙이라고 한다. 또 가격이 높아질 때 물건을 팔고자 하는 사람의 수는 늘어나고 기존의 판매자도 더 많은 물건을 판매하려 하기 때문에 공급이 늘어나는 경향이 있는데, 이를 공급의 법칙이라고 한다.

이것을 그래프화하면 수요와 공급을 가로축에, 그리고 가격을 세로

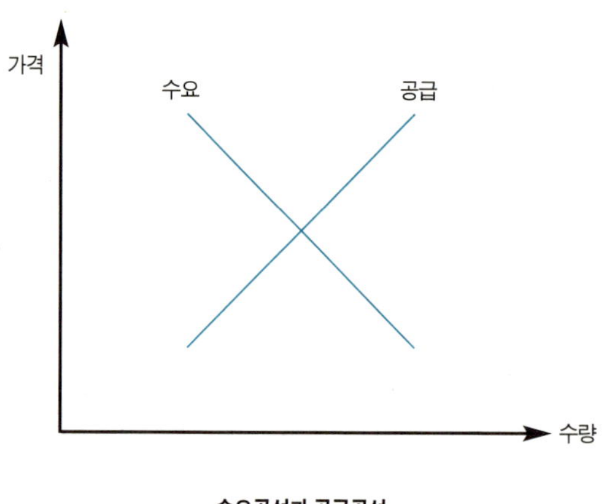

수요곡선과 공급곡선

축에 나타내어 수요와 공급을 곡선으로 표시할 수 있다. 이를 수요곡선, 공급곡선이라 한다. 이렇게 하면 수요곡선은 왼쪽이 높고 오른쪽이 낮은 우하향 곡선이 되고 공급곡선은 왼쪽이 낮고 오른쪽이 높은 우상향 곡선이 된다.

수요곡선이 우하향하는 것은 가격이 높을수록 물건을 사려는 사람이 줄어들기 때문이고, 공급곡선이 우상향하는 것은 가격이 비싸지면 물건 판매 수익도 많아질 테니 더 많은 물건을 팔고자 할 것이기 때문이다.

이렇게 수요곡선이 우하향하고 공급곡선이 우상향하면 가격은 수요곡선과 공급곡선이 만나는 점에서 결정된다. 그렇지 않고 가격이 수요곡선과 공급곡선이 만나는 점보다 높은 데서 결정되면 공급이 수요보다 많아져 결국 시장에는 물건이 남아돌 것이다. 그러면 물건을 팔지 못한 생산자는 값을 내려서라도 물건을 팔려고 할 것이기 때문에 자연스럽게 물건 값이 내려갈 것이다.

반대로 가격이 수요와 공급이 같아지는 점보다 낮은 데서 결정되면 수요가 공급보다 커져 물건을 사고자 해도 구매하지 못하는 사람이 나오고, 그런 사람이 많아지면 물건 파는 사람들도 '값을 더 올려도 물건을 다 팔 수 있겠구나'라는 생각에 한 명 두 명 물건 값을 올리기 시작할 것이다. 결국 시장 전체의 가격이 올라갈 것이다.

스미스가 보이지 않는 손이라고 부른 것은 시장 가격이 스스로 변화하며 수요와 공급이 만나는 점을 찾아가는 속성을 말한 것이다. 사실 가격이 이렇게 결정되면 시장에는 물건을 사고 싶은데 못 사는 사람도 없고 팔고 싶은데 못 파는 사람도 없게 된다. 또 물건으로부터 얻는 만족감이 가격보다 높은 사람들만 물건을 사고, 생산 비용이 가격보다 낮은 사람들만 물건을 팔 것이기 때문에 가격에 대한 불만도 없을 것이다. 그러니까 손해 보고 장사하는 사람도 없고, 필요 없는데 억지로 물건을 사는 사람도 없게 되어 효율적인 자원 배분이 이루어지는 것이다.

보이지 않는 손의 작동을 방해하는 원인들

그러나 실제로 보이지 않는 손이 항상 적절하게 작동하는 것은 아니다. 수요량과 공급량이 일치하지 않는데도 가격 조정이 이루어지지 않는 경우가 종종 있다. 미국 하버드 대학의 그레고리 맨큐 교수는 보이지 않는 손이 제대로 작동하지 않는 이유를 메뉴 비용이라는 개념으로 설명하기도 한다.

식당에 가면 메뉴, 즉 식단표가 있다. 벽에 메뉴판을 걸어놓기도 하고 책자 형태로 만들기도 하는데, 어떠한 형태가 되었든 그것을 만드는 데는 비용이 들어간다. 인쇄비도 들어갈 것이고 종이 값 혹은 판넬 값도 들어갈 것이다. 비용이 들어가는 만큼 식당 주인은 메뉴 내용 바꾸기를 꺼릴 것이다. 당연히 음식의 가격 변동도 꺼릴 것이다. 물론 가격이 바뀔 때 메뉴판 및 메뉴 책자를 새로 만드는 대신 펜으로 줄을 긋고 그 위에 새 가격을 써 넣기도 하지만 그 방법은 미관상 좋지 않기 때문에 가급적 피하려 한다.

메뉴판 교체를 위한 비용 때문에 식당 주인이 가격 변동을 꺼리듯이 다른 재화와 용역을 파는 기업들 또한 가격 변동에 들어가는 비용 때문에 가능하면 가격을 바꾸려고 하지 않는다는 것이 맨큐 교수의 설명이다. 가격 변동으로 전단지를 다시 찍어야 할 수도 있고, 광고를 새로 제작해야 할 수도 있다. 설령 그렇지 않더라도 고객의 항의가 두려울 수도 있을 것이다. 이런 모든 것이 가격을 바꾸는 데 들어가는 비용이다.

이 같은 메뉴 비용을 통해 보이지 않는 손이 제대로 작동하지 않는 이유를 알 수 있다. 수요량이 공급량을 초과할 때 판매자가 물건 가격을 바로 올려야 보이지 않는 손이 제대로 작동하는 것인데, 메뉴 비용 때문에 '조금 더 기다려보자'는 반응을 보인다면 보이지 않는 손이 작동하지 않을 것이다. 그와 마찬가지로 수요량이 공급량을 밑도는 경우에도 바로 물건 가격을 내리지 않고 기다려보자는 선택을 할 수 있다. 이처럼 판매자들이 물건 가격 조정을 꺼리다 보면 수요량이 공급량을 넘어서는 초과 수요 상태가 한동안 지속될 수 있고, 또 공급량이 수요량을 넘어서는 초과 공급 상태도 한동안 지속될 수 있다.

경제학에서는 이처럼 가격이 바로 조정되지 않을 때 가격이 경직되어 있다고 한다. 가격 경직성은 재화와 용역 시장에서만 나타나는 것이 아니다. 주로 장기 계약이 맺어지는 노동시장의 경우 가격 경직성이 훨씬 심각하다. 물론 매일 그날의 임금을 정하고 일을 시작하는 일용직도 있지만, 전체 노동시장에서 그들은 소수에 불과하다. 대부분의 고용 계약은 연 단위로 맺어지는데, 일단 계약이 성사되면 중간에 사정이 변경된다고 해도 월급을 재조정하는 경우는 극히 드물다. 그러니까 노동시장에 초과 공급이 있건 초과 수요가 있건 가격이 바로 변하기는 힘들다.

꼭 계약상의 문제가 아니더라도 사회 관습상 월급이 오르기는 해도 낮아지는 경우는 드물다. 월급을 낮추는 것, 즉 감봉은 일종의 처벌로 인

메뉴판 가격을
올리고 싶은데, 그러자니
제작 비용이:::

식되기 때문이다. 그러니까 특별한 잘못이 없는데도 월급을 낮추는 것은 부당하다는 생각이 일반적이다. 우리나라만이 아니라 다른 나라에서도 월급 인하는 매우 드문 일인데, 이를 임금의 하방경직성이라고 한다. 위로 올라가긴 하지만 아래로 내려가지는 않는 속성을 표현한 것이다. 이러한 하방경직성 때문에 임금이 내려가지 못해 이루어지는 노동의 초과 공급 상태는 한 번 발생하게 되면 잘 없어지지 않는다.

연봉제 도입, 보너스 비중 증대 등은 임금 경직성을 피하기 위한 노력의 일환이다. '당신의 월급은 얼마다'라고 못 박는 대신 '당신의 월급은 회사 사정과 당신의 기여도에 따라 해마다 새롭게 정해진다'라고 하면 월급을 조정하기가 용이해질 것이다. 또 연초에 미리 보수를 정해놓는 대신 연말에 그해의 성과를 바탕으로 보너스를 지급하면 보수의 조정에 따른 충격을 줄일 수 있을 것이다.

그렇지만 연봉제가 발전한 미국 등의 나라에서도 노동시장의 경직성이 완전히 사라지지는 않았다. 개인별 성과가 분명한 경우라면 연봉제 운용이 비교적 쉽겠지만 그렇지 않은 경우가 많기 때문이다. 또 연봉제를 실시한다 해도 관습으로부터 완전히 자유로울 수 없어 연봉 액수가 크게 바뀌지는 않는다. 이 또한 임금 경직성을 피하기가 쉽지 않다는 사실을 보여주는 것이다.

독일에서 직장 생활 할 때의 일인데 컨퍼런스 참석차 직장 동료들과 프랑스 칸에 간 적이 있다. 일정을 마치고 동료들과 호텔 근처 술집에 들어가려는데, 술도 마시고 춤도 출 수 있는 그곳 문 앞을 지키던 사람이 우리 행색을 살펴보더니 적지 않은 액수의 입장료를 요구했다. 칸은 세계 3대 영화제 중 하나가 개최되는 곳인 만큼 밤이 되면 화려하게 차려입은 젊은이들로 붐비는 파티의 도시다. 그곳 젊은이들에 비해 우리 일행은 옷도 너무 평범했고 나이도 많은 편이었다. 그 차림새나 연령대를 살펴보고 마음에 들지 않으면 입장료를 요구하는 것은 일종의 차별이라고 여길 수도 있지만, 또 어떻게 보면 시장이 매우 잘 작동하는 것으로 볼 수도 있다. 돈을 더 받아도 되겠다 싶으면 높은 가격을 적용하는 것이기 때문이다. 그때 가격의 경직성이 꼭 나쁜 것만은 아니라고 생각하게 되었다. 대학 시절에는 만원 지하철을 타며 보이지 않는 손이 제대로 작동하지 않는다고 투덜댔는데, 나이가 들어서는 오히려 보이지 않는 손이 너무 잘 작동한다고 불평하게 됐다.

11

불가리아 택시를 타며
담합을 그리워했다

담합 ;

경쟁 관계에 있는 기업들이 이윤 확대를 목적으로 가격이나 수량을 협의하여 결정하는 행위를 말한다. 담합이 조직화되면 카르텔로 발전할 수 있다. 담합은 시장의 원활한 기능을 방해하고 비효율성을 초래하므로 정부는 담합을 불법으로 규정하여 엄한 처벌을 내린다.

공정한 경쟁이 아닌 담합을 통해 쉽게 이익을 얻으려는 기업들이 종종 있다. 담합이 나쁜 이유는 자명하다. 기업들이 더 좋은 제품을 만들기 위해 노력하는 대신 가격과 산출량을 조절함으로써 쉽게 이익을 얻으려 하면 기업의 경쟁력도 소비자의 만족도도 떨어지기 때문이다.

기업은 담합을 통해 시장에서 독점 이윤을 얻고자 한다. 여러 개의 기업이 담합하여 하나의 기업처럼 움직이면 시장 독점력을 행사할 수 있고, 그 결과 독점 이윤도 얻을 수 있을 것이다. 경쟁 상대가 없어 가격도 산출량도 마음대로 설정할 수 있는 독점 기업이 되면, 많은 경우 가격은 높이고 산출량은 줄이는데, 이때 기업은 적은 투자로 마진을 높일 수 있어 큰 이익을 얻게 된다. 물론 여러 기업이 담합을 하는 경우 이익을 나누는 결과가 되어 독점 기업의 경우만큼 이윤이 커지지는 않겠지만, 그렇더라도 경쟁을 피하면서 안정적인 이윤을 얻을 수 있다는 점에서 담합에 대한 유혹을 떨쳐내기가 쉽지 않은가 보다.

담합의 다양한 양태

석유수출국기구Organization of the Petroleum Exporting Countries, OPEC처럼 기구를 만들어놓고 하는 공개적 담합은 아주 특수한 경우이다. 담합은 불법이기 때문에 대부분 은밀하게 이루어진다. 석유수출국기구는 기업이 아닌 국가 간 모임이기 때문에 담합을 하더라도 처벌받지 않는다. 국제법이 있고 국제기구도 있지만 국가 간 무역이라는 것이 법대로 돌아가지는 않기 때문이다. 하지만 기업의 경우는 다르다. 기업 간에 공개적 담합을 했다가는 큰 대가를 치르게 된다.

최근 미국에서 액정표시장치liquid crystal display, LCD 회사들이 가격 담합을 한 사실이 밝혀져 물의를 빚었다. 몇 안 되는 회사가 시장 대부분을 점유하다 보니 담합의 유혹을 떨쳐내기가 힘들었던 것 같다. 결국 담합에 가담한 회사들은 5천억 원이 넘는 벌금을 물어야 했다. 일본 회사인 히타치, 샤프 등도 많은 벌금을 냈지만, 최대 벌금 납부의 불명예는 2천5백억 원이 넘는 벌금을 내야 했던 우리나라 삼성전자 차지였다. 이것은 삼성전자가 다른 회사에 비해 비윤리적이기 때문이라기보다는 시장 점유율이 가장 높았기 때문이라고 보아야겠지만, 불명예인 것은 분명하다. 담합을 기업 윤리의 문제로만 볼 수는 없지만, 담합이 적발되어 거액의 벌금을 낸 회사의 기업 윤리를 칭송할 수는 없을 것이다. LG전자를 포함한 일부 기업은 벌금 부과에 항의하며 법정 공방을 지속하고 있다. 법정 공방의 결과가 어떻게 될지는 더 지켜봐야 한다.

액정표시장치 회사들의 가격 담합은 단순한 유형에 해당된다. 담합이 일어나는 양태를 보면 주의 깊게 관찰하고 생각해야만 파악할 수 있는 복잡한 유형도 존재한다. 미국에서 두 번째로 큰 증권시장인 나스닥에서 딜러들의 담합이 적발된 일이 있는데, 이들의 행위가 담합인지 아닌지를 이해하는 것 자체가 쉽지 않았다.

딜러들은 지속적으로 주식을 사고팔며 시장의 원활한 작동을 도와주는 사람들이다. 딜러가 없다면 누군가 특정 주식을 사려고 할 때 누구도 그 주식을 팔려고 하지 않는다면 주식을 사는 것이 불가능해진다. 마찬가지로 누군가 보유 주식을 팔려고 할 때 누구도 사겠다고 나서지 않는다면 주식을 팔 수 없게 된다. 딜러는 시장이 열려 있는 동안은 언제라도 주식을 사고팔 준비가 되어 있다.

딜러는 개인으로부터 주식을 사는 가격과 개인에게 주식을 파는 가격의 차이로 이익을 만들어낸다. 그들은 주식을 살 때 조금 싸게 사고 팔 때 조금 비싸게 판다. A 주식의 적정 가치가 1,000원 정도라면 이를 900원 정도에 샀다가 1,100원에 파는 식이다. 그러니까 개인이 딜러를 통해 주식 매매를 하게 된다면 살 때는 돈을 조금 더 내고, 팔 때는 조금 덜 받게 되는 것이다. 그렇다고 딜러가 주식 매매 가격을 자기 마음대로 조정 할 수 있는 것은 아니다. 하나의 주식에도 경쟁 관계에 있는 다수의 딜러가

있기에 지나치게 비싼 가격에 주식을 팔려고 하거나 지나치게 낮은 가격
으로 주식을 사려고 하는 딜러를 통해서는 주식 매매를 하려는 사람이 없
을 것이기 때문이다. 그러니까 딜러 간의 경쟁이 있는 한 가격은 적정 수
준을 유지할 것이다. 물론 딜러들이 경쟁을 하지 않고 담합을 하게 되면
사정은 달라질 것이다.

1990년대 초반부터 미국 나스닥 시장의 딜러들이 담합을 했던 것으
로 밝혀졌다. 그런데 이들의 담합은 특정 주식의 가격을 올리거나 내리는
것이 아니었다. 만약 그랬다면 금세 들통 났을 것이다. 주식시장에서는
일반 투자자 사이에도 거래를 할 수 있기 때문에 딜러들이 엉뚱한 가격을
형성한다면 투자자의 외면을 받게 될 것이다. 당시 딜러들은 가격 지정이
아니라 가격 변동폭을 조작하는 것을 담합하였다. 주식 가격은 1,000원,
1,100원, 1,200원, 1,300원 등 100원씩 변해야 하는데, 담합하여 1,000원,
1,200원, 1,400원 등 200원씩 변하도록 조작한 것이다. 가격이 100원 단
위로 변할 때에 비해 200원 단위로 변할 때, 딜러들의 이득은 거의 두 배
가 된다. 사는 가격과 파는 가격의 차이가 최소 200원이 되기 때문이다.

가령 마이크로소프트사에서 새로 출시한 윈도우가 시장에서 좋은
반응을 얻고 있다는 뉴스가 알려지면서 마이크로소트프사의 주가가 오
르게 되었다고 하자. 그때 딜러들은 한 주에 1,000원에 팔던 주식을
1,200원으로 올려 받기 시작한다. 담합으로 인해 1,100원이라는 가격은
형성되지 않는다. 그런데 새로 출시된 윈도우에 큰 결함이 있다는 뉴스가
보도되고 일부 투자자들이 마이크로소프트사의 주식을 팔려고 내놓자
딜러가 1,000원에 샀다고 하자. 이 거래에서 딜러들은 한 주당 200원의

이익을 얻는다. 담합이 없었다면 좋은 뉴스가 나왔을 때 주가가 1,200원으로 바로 오르지 않고 1,100원으로 올랐을 것이기 때문에 딜러들의 이익은 한 주당 100원에 그쳤을 것이다.

나스닥 딜러들의 담합은 윌리엄 크리스티와 폴 슐츠라는 두 경제학 교수에 의해 적발되었다. 이들은 나스닥에서 거래되는 주식 가격을 연구하다가 이상한 점을 발견했고, 이를 바탕으로 딜러들의 담합이 있음을 보여주는 논문을 발표했다. 이를 본 당국이 곧바로 조사에 착수했지만 딜러들의 담합을 증명하는 작업은 결코 쉽지 않아 조사와 재판을 하는 데 3년 반이라는 시간이 걸렸다. 결국 1997년 말 나스닥 딜러들은 1조 원의 벌금을 내는 것에 합의하였다.

지능화 되어가는 담합, 규제 전문가가 필요하다

경제가 고도화될수록 기업들의 담합 행위도 점점 복잡해져, 이를 적발하고 처벌하는 데에는 전문가가 요구된다. 나스닥 딜러 간 담합의 경우처럼 경제학 교수들이 도움을 줄 수도 있겠지만 담합의 적발과 처벌은 기본적으로 정부가 수행해야 할 일이다. 우리나라에서는 이 역할을 공정거래위원회가 맡고 있다. 1981년 만들어진 공정거래위원회는 관료, 법조인, 경제학자 등 아홉 명의 위원으로 구성되어 있다. 이들은 담합 등 경쟁을 해치는 행위를 단속하기도 하고, 또 불공정 행위와 관련하여 발생된 분쟁을 조정하는 역할도 맡고 있다. 시장에서 마치 경찰과 법원처럼 역할을 수행하는 것이다.

담합을 단속하기 위한 특별 기관을 두고 있기는 하지만 그 단속은 결코 쉽지 않다. 게다가 담합 사실을 알게 되더라도 처벌하기 어려운 상황들도 나타난다. 담합은 있으나 경영자들이 협의하는 방식이 아니라 서로 눈치로 담합을 하는 경우가 그렇다. 기업의 수가 몇 안 되고 특히 그들 가운데 분명한 리더가 있을 때 가능한 형태이다. 리더 기업이 가격을 정하면 나머지 기업들이 그 가격을 따라가고, 그러다 보면 시장이 독점 기업에 의해 지배될 때와 유사한 상황이 된다.

신문의 경우가 대표적이다. 우리나라에 종합 일간지로 불리는 신문이 10개 안팎인데 그 가격은 비슷하다. 얼마 전 조선일보를 시작으로 일부 신문이 1부당 가격을 800원으로 올리기 전까지 신문 가격 대부분은 600원이었다. 지난 수십 년간 신문 가격의 변화를 추적해보더라도 대부분의 신문이 비슷한 시기에 비슷한 폭으로 가격을 조정해왔다. 이렇게 신문 가격이 누가 정한 듯 움직여온 것은 신문사 사장들의 협의를 통한 것이 아니라 가장 큰 신문사에서 시장 상황을 보고 가격을 올리면 나머지 신문사들이 그 가격을 따라 올린 결과이다.

통신사와 정유사도 비슷한 상황이 나타난다. 이동통신 시장에는 SK, KT, LG 세 회사만이 존재하는데, 이들 가운데 시장 점유율이 가장 큰 회사는 SK다. 이런 상황에서는 굳이 세 회사 사장들이 모여 협의하지 않더라도 마치 협의한 듯한 상황을 만들 수 있다. SK가 시장 상황을 살펴 가격을 정하면 KT와 LG에서 그것을 따라가는 것이다. 물론 KT와 LG가 SK의 가격을 그대로 따라가지는 않을 것이다. 스스로 경쟁력이 있다고 생각하는 부분에서는 가격을 더 높게 책정할 수도 있고 반대로 시장 점유율을 높이기 위해 가격을 더 낮게 책정할 수도 있다. 하지만 크게 보면 세 회사의 요금제는 비슷하다고 할 수 있다. 정유업계도 마찬가지다. SK, GS, S오일, 현대오일뱅크 등이 시장의 대부분을 차지하고 있고, 이 중 SK 가 분명한 리더의 지위를 맡고 있다. 따라서 충분히 '눈치껏 담합'을 할 수 있는 상황이다. 주유소 숫자가 많은 현실에 비추어보면 치열한 경쟁이 일어날 수밖에 없는데도, 지나치게 높은 기름 값이 계속 유지되는 것은 이 때문이다. 하지만 정유 회사들은 여전히 어떤 유형의 담합도 존재하지 않는다고 부인하고 있다.

'눈치껏 담합'이 있다는 것을 확인했을 때, 정부가 어떤 규제를 해야 하는지를 정하기란 쉬운 문제가 아니다. 기업 간에 직접적 협상이 없었으니 담합이라 할 수 없고, 따라서 벌금을 부과할 수 없다고도 하겠지만, 결과적으로 이들 기업이 독점 기업처럼 움직인다는 점에서 독점 기업을 규제하듯이 조치해야 한다는 논리 전개도 가능할 것 같다. 그런 관점에서 본다면 정부에서 이들 기업에게 가격을 낮추라고 요구하는 것이 아주 엉뚱하게 보이지만은 않는다. 하지만 보다 근본적 해법은 시장을 경쟁적으로 유도하는 것이다.

담합은 정당 정치에서도 활용된다

담합이 기업 간에만 나타나는 현상은 아니다. 정당 간에도 담합은 있을 수 있다. 1992년 대통령 선거에서 김영삼 후보를 대통령으로 만든 민자당은 민정당, 민주당, 공화당 3당의 합당으로 만들어졌다. 민정당은 전두환, 노태우 전 대통령이 소속되어 있던 여당이고, 공화당은 김종필 총재

TAXI
2000
3000
흥정가능
요금기준이 뭔지:::
이럴 땐 택시끼리
담합이라도 했으면
좋겠군...

가 이끄는 보수 정당이었으며 민주당은 재야 세력을 대변하는 정당이었다. 이렇게 색깔이 다른 3개의 정당이 선거에 이길 목적으로 뭉쳐 지배적 정당을 만들어냈다는 면에서, 이익을 극대화하기 위해 시장 점유율이 높은 기업들이 모여 지배적 기업을 만들어내는 것과 크게 다를 것이 없다고 할 수 있다.

선거에 앞서 경쟁 관계에 있는 정치인들이 연대하는 것이 꼭 부정적인 현상은 아니다. 기업이 물건을 팔아 이익을 남기는 것과 정당이 정책을 '팔아' 유권자의 표를 획득하는 것에는 큰 차이가 있다. 시장에서는 1위 기업만이 아니라 2위 기업도, 3위 기업도 이익을 내고, 시장이 큰 경우에는 수천 개의 기업이 함께 이익을 낼 수도 있다. 소비자는 누가 1위이고 누가 10위인지 신경 쓰지 않고 자기 마음에 드는 제품을 고르면 그만이다. 하지만 선거에서는 1등만이 유효하기 때문에 2등, 3등에게 던져진 표는 의미가 없어진다. 그런 면에서 대통령 한 명을 뽑는 선거에 네 명의 후보가 나오는 대신 두 명의 후보가 나왔다고 해서 유권자에게 선택의 폭이 줄어드는 것은 아니다. 이동통신사의 수가 네 개에서 두 개로 줄어드는 것과는 분명 다른 상황이다.

무질서한 시장에서는 가격 담합도 미덕이다

담합이 나쁜 경우와 담합이 나쁜지 아닌지 구분할 수 없는 경우를 얘기했는데, 담합이 있었으면 하는 생각이 드는 경우도 있었다. 동남부 유럽에 있는 불가리아는 공산주의에서 자본주의로 전환한 지 얼마 되지 않은 나라다. 그래서 그런지 이곳에서는 다른 자본주의 국가에서는 볼 수 없는 흥미로운 현상을 종종 보게 된다. 그 예로 택시 요금을 들 수 있는데, 불가리아의 택시 요금은 제각각이다. 택시의 크기에 따른 것도 아니고, 자동차가 고급인가 아닌가에 따른 것도 아니다. 대우자동차에서 만든 소형차 티코의 요금이 메르세데즈 벤츠 중형차의 요금보다 높은 경우도 많이 보았다. 택시 요금에 아무 규칙이 없는 것이다. 택시마다 요금표가 붙어 있지만, 택시를 타기 전에 이를 확인하는 것은 상당히 번거로운 일이다. 게다가 일부 택시는 요금표를 눈에 보이지 않게 숨겨놓은 경우도 있다. 그러다 보니 택시 요금표를 제대로 확인하지 않고 승차를 했다가 운전사와 실랑이를 벌이게 되는 일도 종종 생긴다. 이럴 때는 택시 운전사들이 담합이라도 했으면 좋겠다는 생각을 하게 된다. 가격이 조금 높아질 수도 있겠지만 택시를 탈 때마다 흥정하는 번거로움을 덜어줄 수 있다면 그 정도는 감내할 수 있으리라는 생각도 든다. 물론 보다 일반적인 해법은 택시 가격을 정부가 규제하는 것이다. 평소에는 정부가 경제를 규제한다는 것에 대해 썩 좋은 생각을 갖고 있지 않은데, 불가리아의 택시 문제를 생각하면 또 다른 생각이 든다. 정부 규제가 필요할 수 있다는 점, 경쟁이 사회의 후생 수준을 높이기만 하는 것은 아니라는 점을 깨닫게 된다.

12

동해보복同害報復은 경제적 균형성을 가지고 있을까

내쉬 균형 ;

현재 내가 택하고 있는 전략이 현재 상대방이 택하고 있는 전략에 대한 최적의 대응이고, 현재 상대방이 택하고 있는 전략 역시 현재 내가 택하고 있는 전략에 대한 최적의 대응일 때, 내쉬 균형에 도달했다고 한다. 시장 참여자가 전략적으로 사고하는 상황을 분석하는 데 유용하다.

2010년 11월 연평도 해안에 대한 북한의 미사일 공격으로 여러 명이 숨지는 끔직한 사건이 있었다. 북한은 이 사건에 대해 우리나라가 연평도 근해에서 시행한 군사훈련에 대한 대응이라고 주장했다. 북한의 연평도 공격에 대응해 우리나라는 북한 본토로 미사일을 쏘았다. 그리고 같은 장소에서 다시 한 번 군사훈련을 시행하였다. 이번에는 북한이 공격해오면 더 큰 보복을 하겠다는 위협도 발표했다.

경제학적 관점에서는 이러한 상황을 맞대응 전략, 혹은 '눈에는 눈, 이에는 이 전략'으로 검토해볼 수 있다. '눈에는 눈, 이에는 이'라는 말은 받은 만큼 돌려주는 것, 혹은 남이 나에게 끼친 해만큼 그대로 남에게 보복한다는 동해보복同害報復의 논리에서 비롯된 것이다. 받은 만큼 돌려주는 것이 타당하다는 생각은 꽤 오랜 역사를 가지고 있다. 구약성경을 보면 다음과 같은 문구가 나온다.

> 사람이 만일 그 이웃을 상하였으면 그 행한 대로 그에게 행할 것이니
>
> 파상은 파상으로, 눈은 눈으로, 이는 이로 갚을지라. 남에게 손상을 입
>
> 힌 대로 그에게 그렇게 할 것이며…… (레위기 24:19-24:20)

레위기에서뿐만 아니라 출애굽기, 신명기 등에도 비슷한 구절이 나온다. 상식적으로 생각해보아도 받은 대로 돌려준다는 말이 타당한 듯이 여겨진다. 받은 대로 돌려주면 지나치지도 부족하지도 않은 대응인 듯 보인다.

눈에는 눈 이에는 이, 현실 가능성이 있는가

그런데 받은 만큼 돌려준다는 것이 가능할까? 사람들은 자신이 남에게 끼친 해는 과소평가하는 반면 남이 나에게 끼친 해는 과대평가하는 경향이 있다. 실제로 인간의 뇌에 대한 연구 결과, 사람들은 자신이 남에게 가한 물리적 충격과 남이 자신에게 가한 물리적 충격을 제대로 비교할 수 없다고 한다. 자신이 타인을 때릴 때에는 별로 심하지 않을 것이라고 생각했던 '충격'을 타인이 자신을 때릴 때에는 아주 심하게 맞은 것으로 생

각한다는 것이다. 이것은 뇌의 작동 방식과 상관이 있는데, 인간의 뇌는 항상 외부에서 어떤 충격이 있을까에 대해 신경을 곤두세우고 있다가 충격이 예상되는 순간 해당 신체 부위에 미리 경고 신호를 보내고, 신체 부위는 이에 대비하게 되어 실제 충격이 가해졌을 때 큰 고통을 느끼지 않는 것이다. 이런 이유로 자기 스스로 자신의 몸을 때릴 때는 별 고통을 느끼지 못하게 된다는 것이다. 하지만 타인에게 폭행을 당하여 받는 충격은 자기의 몸이 미리 충분한 대비를 할 수 없어 큰 고통을 느끼게 된다고 한다. 내가 남에게 주는 고통과 남이 나에게 주는 고통의 크기를 제대로 비교할 수 없는 것은 이 때문이다.

초등학교 때 옆에 앉은 친구와 떠들다가 이와 비슷한 벌을 받은 경험이 있다. 함께 떠든 친구와 서로 마주 보고 상대의 뺨을 번갈아 가며 한 대씩 때리는 것이었다. 처음에는 서로 살살 때리며 시작했으나 횟수가 늘어가면서 아주 심한 강도로 때리게 되었다. 이는 각자가 '나는 계속 살살 때렸는데 상대방이 계속 나보다 더 세게 때렸다'는 생각을 갖기 때문이다. 내가 상대방을 때리는 강도와 상대방이 나를 때리는 강도를 제대로 비교할 수 없기 때문에 생기는 일이다.

지금 생각해보아도 왜 그다지 교육적이지 못한 벌을 주셨는지 선생님을 잘 이해할 수 없지만, 그 처벌을 생각해보면 '눈에는 눈, 이에는 이'의 문제점을 알 수 있다. 만약 모든 사람들이 이렇게 동해보복을 실행하게 된다면 싸움은 끝나지 않을 것이다. 나는 다른 사람이 나에게 한 만큼 똑같은 크기로 보복을 했다고 생각하지만 상대방은 내가 지나치게 반응했다고 생각할 것이다. 그래서 상대방은 내게 그에 맞는 보복을 다시 하게 될 것이고, 나는 또 이를 지나친 반응이라 생각하며 더 큰 보복을 하게 되는 '보복 사이클'을 계속 만들어갈 것이다. 작은 싸움이 큰 싸움이 되는 것이다.

게임이론, 전략적 상황에서의 의사 결정

그렇다면 누군가가 나에게 해를 입히는 행위를 했을 때, 어떻게 대응해야 하는가. 이것은 전략적 상황에서의 의사 결정 문제의 하나이다. 전략적 상황이란 나의 의사 결정이 다른 사람의 의사 결정에 영향을 미치고, 반대로 다른 사람의 의사 결정이 나의 의사 결정에 영향을 미치는 상황이다. 그러니까 내가 어떻게 하는가에 따라 상대방의 대응 방식도 달라지고, 상대방이 어떻게 하는가에 따라 나의 대응 방식도 달라지는 것이다. 이러한 전략적 상황에서는 단순히 '어떤 행위가 나에게 가장 이로운지'만을 따지면 안 된다. '나의 결정에 상대방이 어떻게 대응할 것이고, 이때의 상황이 나에게 이로운지'를 생각해야 한다.

바둑을 둘 때도 그러하다. 두 수 앞, 세 수 앞을 내다보고 어디에 돌을 놓을지를 결정해야 한다. 상대방이 어떤 대응을 할지 생각하지 않고 자기 수만 보는 경우 '한 수 앞을 내다보지 못하는 사람'이 된다. 바둑뿐만이 아니다. 보드 게임이라고 불리는 장기, 체스 등의 게임은 물론 농구, 야구, 축구, 테니스 등의 운동 경기에서도 전략적 사고가 필요하다. 기술만 좋다고 운동 경기에서 이기는 것은 아니다. 상대의 마음을 미리 읽어내는 선수가 경기에서 이길 수 있다.

이러한 전략적 상황에서 어떻게 해야 하는가를 연구하는 학문 분야를 게임이론이라고 한다. 전략적 상황이 다른 어떤 생활 영역에서보다 운동 경기와 게임에서 빈번하게 발생되기 때문에 만들어진 용어이다.

게임이론이 만들어지기 전까지 경제학 이론들은 연구 대상을 비전략적 상황으로만 다루었다. 소비자가 어떻게 구매 결정을 내리고 기업이 어떻게 생산 결정을 내리는가를 연구하는 데 전략적 사고가 필요 없다고 가정했던 것이다. 그러나 이 같은 전략적 상황은 소비자와 기업의 의사 결정과 관련해서도 빈번히 나타난다. 특정 시장에 판매자가 몇 안 되거나 구매자가 몇 안 되는 경우에는 더욱 그러하다. 이런 시장에서는 소비자도 기업도 서로의 행동을 분석하기 위해 게임이론이 필요하다.

게임이론의 시작은 헝가리 출신 미국 수학자 존 폰 노이만(1903~1957)과 독일 출신 미국 경제학자 오스카 모겐스턴(1902~1977)의 저서 『게임이론과 경제 행위』라는 책이 출판된 1944년으로 보는 것이 일반적이다. 이 책은 폰 노이만이 1920년대에 발표한 수학 논문에 담긴 아이디어를 경제학 문제에 적용한 결과물이다.

노이만과 모겐스턴으로 시작된 게임이론을 본격적 궤도에 올려놓은 사람은 미국의 수학자 존 내쉬였다. 내쉬는 수학적 천재성을 인정받아 MIT 대학의 교수로 재직 중이던 30대에 정신분열증을 앓기 시작하여 30년 가까운 투병 생활을 하였다. 이런 그의 일생을 그린 영화 〈뷰티풀 마인드〉를 통해 경제학을 공부하지 않은 사람들에게도 많이 알려져 있는 인물이다. 그는 게임이론을 발전시킨 공로로 1994년 노벨 경제학상을 수상했다.

내쉬의 아이디어는 내쉬 균형이라는 개념에 집약되어 있다. 전략적 상황에서 각자가 상대방의 선택에 대한 최선의 대응을 할 때 내쉬 균형이 형성된다. 다시 말해 '나의 선택은 나의 선택에 대해 상대방이 최선의 대응을 할 때 나의 최선의 대응과 동일하고, 상대방의 선택은 자신의 선택에 대해 내가 최선의 대응을 할 때 상대방의 최선의 대응과 동일할 경우' 내쉬 균형이 성립한다고 할 수 있다.

죄수의 딜레마, 내쉬 균형의 모순

내쉬 균형의 개념을 설명하며 종종 '죄수의 딜레마'라는 상황을 이야기한다. 범죄 행위를 함께 저지른 두 사람이 경찰에 체포되었다. 경찰은 이두 사람의 범죄 행위를 명확하게 입증하기 위해 자백을 받으려 한다. 두사람 모두에게 자백을 받고 모두에게 엄한 벌을 주고자 하지만 그렇게 되지 못할 경우 둘 중 한 명만을 처벌하게 되더라도 범죄를 입증할 자백을받아내는 것이 중요하다고 생각한 경찰은 유인책을 던진다. 두 사람을 서로 떼어놓고 각각에게 다음과 같이 말한다.

'당신이 자백을 하고 다른 사람이 자백을 하지 않으면 당신의 형량을 대폭 감해줄 수 있다. 하지만 다른 사람이 자백을 하고 당신이 자백을하지 않으면 당신은 아주 무거운 처벌을 받을 것이다. 물론 두 사람 모두자백을 하면 함께 무거운 처벌을 받게 되고, 두 사람 모두 자백을 하지 않으면 그 둘 모두 비교적 가벼운 처벌을 받게 될 것이다.'

이런 상황에서 두 범죄자는 어떤 선택을 할까? 두 범죄자는 각자 전략적 사고를 하게 될 것이다.

'만일 다른 사람이 자백을 했는데 내가 자백을 하지 않는다면 나에게 엄청난 벌이 주어질 것이다. 그러니까 이 경우 나는 자백하는 편이 낫다. 만일 다른 사람이 자백을 하지 않는다고 해도 나는 자백을 하는 것이 유리하다. 그러면 나는 아주 가벼운 처벌만 받을 것이다. 다른 사람이 자백할 경우를 고려해도 그렇고, 자백하지 않을 경우를 고려해도 그렇고 나에게는 자백을 하는 것이 유리하니 자백을 해야겠다.'

결국 두 범죄자 모두 이렇게 같은 생각을 하게 되어 자백을 할 것이고, 결국 두 사람 모두 무거운 형벌을 받을 것이다. 만약 함께 자백하지 않는 쪽을 선택했더라면 비교적 가벼운 처벌을 받을 수 있음에도 함께 자백하는 것을 선택함으로써 무거운 처벌을 받는다는 점이 특히 흥미로운 부분이다. 분명 각자는 최선의 선택을 하였는데, 그 결과는 모두에게 최선이 아닌 것으로 나타났다. 내쉬 균형이 사회적으로 바람직하지 않을 수 있다는 것을 보여주는 예이다.

그런데 이렇게 얘기를 하면 조금 혼란스러워 하는 사람들이 있다. '두 범죄자가 무거운 벌을 받는 내쉬 균형이 왜 사회적으로 바람직하지 않다는 말인가?' 하고 묻곤 한다. 물론 범죄자 모두가 죄에 합당한 무거운 벌을 받는 것은 사회적으로 바람직할 것이다. 죄수의 딜레마에서 얻는 교훈은 '각자가 최선의 선택을 했을 때에도 그것이 전체에게 최선이 아닐 수 있다'는 것인데, 하필 이론 적용 대상이 범죄자이다 보니 '나쁜 사람들이 각자 최선의 선택을 했을 때 나쁜 사람들 모두에게 최선이 아닌 상황이 올 수 있다'는 결론이 된 것이다. 만약 이야기의 등장인물이 착한 사람들이었다면 '착한 사람들 각자가 최선의 선택을 하는데도 착한 사람들 모두에게 최선이 아닌 상황이 올 수 있다'가 됐을 테고, 그랬을 때 우리가 하고자 하는 말을 혼란스럽지 않게 전달할 수 있을 텐데, 이야기가 너무 유명해져서 지금은 바꾸기가 힘든 상황이 됐다.

이처럼 현실적으로 들여다보면 모순을 안고 있는 죄수의 딜레마이지만, 그 이야기로 전달하고자 하는 의미는 명확하다. 각자가 최선을 다한다고 해서 사회 전체적으로 꼭 최선이 되리라는 보장은 없다. 그리고 모든 사람들이 동해보복, 즉 '눈에는 눈, 이에는 이'로 대응하는 것이 사회적으로 바람직하지 않을 수 있다는 말을 했는데, 이 또한 죄수의 딜레마가 나타내는 상황과 유사하다.

일찍이 경제학의 창시자 아담 스미스는 '각자가 자신의 이익을 추구하면 그것이 사회적으로도 최선이라는 말'을 했지만 이러한 전략적 상황에 비추어보면 그의 말이 틀릴 수도 있다는 것을 알 수 있다.

13

세율을 낮추면
정부 수입이 증대된다?

공급주의 경제학 ;

세금을 낮추면 개인은 더 열심히 일하고 기업은 투자를 늘려 그 결과 국민소득도 높아지고 정부의 조세 수입도 커진다는 이론이다. 1980년대 미국 세금 인하 정책의 이론적 토대를 제공했다.

버는 돈보다 쓰는 돈이 많다 보면 결국 곤경에 처하기 마련이다. 개인이나 기업도 그렇지만 국가라고 예외는 아니다. 그 진실이 세계 최고의 부자 나라인 미국이라고 다르겠는가. 정부 지출금이 세금으로 거두어들이는 금액보다 많을 때 이를 재정적자라고 하는데, 미국은 이러한 재정적자를 수 년 동안 누적시켜 오더니 결국 재정 위기 상황에 몰리게 되었다.

　물론 미국이 재정 위기 상황에 빠졌다고 해서 곧 미국 정부가 빌린 돈을 갚지 못하겠다는 파산 선언을 한다거나 달러화가 폭락되는 것은 아니다. 미국 정부의 재정이 위기에 빠진 것이지 미국 경제 전체가 몰락할

지경에 이른 것은 아니기 때문이다. 또 미국의 재정 위기가 어제오늘의 이야기인 것도 아니다. 하지만 상황이 점점 심각해지고 있다는 징표는 여기저기에서 발견할 수 있다.

세계 최대의 경제 대국답게 미국의 신용등급은 언제나 '트리플 에이'였다. 신용 평가사가 투자자들의 판단을 돕기 위해 제공하는 것이 신용등급인데, 대학 학점처럼 A, B, C 등으로 정해진다. A가 세 개인 트리플 에이AAA는 A등급 중에서도 가장 높은 등급이다. 빌려준 돈을 떼일 가능성이 전혀 없다고 평가될 때 주어진다. 하지만 앞으로는 미국의 신용등급이 트리플 에이가 아닐 수도 있다는 전망이다. 다른 곳이 아닌 신용 평가사 스스로가 이런 전망을 한다. 미국의 재정적자가 심각해지면서 지금 당장은 아니더라도 미래 어느 시점에는 미국 정부가 채무를 완전히 이행하지 않을 가능성이 조금은 있다는 평가 때문이다.

이 문제와 관련하여 중국 정부가 미국 정부를 비난하는 일도 잦아졌다. 미국 정부에 가장 많은 돈을 빌려준 곳은 다름 아닌 중국 정부이다. 대규모 무역 흑자를 통해 모은 외화로 미국 정부가 발행한 국채를 사들였던 것이다. 그렇기에 만약 미국이 채무를 이행하지 않거나 혹은 미국이 채무를 이행하지 않을 것이라고 시장이 믿기 시작하면 중국 정부는 엄청난 손해를 볼 위치에 있다. 미국의 재정 위기가 심화될수록 중국 정부의 속이 타 들어가는 것이 당연하다.

래퍼 곡선, 냅킨 위에 그려진 그림이
미국의 재정 위기를 초래하다

잔뜩 빚을 지고 사는 사람 중에는 두 유형이 있어 보인다. 첫 번째 유형은 '위험 감수형'이라고 부를 수 있는데, 빌린 돈을 갚지 못할 위험이 있다는 것을 잘 알지만 그 정도 위험은 감수할 가치가 있다고 믿는 유형이다. 파산할 위험을 무릅쓰고라도 큰돈을 빌려 크게 일을 벌여보겠다는 것이다. 두 번째 유형은 '예측 착오형' 혹은 '과대망상형' 정도로 부를 수 있다. 미래에 큰돈을 벌 수 있을 것이라는 오판을 하고 돈을 빌리는 유형이다. 조금 단순하게 말하면 미국 정부의 경우는 두 번째 유형에 속한다고 할 수 있다. 수 년간 재정적자를 지속해온 것은, 미래에는 조세 수입이 늘어날 것이라는 잘못된 예상 때문이었다. 이에 대해서는 시카고 대학의 아서 래퍼 교수에게 일정 부분 책임을 물을 수 있다.

1974년 워싱턴의 한 호텔에서 래퍼 교수가 딕 체니를 만나 대화를 나누었다. 당시 백악관 보좌관이었던 체니에게 래퍼 교수를 만나보라고 지시한 사람은 상관인 도널드 럼즈펠드였는데, 레퍼 교수가 기발한 정책 제안을 내놓고자 한다며 그를 만나 이야기를 들어보고 오라고 하였다. 이로부터 27년이 흐른 2001년에 체니가 미국의 부통령이 되었는데, 그때 도널드 럼즈펠드가 국방부 장관을 하였으니 인생 역전이 일어났다고 할 수 있을까.

여하튼 1974년 만남에서 래퍼 교수는 체니 보좌관에게 자신의 정책 아이디어를 설명하였다. 그런데 그것이 세금 관련 정책이다 보니 경제학 전문가가 아닌 체니에게는 이해하기가 쉽지 않았던 모양이다. 그러자 래퍼 교수는 마침 테이블에 있던 냅킨 위에 포물선 모양의 곡선을 그려나갔다. 포물선이란 말 그대로 대포를 쏘았을 때 처음에 완만히 상승하다 어느 지점 이후 빠른 속도로 떨어지는 모양을 보여준다.

그런데 이 냅킨 위에 그려진 그림이 몇 년 후 상당한 유명세를 타게 된다. 미국을 넘어 세계 여러 나라의 경제 정책에 막대한 영향을 미쳤고, 경제학자들 사이에서 아주 오랫동안 논란의 대상이 되더니, 래퍼 곡선이라는 이름으로 경제학 교과서에 실리기도 했다.

래퍼 곡선이 나타내는 것, 그러니까 1974년 워싱턴의 한 호텔에서 래퍼 교수가 체니 보좌관에게 설명하려고 했던 것은 세율을 내리면 정부의 수입이 늘어날 수 있다는 것이었다. 정부의 수입은 국민의 세금으로 결정되고, 국민 각자가 얼마만큼의 세금을 내는가는 세율에 따라 결정되

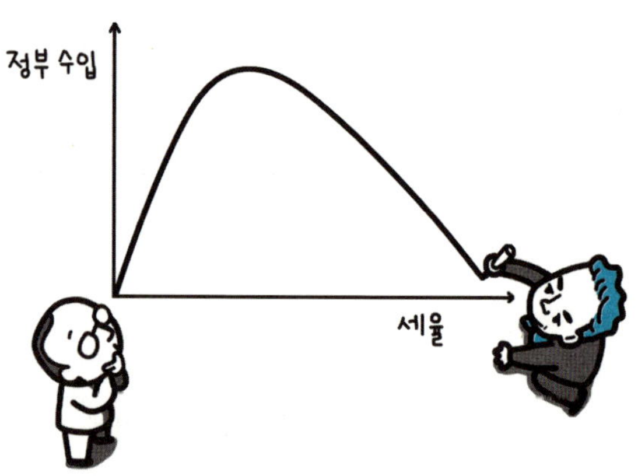

래퍼 교수가 냅킨 위에 그린 그림

므로 세율을 내리면 정부의 수입이 줄어들어야지 늘어난다는 것은 말이 안 되지 않나? 체니 보좌관은 아마 이렇게 물었을 것이다. 래퍼 교수의 설명은 다음과 같았다.

그림에서 가로축은 세율을 나타낸다. 왼쪽 끝에서의 세율은 0퍼센트이고 왼쪽에서 오른쪽으로 갈수록 세율이 높아지다가 오른쪽 끝에서의 세율은 100퍼센트가 된다. 세로축은 정부의 수입을 나타낸다. 아래 끝에서의 정부 수입은 0이고 위로 올라갈수록 정부의 수입이 커진다. 세율이 0퍼센트일 때 당연히 정부의 수입은 0이다. 그래서 그래프의 왼쪽 끝이 바닥에 있는 것이다. 세율이 100퍼센트일 때도 정부의 수입은 0이어야 한다. 왜 그럴까? 세율이 100퍼센트이면 누가 돈을 벌려고 하겠는가? 번 돈을 모두 정부에 세금으로 내야 한다면 아무도 돈 벌 생각을 하지 않을 것이다. 아무도 돈을 벌지 않으니 아무도 세금을 내지 않을 테고 그렇다면 정부의 수입도 0이 될 것이다. 세율이 100퍼센트일 때 정부 수입은 0이기 때문에 그래프의 오른쪽 끝도 바닥에 있게 된다. 세율이 0퍼센트와 100퍼센트 사이일 때는 정부의 수입은 0보다 커진다. 그래서 그래프가 포물선 모양이 된 것이다. 이 그림을 보면 세금이 오를 때 정부의 수입이 늘다가 세금이 어느 수준을 넘어서면 정부의 수입이 오히려 줄어드는 것을 알 수 있다. 그러니까 세금이 너무 높은 상황이라면 세금을 낮출수록 정부의 수입은 늘어난다는 것을 알 수 있다.

그림은 그렇다고 해도 세율이 낮아지는데 사람들이 세금을 더 낸다는 것이 말이 될까? 경제학자들은 '세금이 일을 안 할 인센티브를 만들어낸다'는 말로 이를 설명한다. 세율이 너무 높으면 사람들은 '열심히 일해서 돈을 벌어 세금으로 다 주고 나한테 돌아오는 것은 거의 없다'라는 불평을 할 수 있고, 더 심한 경우에는 '돈 벌어서 세금으로 다 내느니 차라리 일을 안 하겠다'라는 생각을 할 수도 있다. 세금이 20퍼센트, 30퍼센트일 때는 이렇게까지 극단적으로 반응하지 않지만 세금이 70퍼센트, 80퍼센트 정도 되면 이런 반응을 보일 법도 하다. 일을 아예 안 하지는 않겠지만 밤에도 일하고 주말에도 일할 이유는 없다고 생각하는 것이다. 자녀를 키워야 하는 사람들은 하루 종일 일해서 월급의 20퍼센트, 30퍼센트만 집으로 가져오느니 차라리 집에서 자녀를 직접 키우면서 자녀 양육비를 아끼는 것이 낫겠다는 생각을 할 수도 있다. 또 일부 전문직 종사자 중에는 국내에서 일하고 세금을 그렇게 많이 내느니 세금이 낮은 외국으로 가겠다는 결정을 할 수도 있다. 이런 이유로 세율이 아주 높으면 일하는 사람도 줄고 일하는 시간도 줄어들 수 있다.

체니와 럼즈펠드는 래퍼 교수의 주장이 아주 마음에 들었다. 이들은 래퍼 교수의 주장을 여기저기 전하고 다녔고, 래퍼 곡선은 유명세를 타기 시작했다. 마침내 1981년 도널드 레이건이 미국의 대통령이 됐을 때 래퍼 교수의 생각은 미국의 주요 경제정책으로 채택되었다. 2001년 체니가 미국의 부통령이 되었을 때에도 다시 한 번 채택되었다.

현실에서 래퍼 교수의 주장은 얼마나 들어맞았을까? 세금을 낮추었을 때 정부 수입은 정말로 늘어났을까? 결과는 참담했다. 정부 수입은 늘지 않고 재정적자만 크게 늘어났다. 세율이 낮아졌다고 해서 사람들이 더 오랜 시간 일을 하지는 않았다. 개인들의 소득은 늘어나지 않았고, 오히려 소비와 가계 부채만 늘어났다. 래퍼 교수의 주장이 그럴듯하기는 했지만 현실에 적용할 수 있을 만큼 튼튼한 이론은 아니었던 모양이다.

공급주의 경제학과 케인즈 이론

사람들에게 일을 더 많이 하도록 인센티브를 부여함으로써 경제문제를 해결할 수 있다는 관점을 공급주의 경제학이라 한다. 래퍼 교수의 생각은 공급주의 경제학의 대표 이론 중 하나다. '공급'이라는 말이 붙은 이유는 사람들이 일을 많이 하는가 그렇지 않은가의 문제가 공급의 영역이기 때문이다. 보통 공급이라고 하면 주어진 가격에서 기업들이 물건을 얼마나 팔고자 하는가를 말한다. 기업이 팔고자 하는 양은 바로 생산량과 같고, 생산량이 정해지면 몇 시간이나 일해야 하는지도 정해진다. 그러니까 재화의 판매량, 생산량, 그리고 근로자의 노동시간은 모두 한꺼번에 정해진다고 할 수 있다. 정부가 세금 인하 등의 정책을 세워 근로자의 노동시간에 영향을 끼칠 수 있다면 재화의 생산량, 즉 공급에도 영향을 미칠 수 있는 것이다.

공급주의 경제학 이론은 기존의 경제학 이론, 특히 케인즈의 이론과 대비된다. 케인즈는 경제문제의 해결책은 공급보다는 수요와 더 관련이 있다고 보았다. 수요는 주어진 가격에서 사람들이 얼마나 많이 사고자 하는가를 뜻한다. 케인즈는 소비를 진작시키는 것, 즉 사람들이 더 많은 물건을 사도록 유도하는 것이 중요하다고 생각했다. 이자율을 낮게 책정하고 시중에 돈을 더 많이 푸는 등의 방법으로 사람들이 돈을 더 많이 쓰도록 유도할 수 있다고 보았다. 또 정부가 지출을 늘려 총 수요, 즉 경제 전체의 수요를 늘리는 것도 중요하다고 보았다.

그러나 공급주의 경제학자들은 케인즈 해법은 단기 처방에 불과하다고 비판한다. 사람들이 돈을 많이 쓰게 하고, 정부도 함께 돈을 많이 쓴다고 해서 경제의 체질이 개선되는 것은 아니라는 비판이다. 사람들이 돈을 많이 쓰지 않아 문제가 되는 것보다는 사람들이 일을 열심히 하지 않아 문제가 생겼다고 믿기 때문이다.

반면 케인즈 경제 이론을 믿는 사람들은 공급주의 경제학 이론이 비현실적이라고 비판한다. 세금을 낮추면 일할 인센티브가 늘어서 사람들이 더 열심히 일할 것이라는 생각은 논리적으로는 그럴듯하지만 현실성은 별로 없는 얘기라는 것이다. 일할 인센티브가 느는 것은 사실이지만 그 효과가 너무 적기 때문에 없는 것이나 마찬가지라고 보는 것이다.

케인즈 이론과 공급주의 경제학의 관점이 대비되는 면이 많이 있다고 해서 이 두 이론이 정반대의 입장은 아니다. 케인즈 이론은 경제가 장기 침체에 빠지게 되는 이유와 장기 침체에서 벗어나는 방법에 대한 이론이고, 공급주의 경제학은 위기의 상황이 아닌 정상적인 상황에서 경제 체질을 개선하는 방법에 초점을 둔 이론이다. 그러니까 케인즈 이론이 옳다고 해서 공급주의 경제학이 틀린 것도 아니고, 공급주의 경제학이 옳다고 해서 케인즈 이론이 틀린 것도 아니다. 두 가지 모두 옳을 수도 틀릴 수도 있다.

어떻게 보면 두 이론 모두 미국의 재정 위기를 해결하는 데는 도움이 되지 못했다. 공급주의 경제학의 경우 세율을 낮춰도 조세 수입이 올라갈 것이라는 잘못된 예측으로 재정 위기를 악화시킨 데 책임이 있다는 것은 이미 지적한 바 있다. 그런가 하면 케인즈 이론도 정부 지출을 늘리는 것이 효과적일 때도 있다는 것을 강조함으로써 재정적자 문제를 키우는 데 기여했다고 볼 수 있다.

정부의 주유소 운영이 기름 값을 낮출까

정부의 실패 ;

정부가 시장을 대신해 재화와 용역을 생산하거나 공급하는 과정에서 나타나는 비효율성을 가리킨다. 시장이 효율적 자원 배분 기능을 제대로 수행하지 못할 때 그 해법이 반드시 정부에 의한 생산과 배분은 아니라는 점을 강조하기 위해 만들어진 용어이다.

왜 구내식당에서 파는 밥은 맛이 없는 것일까? 군대의 구내식당은 말할 것도 없고 대학, 기업, 관공서 등에 있는 구내식당에 대한 한결같은 불만은 밥맛이 없다는 것이다. 구내식당의 밥값은 외부 식당의 밥값보다 낮은 경우가 많지만 가격 대비 밥맛을 생각해봐도 만족스럽지 못한 경우가 많다.

왜 그런지를 곰곰이 생각해보면 세 가지 정도 이유를 찾을 수 있다. 우선 식당의 규모가 너무 크다는 것이 문제다. 식당의 규모가 크면 음식을 한 번에 많이 만들어야 하고, 그러다 보면 간을 맞추기가 쉽지 않을 것이다. 또 음식을 많이 만들어 여러 사람에게 나누어주다 보면 신선도가 떨어질 수도 있을 것이다. 그러니까 음식이라는 재화의 '생산기술'을 고려했을 때 규모가 커질수록 질이 떨어지는 것이 아닌가 싶다.

생산 규모가 커질수록 생산성이 높아질 때 '규모의 경제'가 있다고 하는데, 식당의 경우는 '규모의 비경제'가 존재한다고 할 수 있다. 텔레비전이나 전화기 같은 공산품의 경우 일반적으로 규모의 경제가 존재한다. 생산 규모가 커지면 부품도 싸게 살 수 있고, 기계도 최대한 효율적으로 이용할 수 있어 생산 단가가 낮아진다. 하지만 식당은 상황이 다르다. 식당의 규모가 커진다고 해서 생산 단가가 낮아진다는 보장이 없다. 육개장을 한 그릇 만들 때보다 열 그릇을 만들 때 비용을 조금 줄일 수 있을지는 모르지만, 육개장을 열 그릇 만들 때보다 백 그릇을 만들 때 비용이 줄어들 것 같지는 않다. 또한 텔레비전이나 전화기의 경우 제품이 표준화되어 있기 때문에 생산 규모가 커진다고 해서 제품의 질이 떨어지지는 않는다. 하지만 식당에서 만들어내는 제품, 즉 밥은 표준화되어 있지 않다. 그래서 밥을 많이 만들다 보면 질이 떨어질 수 있다. 텔레비전을 열 대 만들면 열 대의 텔레비전이 모두 동일하지만, 육개장을 열 그릇 만들면 열 그릇의 육개장 맛이 다 조금씩 다르다.

구내식당은 경쟁자가 없다는 것도 밥맛이 나쁜 이유 중 하나다. 외부에 있는 식당들을 보면 여러 식당이 모여 있는 경우가 많다. 바로 옆에 경쟁자가 있다 보니 열심히 노력하지 않을 수 없다. 구내식당의 경우 '구내'에는 경쟁자가 없다. 그러니까 경쟁에 뒤쳐질까 두려워 열심히 일하는 상황은 나타나지 않는다.

구내식당에 독점권을 준 것은, 안정적 수익을 보장해주어 그 대가로 음식 가격을 낮출 수 있다는 생각이 바탕이 된 듯하다. 그런데 독점권을 주면 가격이 낮아진다는 생각은 경제 이론의 예측과는 정반대다. 독점 기업은 가격을 높이고 생산량을 낮추는 것이 일반적이다. 낮은 가격에 많이 파는 것보다 높은 가격에 적게 파는 것이 이익이 되기 때문이다. 독점권을 주고 나서 가격을 직접 통제할 수 있으리라고 생각했을지도 모르지만, 가격 규제라는 것이 그렇게 쉬운 일은 아니다. 가격을 억지로 낮추면 제품의 품질이 더 크게 떨어질 수도 있기 때문이다. 가격은 낮은데 품질은 더 낮은 현상이 구내식당에서 나타나는 것은 이 때문이 아닐까?

구내식당의 밥맛이 나쁜 마지막 이유는 주인이 직접 식당을 운영하는 것이 아니라는 점이다. 구내식당이 아닌 일반 식당, 특히 규모가 작은 식당에 가보면 식당 주인이 요리도, 서빙도, 계산도 직접 한다. 한 명 한 명의 손님이 모두 자신의 수익으로 연결된다고 생각해서인지, 가게 주인은 한 명 한 명의 손님에 신경을 쓰고, 음식도 더 정성껏 만들게 된다. 가게 주인이 직접 모든 일을 하지 않는 경우라도 주인이 바로 앞에 있으면 직원들도 더 열심히 일하게 된다. 구내식당은 큰 회사의 일부이기 때문에 주인, 혹은 회사 사장님이 찾아오는 경우는 드물다. 매니저가 있지만 주인만 못하다.

매니저와 주인의 가장 큰 차이는 '인센티브'다. 주인은 한 명 한 명의 손님이 자신의 소득으로 연결되므로 열심히 일할 인센티브, 즉 유인誘因이 강하다. 다시 말해 동기부여가 확실하다고 할 수 있다. 구내식당 매니저의 인센티브가 가게 주인의 인센티브와 동일하지는 않다. 매니저의 경우 손님 한 명 한 명이 내고 가는 돈이 바로 자신의 소득이 되는 것은 아니다. 손님이 많아 이윤을 많이 남기면 성과급을 받을 수도 있겠지만, 손님과 소득의 관계가 가게 주인의 경우처럼 직접적이지는 않다. 그만큼 한 명 한 명의 손님을 신경 쓸 인센티브는 약하다.

재화와 서비스 공급의 효율성

구내식당의 밥맛이 조금 떨어진다고 해서 큰 사회적 문제가 되는 것은 아니다. 그럼에도 구내식당의 밥맛이 낮은 이유에 대해 장황하게 설명한 것은 동일한 논지를 보다 흥미로운 문제에 적용할 수 있기 때문이다. 바로 정부가 재화와 서비스를 직접 공급하는 경우의 효율성에 관한 문제다. 정부가 재화와 서비스를 직접 공급할 때 효율성이 떨어지는 경우가 많은데, 그 이유는 구내식당의 밥맛이 낮은 이유와 같다. 정부가 재화를 직접 생산할 때는 생산이 대규모로 이루어지고, 경쟁자가 없고, 주인이 생산 과정을 직접 챙기지 않는다는 점에서 구내식당의 운영과 비슷하다.

정부와 비슷한 일을 하는 민간 기업과 비교해보면 정부가 제공하는 서비스는 아무리 좋게 보아도 다소 처지는 것이 사실이다. 경찰이 하는 일은 세콤과 같은 민간 경비업체가 하는 일과 비슷한 면이 있는데, 경찰이 아무리 친절해졌다고 해도 세콤 직원보다 더 친절하기는 힘들다. 또 동사무소 직원들이 친절하기는 하지만, 일반 기업의 고객센터에 있는 직원보다 더 친절하기는 힘들다. 공무원은 신분이 보장되어 있고 또 월급도 고정되어 있다. 자기가 맡은 역할을 충실히 수행해야 하지만 그 이상의 '고객 감동'을 실현할 인센티브는 크지 않다.

정부가 직접 생산할 때의 비효율성을 단적으로 보여주는 예는 군대다. 군대에서 자체적으로 보급하는 물건의 질을 생각해보면 그렇다. 옛날보다 많이 좋아졌다고 해도 군대에서 나누어주는 옷, 신발, 비누, 수건 등의 품질이 바깥에서 돈 주고 사는 물건의 품질보다는 떨어지는 것이 사실이다. 군복의 디자인을 외부 유명 디자이너에게 맡겼다는 뉴스를 얼마 전에 본 적이 있는데, 결국 군대 내 보급품의 질을 높이는 가장 효과적인 방법은 외부에 생산을 맡기는 것임을 시사하는 부분이다.

정부가 재화와 서비스를 직접 공급할 때 비용이 증가하거나 품질이 떨어지는 비효율성이 나타나는 현상을 '정부의 실패'라고 부른다. 시장이 효율성을 달성하지 못하는 경우 '시장의 실패'라는 말을 쓰는데 시장 대신 정부가 생산한다고 해서 반드시 더 나은 결과를 가져오지는 않는다는 점을 강조하기 위해 만들어진 말이다. 시장이 효율적일 수 있는 것은 다수의 경쟁, 재산권과 인센티브 등이 있기 때문인데 정부의 생산에는 이런 요인이 존재하지 않기 때문에 비효율적이다. 시장의 실패에 대한 대응으로 정부가 개입했다가 정부의 실패로 인해 더 큰 비효율성을 초래할 가능성이 있다.

정부의 직접 생산에 모든 경제학자가 부정적인 것은 아니다. 시장이 실패하지 않는 경우라도 정부의 직접 생산이 정당화될 수 있다고 보는 견해도 있다. 생산 규모가 커지면 민간에 의한 생산과 정부에 의한 생산 사이에 큰 차이가 없다는 것이다. 이런 경우는 민간 기업인지 아닌지가 중요한 것이 아니라, 기업을 누가 어떻게 운영하는가가 중요하다.

직원 수가 수만 명이 되고 연간 예산이 수조 원이 되는 대기업과 같은 민간 기업도 사실상 정부 기관처럼 움직인다. 대규모 기업의 원활한 운영을 위해서는 중간 매니저의 역할이 중요하다. 중간 매니저들은 최고 위층에서 결정한 정책을 집행하는 역할을 하게 되는데, 이는 정부의 관료가 하는 일과 차이가 없다. 중간 매니저들은 새로운 것을 창조하려는 기업가 정신보다는 위험을 피하고 현상을 유지하려는 관료의 성향을 갖게 된다. 그러다 보면 조직 전체가 관료화되고 기업의 성장 동력이 떨어질 수 있다.

정부의 실패, 그러나 항상 실패하는 것은 아니다

정부의 직접 생산에 호의적인 사람들이 자주 언급하는 예 중 하나가 포스코다. 우리나라 대표 기업 중 하나인 포스코는 1968년 설립부터 외환 위기 직후인 1998년까지 100퍼센트 정부가 소유한 국영 기업이었다. 30년 동안 포스코는 직원 39명의 신생 기업에서 세계적인 철강 기업으로, 국내에서 가장 이익을 많이 내는 기업 중 하나로 성장했다. 삼성전자나 현대자동차 등 우리나라의 대표적 민간 기업에 비하더라도 성장 속도가 결코 떨어지지 않았다.

포스코의 창설자는 박태준 회장이다. 박태준 회장은 박정희 대통령과 특별한 관계였다고 한다. 육군사관학교 생도였던 박태준은 당시 교관이었던 박정희를 알게 됐고, 5·16 직후에는 비서실장을 맡을 정도로 박정희의 신임을 얻었다고 한다. 대통령의 강력한 후원을 입은 박태준이 포스코의 회장을 맡았기 때문에 포스코는 다른 국영 기업과는 달랐다고 한다. 법적으로는 포스코의 주인이 대한민국 정부였지만 사실상 박태준이 포스코의 주인 역할을 했다는 얘기다. 국영 기업은 주인이 없기 때문에 비효율적이라 했는데, 박태준의 포스코는 주인이 있는 것과 마찬가지였다. 그렇다고는 해도 포스코가 30년 동안 이룬 성과를 너무 깎아내릴 필요는 없다. 정부의 실패가 나타날 수 있는 상황인데도 이를 피해 갔으니 말이다. 절대적 권력을 가지고 있는 사람이 회장으로 있고, 또 국내 철강 시장에 대한 독점권도 가지고 있는 회사가 지속적으로 성장하여 세계 주요 기업의 하나가 된 것이 쉬운 일은 아니다.

인천공항도 정부의 실패에 대한 반례로 언급될 만하다. 인천공항은 100퍼센트 정부 출자로 설립되었고, 국제선 여객기 대부분은 인천공항을 이용한다는 점에서 독점 기업이라고 볼 수 있다. 김포공항, 김해공항, 제주공항 등에도 국제선 여객기가 운행하고 있지만 그 수는 인천공항에 비하면 미미하다. 독점권을 가지고 있는 주인 없는 국영 기업임에도 인천공항은 2001년 개항 이후 지금까지 상당히 잘 운영되어온 것으로 평가된다. 시설이나 서비스 면에서도 민간 기업에 의해 운영되는 외국의 공항보다 더 좋은 평가를 받는다. 정부의 실패가 나타날 조건을 다 갖추었음에도 정부의 실패는 나타나지 않았다.

포스코나 인천공항의 예를 생각해보면 정부가 재화를 직접 생산한다고 해서 반드시 실패하리라고는 말할 수 없다. 그렇기는 하지만 최근 정부가 발표한 자동차 기름 값 대책을 보면 '이건 아닌데'라는 생각을 하게 된다. 자동차 기름 값이 너무 높은 것에 대한 대책으로 정부가 직접 기름을 판매하겠다는 것이다. 주유소에서 기름 값이 높은 것은 유통 구조가 복잡하고 이 과정에서 지나치게 높은 마진을 떼어가는 사람들이 있기 때문이라며, 정부가 도매상에서 기름을 사 개인들에게 직접 공급하면 유통

마진을 아낄 수 있어 기름 값을 낮출 수 있다는 발상이었다. 이는 정부가 정유사를 하나 차려 운영하면 기존의 정유사보다 더 효율적으로 기름을 공급할 수 있다는 말이나 마찬가지인데, 물론 그럴 가능성이 전혀 없다고 할 수는 없지만, 그러니까 정부가 차리는 정유사가 박태준의 포스코처럼 되지 말라는 법은 없지만, 그런 기대만 가지고 국영 기업을 하나씩 만들 수는 없지 않은가. 전화 요금이 비싸다고 전화 회사도 하나 차리고, 장바구니 물가가 높다고 동네마다 슈퍼마켓을 하나씩 차릴 수는 없는 것 아닌가.

정부의 실패라는 말에 너무 매달려 예외 없이 모든 기업의 민영화를 주장할 필요는 없겠지만, 반대로 무엇이든 정부가 하겠다고 나서는 것은 더 이상하다. 두 가지 극단적 태도 중 어느 쪽이 더 위험한가를 물으면 분명 후자가 더 위험하다고 여겨진다. 포스코나 인천공항의 사례가 흥미로운 것은 정부의 성공이 그만큼 예외적인 상황이기 때문이다.

15

소액주주인데
경영 지배권이 있다

배당권과 지배권의 분리 ;

주식 보유를 통해 기업이 지급하는 배당을 받을 권리를 가진 사람과 기업에 실질적 지배력을 행사하는 사람이 다른 경우를 일컫는다. 소유권이 없는 경영자가 지배권을 행사한다는 '소유와 경영의 분리' 보다 더 일반적인 개념이다.

국민연금이 주주권을 행사해야 한다는 주장이 큰 반향을 불러일으킨 적이 있다. 은퇴한 국민에게 연금을 지급하기 위해 수백조 원의 자산을 운용하고 있는 국민연금은 자산 중 일정 부분을 주식에 투자하고 있다. 누군가 어떤 기업의 주식을 보유하면 그 기업의 주주, 즉 주인이 된다. 주주는 주인으로서 여러 권리를 갖게 되는데, 회사의 최고 의결 기구인 이사회에 대표를 보내고, 주요 정책에 대한 투표에 참여하고, 때로는 회사의 사장을 해임하고 임명하는 데에도 관여하게 된다. 국민연금이 주식을 보유하고 있으니 이 같은 주주의 권한도 행사해야 마땅하다는 것이 국민연금 주주권 행사를 요구하는 사람들의 주장이다.

어찌 보면 당연한 주장을 한 것이지만, 이 주장은 한동안 큰 논쟁거리가 됐다. 국민연금의 덩치가 워낙 크다 보니 국민연금은 다수 주요 기업의 최대주주가 될 수 있는데, 그렇다면 국가가 이들 기업을 소유하게 되는 것이나 마찬가지라는 점 때문이다. 그러니까 이건희 회장 대신 국민연금이 삼성전자의 최대 주주가 될 수 있고, 정몽구 회장 대신 국민연금이 현대자동차의 최대 주주가 될 수도 있다. 그렇게 되면 삼성전자와 현대자동차가 국유화되는 것이나 크게 다를 것이 없다는 것이다.

이 같은 우려가 제기되는 것은 국민연금의 규모가 워낙 크기 때문이기도 하지만, 또 다른 면에서 보면 이건희 회장과 정몽구 회장의 보유 지분이 크지 않기 때문이기도 하다. 그룹 총수의 소유 지분이 크지 않다는 것은 우리나라 재벌 기업의 중요한 특징 중 하나이다.

주주와 경영자 사이에 발생하는 주인과 대리인의 문제

대규모 기업 집단이 한국에만 있는 것은 아니다. 영화 〈타이타닉〉과 〈아바타〉를 만든 20세기 폭스사의 경우, 이 회사가 속한 기업 집단에 영화사만 있는 것이 아니라 폭스 뉴스와 같은 방송국도 있고 월스트리트 저널과 같은 신문사도 있다. 미국 최대 기업인 GE는 전기, 전자 제품을 만드는 회사이지만 금융사인 GE 캐피탈과 NBC 텔레비전, 유니버설 스튜디오 등을 계열사로 가지고 있다. 세계 최대 갑부 중 한 사람인 워런 버핏이 설립한 회사 버크셔해서웨이는 가이코라는 보험 회사 외에도 보석을 파는 회사, 구두를 파는 회사, 심지어는 캔디를 파는 회사까지 자회사로 두고 있다.

하지만 폭스, GE, 버크셔해서웨이 등의 기업 집단은 기업을 누가, 어떻게 지배하는가에 대한 부분에서 우리나라 재벌과는 큰 차이가 있다. 경제학에서는 이런 문제를 기업 지배 구조의 문제라고 하는데 기업 지배 구조에 대한 논의의 시초는 1930년대로 거슬러 올라간다.

대공황이 전 세계를 휩쓸던 1930년대 초 미국 콜럼비아 대학의 법학 교수 아돌프 벌리와 하버드 대학에서 경제학 박사학위를 받고 워싱턴에서 일하고 있던 가디너 민즈는 『현대 기업과 재산권』이라는 책을 펴냈다. 이들은 미국 대기업들의 다음과 같은 특징에 주목했다. 주주 한 명이 보유하고 있는 주식의 양은 얼마 되지 않기 때문에 각 주주가 기업의 의사 결정에 큰 영향을 미치는 것은 불가능한 반면, 주식을 거의 보유하고 있지 않은 경영자가 기업의 의사 결정에 가장 큰 영향력을 행사한다는 점이다. 그러니까 진짜 주인인 주주는 그 수가 너무 많아 주인 행세를 못 하는 대신 주인이 아닌 경영자가 주인 행세를 한다는 것이다.

'소유와 경영의 분리'라는 말은 이 같은 관찰을 바탕으로 만들어졌다. 기업을 소유하는 사람과 경영하는 사람이 따로 있다는 말이다. 영어로는 separation of ownership and control이고, 이를 직역하면 '소유와 지배의 분리'라고 해야겠지만, 지배라는 말이 너무 강한 느낌을 주어서인지 지배라는 말보다는 경영이라는 말이 들어간 표현이 더 자주 사용된다.

소유와 경영이 분리되면 기업 경영을 돈 많은 사람이 아닌 경영을 잘하는 사람이 하게 되어, 경영의 효율성이 높아지는 장점이 있다. 창업

주에서 아들로 손자로 회사를 물려주는 구조에서는 아들 혹은 손자가 경영자로서의 자질을 가지고 있는 경우라면 문제 되지 않겠지만, 그렇지 않을 경우 회사가 경쟁에서 뒤쳐지기 쉽다. 가족 내에서 사장을 뽑는 대신 가족이건 아니건 사장으로서 가장 적합한 사람을 사장으로 뽑는 것이 회사의 발전에 더 도움이 될 것이다.

그러나 이 경우 가장 큰 문제는 경영자가 회사 주인인 주주의 이익을 무시하고 자신의 이익만을 추구해 주주에게 손해를 입힐 수도 있다는 점이다. 물론 이러한 경우가 꼭 사회적으로 좋지 않은 현상이라는 것은 아니다. 하지만 주주가 손해 보는 현상이 계속되면 주주를 하려는 사람이 없어지고, 그러다 보면 기업에 투자하려는 욕구를 감퇴시킬 우려가 있다. 결국 기업 활동이 위축되고 경제 전체에 큰 해가 될 수 있다.

경제학에서는 경영자가 소유자의 이익을 추구하지 않고 대신 자신의 이익을 추구함으로써 발생하는 문제를 주인과 대리인의 문제라 부른다. 경영자란 주인의 이익을 대변하도록 고용된 대리인에 불과한데 대리인이 주인의 말을 듣지 않고 자기 마음대로 행동함으로써 문제가 발생한다는 의미를 담고 있다.

주인과 대리인의 문제는 주주와 경영자 간에만 나타나는 것은 아니다. 국민과 대통령의 관계도 주인과 대리인의 관계로 생각해볼 수 있다. 모든 국민이 함께 참여하여 나랏일 하나하나를 의논하는 것이 불가능하기 때문에 국민의 의사를 반영하여 나랏일을 처리하도록 대통령을 뽑는 것이다. 하지만 대통령으로 뽑힌 사람은 국민의 이익을 먼저 생각하기보다 자기 이익을 먼저 챙기려는 유혹에 빠지기 쉽다. 정도의 차이는 있지만 주인과 대리인의 문제가 전혀 나타나지 않는 정치제도는 아마 존재하지 않을 것이다.

보다 일상적인 상황에서도 주인과 대리인의 문제는 나타난다. 집을 사거나 팔려고 할 때 부동산에 수수료를 주고 일을 맡기는데, 이때도 주인과 대리인의 관계가 형성된다. 집을 사거나 팔고자 하는 사람이 주인이 되고 부동산 중개인이 대리인이 되는 것이다. 그런데 수수료를 받고 일하는 부동산 중개인이 항상 수수료를 내는 사람의 이익을 먼저 생각하는 것은 아니다. 거래를 성사시키려는 욕심에 과장된 정보나 잘못된 정보를 제공하는 경우도 종종 생긴다.

주주와 경영자 사이에 발생하는 주인과 대리인의 문제는 국민과 대통령 사이에 발생하는 문제, 부동산 거래인과 중개인 사이에 발생하는 문제와 크게 다르지 않다. 주주들에 의해 선출된 경영자는 주주의 이익을 우선적으로 생각할 법률적, 도덕적 책임이 있지만 자신의 이익을 먼저 챙기려는 유혹을 떨쳐버리기가 쉽지 않다. 사무실을 넓게 만들고, 사무실에 비싼 소파를 사다 놓고, 잘생긴 비서를 고용하는 등 다소 사소한 것에서부터 자신의 지인을 회사에 고용해 많은 월급을 준다든지, 회사 자산을 가족들에게 싼 값에 팔아 넘기는 등 보다 심각한 행위를 저지를 가능성도 존재한다.

현대 기업에서 경영인이 지배권을 행사한다는 이론은 경제학자들에게는 일종의 교리와 같은 것이었다. 어떤 이론이든지 교리처럼 받아들여지기 시작하면 이 이론이 현실에 부합하는지조차 확인하려 하지 않기 때문에 학문 발전에 큰 장애가 된다. 소유와 경영의 분리라는 이론도 그랬다. 당연히 맞는 이론이겠거니 여기고 현실과 얼마나 들어맞는지 확인하지 않았다. 그러다 어느 날 정신을 차리고 주위를 둘러보니 사실은 이 이론이 현실과 잘 맞지 않는다는 것을 깨달았다.

　이 같은 깨달음에 앞장선 사람은 미국 하버드 대학의 안드레이 슐라이퍼 교수였다. 슐라이퍼 교수는 자신의 학생들을 세계 각국으로 보내 주요 기업의 지배 구조를 조사해오게 했다. 우리나라에서는 삼성그룹, 현대그룹 등이 표본에 포함됐고 일본에서는 도요타, 미쓰비시 등의 회사가 포함됐다. 아시아 국가들뿐만 아니라 멕시코, 아르헨티나 등 남미 국가들, 프랑스, 이태리, 스페인 등 서유럽 국가들, 러시아, 폴란드 등 동유럽 국가들을 포함한 다양한 나라들이 표본에 포함되었다. 이렇게 모은 자료를 분석한 결과는 충격적이었다. 세계의 주요 기업을 살펴보니 소유권이 넓게 퍼져 있지도 않고 소유권이 없는 전문 경영인이 지배권을 행사하는 것도 아니라는 점을 발견했다.

경 영　지 배 권　없 는　배 당 주 의　탄 생

수십 년 전에 이미 사라졌을 것으로 생각했던 가족형 기업이 세계 도처에 여전히 많이 남아 있었다. 중소기업의 경우는 예상했던 바이지만 각 나라의 대표 기업들 중의 상당수가 가족형 기업이라는 것은 매우 흥미로운 발견이었다. 또 주식의 과반수까지 보유하지는 못하더라도 다른 주주보다 압도적으로 많은 주식을 보유한 지배주주가 기업의 지배권을 행사하는 경우도 상당히 많았다.

　주주의 수가 많은 경우 주주들은 이사회라는 것을 구성한다. 국민 모두가 정치 과정에 참여하는 것이 불가능하기 때문에 국회의원을 선발해 대신 정치를 맡기는 것과 같은 원리다. 국회에 다수당과 소수당이 있듯이 기업의 이사회에서도 많은 주주의 지지를 받는 다수파가 있고 작은 수의 지지를 받는 소수파가 있다.

각 주주, 혹은 주주의 집단이 기업 발행 주식 중 얼마만큼을 보유하고 있는가를 지분이라 하는데 지분이 얼마나 되는가에 따라 기업이 지급하는 배당금을 받을 권리, 즉 배당권이 정해진다. 그런가 하면 기업의 이사회에서 얼마나 많은 영향력을 행사하는가는 지배권이라고 한다. 흔히 배당권과 지배권은 일치할 것이라고 생각할 수 있다. 즉 기업이 발행한 주식의 20퍼센트를 소유하고 있는 주주는 이사회에서 20퍼센트의 영향력을 행사하는 것이 정상이고, 주식의 50퍼센트를 소유하고 있는 주주는 이사회에서 50퍼센트의 영향력을 행사하는 것이 정상이라고 여길 것이다.

하지만 현실은 그렇지 않다. 슐라이퍼 교수의 조사에 따르면 세계 주요 기업 중 일부에서는 배당권과 지배권 사이에 큰 괴리가 존재한다. 어떻게 소유권과 지배권이 일치하지 않을 수 있을까? 아시아와 북유럽 국가들의 대기업을 살펴보면 세 가지 패턴이 존재한다. 우선 주식을 두 종류로 발행해 한 종류에는 투표권을 주고 다른 한 종류에는 투표권을 주지 않는 방식이 있다. 물론 투표권이 있는 주식은 창업주 혼자 가지고 있고 투표권이 없는 주식은 다른 사람들에게 파는 것이다. 총 발행 주식이 10만 주인데 그중 투표권이 있는 주식은 10주뿐이라고 하면, 창업자는 10만분의 10, 즉 0.01퍼센트의 주식을 보유하고도 회사에 대한 절대적 지배권을 행사하는 것이 가능하다.

이보다 조금 복잡한 방법으로 피라미드라고 불리는 방식이 있는데, 피라미드를 쌓듯이 기업을 쌓아나가는 것이다. 피라미드 제일 위에 있는 기업은 크기가 작지만 아래로 내려갈수록 규모가 커진다. 또 제일 위의 기업은 창업주가 100퍼센트 지분을 보유하지만 아래로 내려갈수록 창업 주의 지분은 줄어든다. 지분은 낮아져도 지배권은 유지된다. 이는 피라 미드 위에 있는 기업들이 피라미드 아래에 있는 기업들의 최대 주주가 되도록 함으로써 가능해진다. 예를 들어 창업주 홍길동 씨가 100원을 들여 A라는 회사를 설립했다고 하자. 즉 홍길동 씨는 A라는 회사 지분의 100퍼센트를 보유하고 있다. 이제 피라미드 구조를 만들기 위해 A의 자회사로 B라는 회사를 설립한다. 그리고 이웃 철수 씨에게 B에 10원을 투자하게 만든다. 회사 B에 대한 홍길동 씨의 지분은 100퍼센트가 안 되지만 지배권은 홍길동 씨에게 있다. B의 지배권은 A에 있고, A의 지배권은 홍길동 씨에게 있기 때문이다. 이제 B의 자회사로 C라는 회사를 만들고, 또 다른 이웃 영희 씨에게 C에 10원을 투자하게 만든다. 그러면 회사 C에 대한 지배권도 홍길동 씨에게 있다. C의 지배권은 B에 있고 B의 지배권은 A에 있고 A의 지배권은 홍길동 씨에게 있기 때문이다. 이같이 자회사의 자회사 만들기를 반복하면서 매번 누군가로부터 10원씩을 투자금으로 받는다고 할 때, 이를 100번 반복하면 1,000원의 투자금을 모을 수 있고 1,000번 반복하면 10,000원의 투자금을 모을 수 있다. 그러면서도 지배권은 조금도 희생하지 않게 된다.

세 번째 방식이 상호출자인데, 이 방식이 가장 복잡하다. 이는 바로 우리나라 기업 집단에서 흔히 쓰이는 방식이다. 조금 단순화해서 설명하면 이렇다. 두 개의 기업 A, B가 있을 때 기업 A가 기업 B에 일정 금액을 출자하고, 또 기업 B는 기업 A에 일정 금액을 출자한다. 이를 상호출자라 한다. 이 같은 상호출자를 통해 기업 B는 기업 A의 주인이 되고, 기업 A는 기업 B의 주인이 되는 것이다. 상호출자의 규모가 아주 크다면 기업 B는 기업 A의 주인 중 지분이 가장 많은 주인이 되고, 기업 A는 기업 B의 주인 중 지분이 가장 많은 주인이 된다. 물론 기업은 사람이 아니므로, 기업 B가 기업 A의 주인이 된다는 말은 기업 B를 지배하고 있는 사람이 기업 A의 주인이 된다는 말이다. 그런데 기업 B의 지배자는 바로 다름 아닌 기업 A이므로 결국 시작도 끝도 없는 원이 만들어지는 것이다. 기업 A를 기업 B가 지배하고, 기업 B는 기업 A가 지배하고, 다시 기업 A는 기업 B가 지배하는 식으로 말이다. 결국 기업 A와 기업 B를 지배하는 사람은 누구인가? 이런 상황에서는 소유권과 상관없이 처음에 지배권을 보유하고 있던 사람, 즉 창업자가 두 기업을 지배하게 된다. 한 번 형성된 지배권은 바뀔 수 없기 때문이다.

우리나라 재벌 기업이 다른 나라 기업 집단과 차이를 보이는 부분은 바로 상호출자에 의해 지배 구조가 형성되어 있다는 점이다. 상호출자라는 제도가 다른 나라에서는 찾아볼 수 없는 아주 독특한 제도라고 말할 수는 없지만, 대규모 기업 집단이 상호출자를 통해 창업자 및 창업자의 가족에 의해 지배되는 구조는 우리나라 재벌의 독특한 면이다.

그렇다면 상호출자에 의해 지배 구조가 형성되는 것이 좋을까, 나쁠까? 물론 좋은 점도 있고 나쁜 점도 있다. 삼성, 현대, LG 등의 재벌 기업이 지난 수십 년간 이루어놓은 것은 재벌이 아니고는 불가능했을 것이다. 반도체, 자동차, 가전 등의 산업을 세계적인 경쟁력을 가진 산업으로 육성한 것, 더군다나 그렇게 짧은 기간 동안에 이런 일을 이루었다는 것은 대단한 성과라고 말할 수밖에 없다.

그럼에도 불구하고 소유권에 비례하지 않는 지배권을 행사한다는 것은 여러 가지 문제를 야기할 수 있다. 일종의 주인과 대리인 문제도 발생할 수 있다. 재벌의 창업자가 주인이 아닌 것은 아니되, 다른 주인의 이익을 생각할 인센티브가 없다는 점에서는 대리인의 문제를 발생시킬 수 있는 것이다. 지배주주가 아닌 다른 주주의 권익을 지켜주자는 소액주주 운동이 우리나라에서 성공적으로 자리 잡은 것은 이러한 배경을 바탕으로 한 것이다.

16

대우그룹은
왜 무너졌나

최적자본구조 이론 ;

기업 활동에 필요한 자금을 충당하는 방법으로는 크게 두 가지가 있는데, 하나는 주식을 발행해 자본을 유치하는 것이고 또 하나는 채권 발행 등을 통해 부채를 끌어오는 것이다. 자본과 부채의 비율을 어떻게 정하는 것이 최적인가에 대한 이론이 최적자본구조 이론이다.

『세상은 넓고 할 일은 많다』라는 책은 김우중 전 대우그룹 회장의 이야기다. 김우중은 맨손으로 시작해 대우그룹을 만들고, 비교적 짧은 시간 내에 이 그룹을 국내 최대 재벌 중 하나로 만들었던 입지전적 인물이다. 5대양 6대주 전 세계를 누비며 대우 그룹을 키운 김우중 씨의 이야기는 1980년대와 1990년대에 젊은 시절을 보낸 사람들에게 큰 감동을 주었다.

대우그룹에는 대우전자, 대우자동차, 대우건설 등의 기업이 있었는데 모두 국내 대표 기업이었다. 북미, 서유럽 등 선진국뿐 아니라, 동유럽, 남부 아시아, 아프리카, 남미 등 개발도상국 곳곳에서도 사업을 아주 잘했다. 세계 주요 도시 어디를 가나 대우에서 만든 텔레비전, 냉장고, 세탁기 등을 쉽게 볼 수 있었다. 대우그룹은 젊은이들이 가장 가고 싶어하는 기업 중 하나였다.

그런데 승승장구하던 대우그룹이 1997년 아시아 외환 위기를 겪으며 완전히 사라져버렸다. 그룹이 해체된 것은 물론이고, 계열사들은 다른 기업에 합병되거나 채권단의 관리하에 도산 절차를 밟게 되었다. 물론 아시아 외환 위기가 닥쳤을 때 중소기업, 대기업 가릴 것 없이 국내 모든 기업들이 어려움을 겪었다. 삼성그룹은 삼성자동차가 프랑스의 르노에 넘어갔고, 현대그룹은 반도체를 만들던 하이닉스를 채권단에 넘기게 되었다. 그러니까 대우그룹만 문제가 있었던 것은 아니다. 하지만 다른 대기업의 경우 대우그룹처럼 그룹 전체가 없어지지는 않았다.

왜 유독 대우그룹만 외환 위기를 견디지 못하고 몰락하게 된 것일까? 대우그룹의 몰락 원인을 김우중 회장의 공격적 경영 스타일에서 찾는 사람들이 있다. 30년이 안 되는 짧은 기간에 대우그룹을 세계적 기업으로 만들어낼 수 있었던 것은 다소 무모해 보이는 김우중 회장의 도전 정신이 있었기 때문이다. 하지만 결국 가속적 사업 확장을 이루며 지출 증대를 한 것에 비해 수익이 지출을 따라오지 못하는 상황에 이르게 되었다. 어떤 이들은 이를 과잉투자라 했고 또 어떤 이들은 이를 방만한 경영이라고도 했다.

실제로 대우그룹 몰락의 근본적 원인은 김우중 회장의 경영 스타일에 있었는지도 모른다. 하지만 보다 직접적 원인은 그룹의 재무구조에서 찾아볼 수 있다. 대우그룹 계열사들은 다른 기업에 비해 부채가 많았다. 그러니까 김우중 회장을 포함한 기업의 주주들이 기업에 투자한 액수보다 은행 등 채권단이 기업에 빌려준 돈이 훨씬 많았다는 것이다.

기 업 부 채 에 순 기 능 이 있 다

기업이 돈을 잘 벌 때는 주주보다 채권자가 많은 것이 좋을 수도 있다. 기업은 번 돈 중 일부를 채권자에게 이자로 지급하고 나머지는 주주들에게 나누어주는데, 주주의 수가 적을수록 한 사람의 주주에게 돌아가는 돈은 많아진다. 하지만 기업이 돈을 잘 못 벌 때는 채권자가 많은 것이 대단히 위험하다. 주주들에게는 회사가 이익을 남길 때만 돈을 주면 그만이지만 채권자에게는 회사가 이익을 남기건 그렇지 못하건 정해진 액수를 지급해야 한다. 만일 그렇지 못하면 회사는 파산 상태가 되고, 채권자들이 회사를 인수하게 된다.

아시아 외환 위기가 닥쳤을 때 대우그룹에는 채권자들에게 이자를 지급할 돈이 없었다. 매출이 생기는 대로 모든 돈을 새로운 사업에 쏟아부었기 때문에 매출이 갑자기 줄었을 때 이자를 지불할 돈이 없었던 것이다. 경제 전체가 위기 상황이었던 만큼 대우그룹에 돈을 빌려주었던 은행들도 남을 봐줄 여유가 없었다. 결국 대우그룹은 파산 절차를 밟기 시작했다. 지나친 부채가 대우그룹을 파산으로 몰고 간 것으로 볼 수 있다.

대출 만기를 연장해주지 않은 은행을 비난할 수는 없다. 상황이 어쨌든 빌린 돈을 갚지 못한 책임은 채무자에게 있으니까. 그런데 만약 돈을 빌릴 당시 장차 부채를 변제할 수 있을 것으로 예측하였고 통상적으로는 그 예측이 실현될 수 있었던 상황이었는데, 특별한 상황이 발생하여 채무를 이행할 수 없는 상태에 이르렀다면 어떨까. 그러니까 돈을 빌린 사람이 부주의하지 않더라도, 그리고 빌린 돈을 갚고자 하는 의도가 정말로 있더라도 돈을 못 갚을 상황이 올 수가 있다.

난방 기구 업체가 겨울 장사를 하여 부채를 갚으려 했는데 이상 기온으로 겨울 내내 따뜻하여 장사를 못 한 경우, 그리고 임금 노동자라면 갑작스러운 병마로 더 이상 직장 생활을 할 수 없게 되었다면 이때의 채무불이행에 대해서는 누가 책임을 져야 할까? 몸이 갑자기 아플 수도 있다는 것을 간과하고 혹은 겨울철 이상 기온의 가능성을 간과하고 돈을 빌린 채무자의 책임이라고 해야 할까? 아니면 이 같은 가능성을 곰곰이 따져보지 않고 선뜻 돈을 빌려준 채권자의 책임이라고 해야 할까?

이때 만약 채무자가 돈을 갚지 못할 가능성이 있음을 고려하고 더 높은 이자율을 책정한 경우라면 문제는 더 복잡해진다. 이 경우 채권자가 높은 이자를 책정하는 것은 채무불이행의 상황에 대해 자신이 책임지겠다는 의미로 해석할 수 있을 테니 말이다.

파산 제도의 경제성

현대사회에서는 채무자뿐 아니라 채권자도 채무불이행에 대한 책임이 있다고 생각하는 것이 일반적이다. 돈을 빌렸다가 갚지 못하는 사람을 감옥에 넣는 일이 사라진 것은 이 때문이다. 돈을 빌려주는 사람은 돈을 빌리는 사람이 갚을 능력이 있는지를 확인해야 할 의무가 있다. 돈을 빌려주었을 때 원금에 이자를 더해 받는 것은 이 같은 의무를 성실히 실행하는 것에 대한 대가다. 그러니까 이 같은 의무를 성실히 실행하지 않았다면 그 대가로 빌려준 돈을 돌려받지 못할 수도 있는 것이다.

빌린 돈을 갚지 못하게 되었을 때 여러 사회적 비용이 초래된다. 돈을 빌려준 사람은 자기 돈을 돌려받지 못해 피해를 입게 되고, 돈을 빌렸던 사람도 빚 걱정에 정상적인 생활을 영위할 수 없어 고통을 받게 된다. 개인이 아닌 기업 채무불이행의 경우는 사회적 비용이 더욱 커진다. 대우그룹과 같은 대기업은 채권자의 수가 수십만 명에 달할 수 있다. 회사에 돈을 빌려준 은행도 있고, 회사가 발행한 채권을 보유한 개인도 있다. 채무자의 재산 손실만 있는 것이 아니고, 기업이 정상적으로 운영되지 못함으로써 발생하는 피해도 막대하다. 직원들은 열심히 일하고도 월급을 받지 못할 수 있고, 생산이 중단되면 고가의 기계가 아무 일도 하지 않고 낭비될 수도 있다.

파산 제도는 이 같은 사회적 비용을 최소화하기 위해 만들어졌다. 곤경에 처한 개인의 빚을 탕감해주어 이들이 다시 정상적인 사회 활동을 할 수 있는 길을 열어준다. 기업의 경우 보유 자산을 신속히 처분해 이 돈으로 직원들의 밀린 월급도 주고, 채권자들에게 최대한 보상해준다. 또 신속한 자산의 처분은 자산이 낭비되는 것을 막아준다. 고가의 기계를 그냥 방치하는 대신 다른 기업에 매각함으로써 생산 활동에 쓰이도록 하는 것이다.

이런 관점에서 보면 파산이라는 것이 아주 나쁜 현상은 아니다. 파산은 이익을 만들어내지 못하는 기업을 해체하고 이 기업의 보유 자산을 더 유용하게 쓰일 수 있는 곳으로 보내주는 과정이다. 그런 면에서 경제 전체의 효율성을 높여주는 과정이라 할 수 있다. 그 과정에서 채권자들은 상당한 손실을 보게 되지만 이는 투자를 할 때 어쩔 수 없이 떠안게 되는 위험으로 간주할 수 있을 것이다.

돈을 빌리는 것, 그리고 돈을 빌렸다가 이를 갚지 못해 파산하는 것에 대한 생각은 시대에 따라 변해왔다. 개인의 경우뿐만 아니라 기업의 경우도 마찬가지다. 기업이 얼마나 많은 돈을 빌리는 것이 적절한가에 대한 경제학 이론을 최적자본구조 이론이라 하는데, 이 이론 또한 시간이 흐르며 조금씩 변해왔다.

기업의 최적자본비율은 어느 정도가 적정한가

기업 활동에 필요한 자금을 충당하는 방법으로는 크게 두 가지가 있다. 하나는 주식을 발행해 자본을 유치하는 것이고 또 하나는 채권 발행 등을 통해 부채를 끌어오는 것이다. 채권 등을 통해 빌려온 액수를 주식 발행으로 유치한 액수로 나누어준 값을 자본 비율이라 하고, 이 비율이 최적으로 정해졌을 때 최적자본비율이라 한다. 최적자본비율은 부채에 대해 어떻게 생각하는가에 크게 영향 받는다. 부채를 바람직한 것이라고 생각한다면 최적자본비율이 높아질 것이고, 부채가 기업에 도움이 되지 않는다고 생각한다면 최적자본비율이 낮아질 것이다.

대우그룹의 경우에서 보듯이 지나친 부채는 기업의 생존을 위협할 수 있다. 어떤 조직의 부채 비율이 높으면 경제 전체의 안정이 위협받을 수 있다. 뿐만 아니라 큰 기업 하나가 파산하면 그 기업과 연관된 기업들이 줄줄이 파산할 위험도 있다. 그런데도 개별 기업의 부채는 순기능을 가지고 있다고 주장하는 사람도 있다. 하버드 대학의 마이클 젠슨 교수가 대표적 인물이다.

젠슨 교수의 이야기는 대리인 제도에 수반되는 문제에 대한 인식에서 시작한다. 주주의 대리인인 경영자는 그 역할을 제대로 수행하기 위해 자신의 이익이 아닌 주주의 이익을 먼저 생각해야 한다. 하지만 주주의 수가 너무 많아 단합이 안 되거나 주주들이 회사 경영에 대해 잘 모르는 경우, 경영자는 주주의 이익을 무시하고 자신의 이익을 추구할 수도 있다.

이러한 대리인 문제는 주주의 분포와 구성에 따라 심각성이 달라진다. 회사에 주주가 단 한 사람이면, 즉 주인이 단 한 사람이면 대리인 문제는 발생하지 않는다. 주인이 회사를 직접 경영해도 되고, 설령 그렇지 않더라도 경영자는 주인의 이익에 반하는 결정을 내리지 않을 것이다. 경영자가 주인의 마음에 들지 않으면 주인은 경영자를 바꿀 수도 있기 때문이다. 주인이 한 명이니 이사회를 따로 소집할 필요도 없고 다른 사람들을 설득해야 할 필요도 없다.

주주의 수가 늘어날수록, 또 소유권이 고르게 퍼져 있을수록 대리인 문제는 심각해진다. 주주의 수가 많아지면 주주들이 함께 모여 회사의 진로를 고민하는 것도 힘들어지고, 경영자가 마음에 들지 않더라도 경영자를 교체하는 결정에 이르기가 쉽지가 않다. 하지만 주주가 많더라도 소유권이 소수에게 집중되어 있으면 경영자를 관리, 감독하는 것이 더 쉬워진다. 그러니까 '1인 1표'의 민주주의가 꼭 바람직한 것은 아니다. 대리인 문제를 놓고 보면 그렇다.

대리인 문제가 심한 경우 높은 부채 비율이 도움이 될 수도 있다는 것이 젠슨 교수의 생각이다. 왜 그럴까? 부채가 높아지면 파산의 위험도 높아진다. 은행 빚이 많으면 이자 부담도 높아지는데, 한 번이라도 제때 이자를 못 내면 파산에 처할 수 있다. 그렇기 때문에 매달 이자를 지급할 만큼은 돈을 벌어야 회사가 망하지 않을 것이다. 아무리 주주의 이익에 관심이 없는 경영자라도 회사가 망하는 것은 피하려 할 것이다. 회사가 망하면 자신의 직장이 없어지기 때문이다. 그래서 부채가 높은 기업의 경영자는 이익을 만들어내기 위해 열심히 노력하게 된다는 것이 젠슨 교수의 생각이다. 부채가 많은 회사의 경영자는 항상 회사가 망할지도 모른다는 위기의식 속에서 살아갈 것이고, 그러다 보면 쓸데없는 일에 돈을 낭비하지 않고 회사의 이익을 위해 열심히 일할 것이라는 말이다.

대우그룹의 경우를 생각해보면 부채가 많은 것이 좋다는 주장에 선뜻 동의하기 어렵다. 하지만 또 한편으로는 회사가 망할 걱정을 하지 않는 국영 기업들이 쓸데없는 곳에 돈을 낭비하는 것을 보면 젠슨 교수의 주장이 완전히 얼토당토않은 것으로 보이지는 않는다.

4대강 사업은
국민소득을 증대시켰는가

재정승수 ;

정부가 지출을 1원 늘릴 때 국민소득이 얼마나 늘어나는지를 가리킨다. 케인즈 학파는 재정승수가 1보다 크다고 주장하는데 이는 소비가 소득의 함수라고 믿기 때문이다. 고전학파는 재정승수가 0에 가깝다고 주장하는데 이는 정부 지출이 민간 지출을 구축할 뿐이라는 생각 때문이다.

이명박 대통령이 야심 차게 추진한 4대강 사업에 대해 환경을 파괴하고 건설업자만 배 불리는 돈 낭비라고 혹평하는 사람들이 있는가 하면, 수자원의 활용도를 높였을 뿐만 아니라 지역 경제를 활성화하는 데도 도움이 됐다며 긍정적 효과를 강조하는 사람들도 있다.

정부가 큰 사업을 벌이고 돈을 쓰면 경제가 활성화된다는 것은 이제 거의 상식으로 받아들여지는 듯하다. 1988년 서울올림픽은 물론이고 2002년 한일월드컵, 2018년 평창동계올림픽 등에 대해서도 이런 말을 했었다. 축구장을 건설하고 스키장을 건설하는 데 정부에서 지출된 돈이 경제 각 부분을 돌아 결국 경기를 회복시키고 경제성장률도 끌어올리게 된다는 설명이다.

승수효과란 무엇인가

스키장 건설을 생각해보자. 정부는 건설 회사에 돈을 지불할 것이고 건설 회사는 이 돈으로 공사장 인부, 엔지니어, 다른 직원들의 급여를 줄 것이다. 또 돈의 일부는 건설 자재를 만드는 회사로, 건설 기기를 만드는 회사로 흘러갈 것이고, 이들 회사 직원들의 급여로도 지급되고, 다른 관련 기업에게로도 전해질 것이다. 결국 이런저런 경로를 거쳐 정부가 건설 회사에 지급한 돈은 많은 사람들에게 퍼져 나갈 것이고, 국민 전체의 소득은 높아질 것이다.

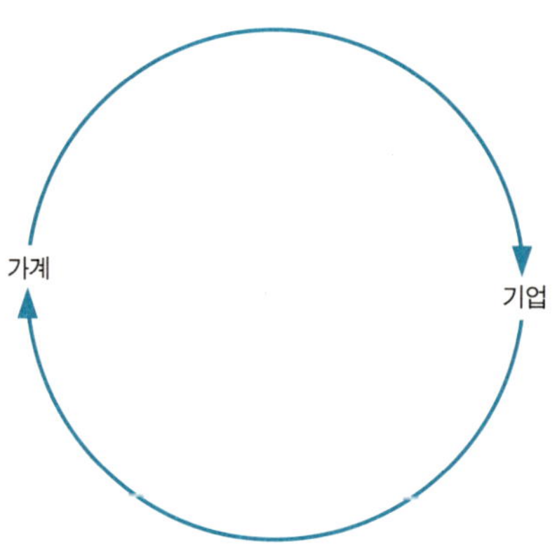

가계와 기업 사이의 돈의 흐름

그런데 이는 1차 효과에 불과하다. 소득이 높아진 사람들은 소비를 늘릴 것이고, 이들이 쓰는 돈은 다시 돌고 돌아 더 많은 사람들의 소득을 높일 것이다. 이를 정부 지출의 2차 효과라고 부를 수 있다. 여기서 그치는 것이 아니다. 2차 효과로 인해 소득이 높아진 사람들은 다시 소비를 늘릴 것이고, 이 돈은 다시 누군가의 소득을 높인다. 그러니까 정부 지출의 효과는 3차, 4차 그 이상으로 무한 반복하며 발생된다.

경제를 하나의 타원으로 생각해볼 수 있다. 타원의 왼쪽 끝에는 가계가 있고 오른쪽 끝에는 기업이 있다. 타원의 위쪽 반원은 가계가 기업에 지급하는 돈의 흐름을 나타내고, 아래쪽 반원은 기업이 가계에 지급하는 돈의 흐름을 나타낸다고 하자. 그러니까 돈은 이 타원을 시계 방향으로 순환한다. 가계에서 재화를 구매하여 지불한 돈이 기업으로, 그리고 다시 기업에서 직원들의 급여로 지불한 돈이 가계로 전해진다. 이렇듯 가계와 기업 사이를 순환하는 돈의 흐름은 시작도 끝도 없다. 월급을 받은 가계는 이를 재화를 구매하는 데 사용하게 되고, 재화를 팔아 돈을 번 기업은 이를 월급을 주는 데 사용하기 때문이다.

정부 지출은 이 같은 순환 과정에 돈을 추가로 투입하는 것으로 생각할 수 있다. 정부는 재화와 용역에 대한 대가로 기업에 돈을 지급하지만, 이 돈이 기업에 머물러 있지 않고 가계로 보내고, 가계는 이 돈을 다시 기업으로 보낸다. 정부가 사용한 돈이 무한 순환 과정에 포함되는 것이다. 정부가 지출한 돈이 처음으로 가계에 도달할 때 정부 지출의 1차 효과가 나타나는 것이고, 타원을 한 바퀴 돌아 다시 가계에 도달할 때 2차 효과가 나타나는 것이다. 순환은 무한 반복되므로 정부 지출의 효과도 무한 지속된다.

물론 2차 효과의 크기는 1차 효과의 크기보다는 작을 것이고, 3차 효과의 크기는 2차 효과의 크기보다 작을 것이다. 정부가 스키장 건설을 위해 100억 원을 지불했다면 1차 효과의 크기는 100억 원이지만, 이 돈이 순환되는 과정에서 모두 소비되는 것은 아니다. 이 중 일부는 저축 혹은 비축 등의 방법으로 돈의 순환 과정에서 이탈하게 되는데, 저축된 돈은 기업의 투자 자금으로 쓰이게 되기 때문이다. 추가 소득 100억 원 중 가계가 20억 원 정도를 저축한다면 늘어나는 소비의 크기는 80억 원이다. 그러면 이 80억 원은 타원을 돌아 다시 가계의 소득이 될 것이다. 이것이 2차 효과다. 그러니까 이 경우 2차 효과의 크기는 80억 원이 된다. 이 80억 원의 추가 소득 중 일부는 다시 저축되고 나머지는 순환을 계속해 가계의 소득이 된다. 3차 효과다. 4차 효과는 이보다 더 작을 것이고, 5차 효과는 더 작아질 것이다.

1차 효과에 2차 효과를 더하고, 여기에 3차 효과를 더하고, 모든 효과를 계속 더하면 얼마가 될까? 답은 물론 사람들이 증가된 소득 중 얼마만큼을 저축하고 얼마만큼을 소비하는가에 달려 있다. 가령 사람들이 소득이 증가하더라도 소비를 늘리지 않고 늘어난 돈을 모두 저축한다면 1차 효과는 있지만 2차 효과부터는 0이 될 것이다. 1차 효과에 따라 개인에게 흘러간 돈이 다시 시장으로 나오지 않기 때문이다. 그 반대의 극단적인 경우도 생각해볼 수 있다. 사람들이 늘어난 소득을 모두 소비한다면 2차 효과는 1차 효과와 같은 크기를 가질 것이고, 3차 효과, 4차 효과도 1차 효과와 같은 크기를 가질 것이다. 이 경우 모든 효과를 합한 값은 무한대로 커질 것이다. 현실성 없는 말이지만 이론적으로는 그렇다는 얘기다.

정부가 지출을 1원 늘렸을 때 국민소득이 얼마나 늘어나는가를 '재정승수' 혹은 '승수'라고 부른다. 그리고 승수가 0보다 큰 경우에 '승수효과'가 있다고 한다. 정부가 1조 원을 지출했는데 국민소득이 2조 원만큼 늘었다면 승수효과가 분명 있는 것이고, 이 경우 승수는 2라고 할 수 있다.

승수효과에 대한 두 가지 상반된 시선

모든 경제학자가 승수효과를 믿는 것은 아니다. 존 케인즈(1883~1946)에서 시작된 케인즈 학파는 승수효과가 존재한다고 믿는가 하면, 이보다 더 긴 역사를 가지고 있는 고전학파의 경제학자들은 승수의 값은 0에 가깝다고 생각한다. 그러니까 정부가 지출을 늘려도 국민소득이 거의 늘어나지 않는다는 말이다.

정부가 지출을 100억 원 늘리면 1차 효과만 따져도 국민소득은 100억 원이 늘어난다. 그런데 어떻게 승수의 값이 0에 가까울 수 있는 것일까? 고전학파 경제학에 따르더라도 1차 효과의 크기가 100억 원이 되는 데는 변화가 없다. 그러니까 정부가 100억 원을 지출하면 어떤 식으로든 이 돈은 국민들에게 전해진다. 바뀌는 부분은 1차 효과 이전과 이후에 어떤 일이 일어나는가 하는 것이다.

고전학파는 정부가 지출에 필요한 돈 100억 원을 어떻게 구하는가에 관심을 가진다. 돈을 만들어내는 곳은 한국은행이고 한국은행이 정부의 한 부분이라고 해서 정부가 아무 제약 없이 돈을 쓸 수 있는 것은 아니다. 돈을 만들어내고 썼을 때 경제에 일어나는 악영향이 제약 요인이 되기도 하지만, 제도적으로도 여러 제약 장치가 있다. 정부가 한국은행에서 직접 돈을 가져다 쓰는 것은 허용되지 않는다. 정부는 세금을 걷어 필요한 자금을 마련해야 하고, 그리고도 돈이 모자라면 일반 기업처럼 은행이나 개인으로부터 돈을 빌려야 한다. 정부가 은행에서 돈을 빌리는 경우 은행은 이 채권 중 일부를 한국은행에 팔기도 한다. 그러니까 결국에는 정부가 한국은행에서 돈을 빌리는 셈이다. 그렇기는 하지만 한국은행이 정부 채권을 얼마나 보유하고 있을지를 결정하는 과정과 정부가 얼마나 많은 돈을 빌릴지를 결정하는 과정은 완전히 다르다.

어쨌건 정부가 100억 원을 추가 지출하고자 한다면 세금을 100억 원만큼 더 걷거나 은행 및 개인으로부터 100억 원을 빌려야 한다. 세금이 100억 원 늘어나는 경우 국민들의 소득은 100억 원 줄어들게 된다. 그러니까 세금의 증가가 정부 지출 증가의 1차 효과를 완전히 상쇄하는 것이다. 정부가 세금도 늘리고 지출도 늘리면 국민소득에는 아무 변화가 없게 된다. 소득에 아무 변화가 없으므로 2차 효과나 3차 효과는 나타나지 않는다.

정부가 은행이나 개인으로부터 1조 원을 빌리는 경우도 결과는 동일하다. 돈을 빌리면 언젠가는 이 돈을 갚아야 한다. 정부가 돈을 갚을 수 있는 유일한 방법은 나중에 세금을 더 걷는 것이다. 언젠가는 세금을 더 낼 것을 아는 국민들은 이만큼의 돈을 미리 저축해놓을 것이고 결국 지금 세금이 1조 원 늘어났을 때와 똑같은 결과일 것이라는 것이 고전학파의 생각이다.

재정승수의 값이 0보다 큰지 그렇지 않은지를 결정하는 것은 왜 어려울까? 정부가 지출을 늘렸을 때 사람들의 소득이 얼마나 늘어나는지 확인하고, 이 늘어난 소득 중 얼마만큼을 저축에 쓰고 얼마만큼을 소비에 쓰는지 확인해보면 되지 않을까?

이 문제가 어려운 이유는 조금만 생각해보면 알 수 있다. 각 가계의 한 해 소득이 얼마인지는 비교적 쉽게 알아낼 수 있다. 월급이 주 소득인 사람들은 월급 명세서를 살펴보면 알 수 있고, 사업을 하는 사람들도 국세청 등에 보고한 소득 자료를 살펴보면 알 수 있다. 하지만 이 중 얼마가 정부 지출로 인한 소득인지를 결정하는 것은 쉽지 않다. 보다 중요한 것은 소득이 증가했을 때 이 증가된 소득 중 얼마만큼을 저축하는가 하는 것인데, 이를 알아내는 것은 더 어렵다. 작년에 얼마나 저축했는지는 알아낼 수 있지만, 그 돈 가운데 얼마가 소득 증가로 발생되었던 것인지, 얼마가 소득 증가와 관계없이 다른 여건 변화에 의해 얻은 것인지를 정하기는 쉽지 않다.

케인즈 학파에서 주장하듯 재정승수의 값이 1보다 큰지, 아니면 고전학파에서 주장하듯 재정승수의 값이 0인지는 정치적으로 중요한 문제가 된다. 재정승수의 값이 얼마인지에 따라 4대강 사업이 경기 회복에 도움이 되는지, 2018년 평창동계올림픽이 우리 경제에 얼마나 도움이 되는지에 대한 답도 달라질 수 있기 때문이다.

재정승수의 값이 1보다 크다고 믿는 사람들은 정부 지출에 보다 호의적이고 경기가 나빠질 때 정부가 적극적으로 개입해야 한다고 믿는다. 정치적으로 이런 사람들은 '좌파'로 불린다. 정부의 역할을 강조하며 정부가 진보적 정책을 추진할 것을 요구하기 때문이다. 재정승수의 값이 0이라고 믿고 정부 지출에 대해 부정적인 사람들은 '우파'로 불린다. 정부가 너무 많은 일을 하려는 것에 부정적이고, 정부의 역할은 기존의 질서를 유지하는 데 있다고 믿기 때문이다.

이렇게 보면 케인즈 경제학은 '좌파의 경제학'으로 볼 수 있고 고전학파 경제학은 '우파의 경제학'으로 볼 수도 있겠다. 하지만 이 같은 분류법이 잘 통하지 않을 때도 있다. 경제학자 중에는 케인즈 경제학을 따르면서도 정치적으로는 우파에 속하는 사람이 있는가 하면 고전학파 경제학을 따르면서도 정치적으로는 좌파인 사람도 있다.

정치인들 중에도 이 같은 분류법을 벗어나는 경우가 간혹 있다. 우파 정치인이면서 정부의 역할을 강조하는 경우가 있고, 좌파 정치인이면서 정부의 역할에 부정적인 경우가 있다. 이명박 대통령의 경우 여러 면에서 우파 정치인으로 볼 수 있지만 경제에 대한 관점은 좌파 경제학에 기울어진 것이 아닌가 싶다. 4대강 사업 등을 추진하면서 이 사업이 경기부양에도 도움을 줄 것이라는 주장을 보면 그렇다.

독일은 왜
인위적 경기 부양책을 경계할까

필립스 곡선;

실업률과 인플레율 간에 존재하는 역의 상관관계를 일컫는다. 정부가 통화정책 등을 통해 인플레율과 실업률의 최적 조합을 선택하는 것이 가능하다는 생각의 바탕이 되었다. 필립스 곡선이 정부의 정책에 이용될 수 있을 만큼 안정적인가에 대해서는 의견이 나뉜다.

'모든 실업은 자발적 실업이다'라고 말하는 경제학자들이 있다. 직업이 없는 사람들은 직업을 못 구한 것이 아니라 안 구한 것이라는 말이다. 대학 4년 내내 밤낮없이 취업 준비를 하다가 졸업할 무렵 수십 군데에 입사 원서를 내고도 직업을 구하지 못한 사람들에게 이런 말을 하면 아마 어이없다는 반응을 보일 것이다. 그렇게 열심히 노력하고도 직업을 못 구한 사람에게 직업을 안 구한 것이라고 말할 수 있을까?

대학 시절 경제학 교수님 중 한 분은 이렇게 말씀하셨다.

"아무리 직업을 구하기가 힘들어도 한 달에 만 원만 받고 일하겠다고 하면 일자리를 주지 않겠나. 편의점, 식당, 주유소 같은 데 가서 만 원만 주면 일하겠다고 하면 왜 일자리를 못 구하나. 만 원 받고 일하느니 차라리 일하지 않겠다는 생각 때문에 직업이 없는 것이므로 이건 자발적 실업으로 보아야 한다."

물론 교수님은 자발적 실업의 개념을 생생하게 설명하기 위해 이런 극단적인 말씀을 하신 것이지, 실제로 직업을 못 구한 사람은 모두 식당에 가서 만 원이라도 받고 일을 해야 한다는 뜻으로 말씀하신 것은 아니다. 현실을 따지면 최저임금제라는 것이 있어 월급이 일정 수준 이하로 정해지면 법을 어기는 것이 되거니와, 최저임금제가 없더라도 교통비, 식대 등을 생각했을 때 월급이 일정 수준 이하이면 일을 하지 않는 것이 더 경제적인 결정이 될 수도 있다.

실업, 선택의 결과인가

그렇다 해도 모든 실업은 자발적 실업이라는 주장은 논리적으로는 상당히 견고하다. 최저임금에도 직업을 구하지 못하는 사람을 제외하면 그 외의 경우에는 자발적 실업이 아니라고 말하기가 매우 힘들기 때문이다. 경기가 어지간히 나쁘더라도 최저임금을 주는 직장을 구하는 것은 어렵지 않다.

대부분의 실업이 자발적 실업이라면 실업은 개인 선택의 문제이지 사회 전체적으로 문제 될 이유가 없다는 관점을 가질 수도 있다. 일명 '고전학파 경제학자들'은 이 같은 관점을 견지했다. 실업에 빠진 사람들은 월급이 마음에 들지 않아 일을 안 하는 사람들이다. 따라서 이들의 실업 문제를 해결하기 위해서는 이들에게 억지로 일을 시키거나 아니면 이들이 원하는 월급을 주도록 기업에게 강요해야 하는 수밖에 없는데 이 두 가지 대책 모두 용인할 수 없다는 것이 고전학파의 생각이었다.

하지만 이 같은 고전학파 경제학자의 관점은 1930년대 대공황을 거치며 크게 흔들렸다. 수많은 사람들이 직업을 잃고 길거리에 나앉게 되자 실업이 자발적 선택의 결과라는 주장은 더 이상 설득력이 없었다. 실업으로 기본적 의식주를 해결할 수 없는 사람들이 크게 늘어난 것을 보아도 이들이 월급 액수에 불만을 느껴 일을 안 했다고 말하기가 힘들게 되었다.

우리나라에서는 1990년대 후반 아시아 외환 위기가 닥치면서 많은 사람들이 다니던 직장을 그만두어야 했다. 회사가 망하거나, 긴축재정을 위해 직원 수를 감원하는 사업장들이 많았다. 수많은 사람이 동시에 직장을 잃는 상황에서 실직한 사람들이 새로운 직장을 찾기는 매우 어려웠다. 업종을 전환하고 월급 수준을 낮추어 직장을 구해보려 해도 이 또한 쉽지 않았다. 그렇다고 평생 사무직으로만 일해온 사람이 하루아침에 공사장 인부로 둔갑하기란 불가능에 가까울 정도로 어려운 일이다. 그렇다고 공사장 인부 자리가 많이 있었던 것도 아니다.

존 케인즈(1883~1946)는 1930년대 대공황을 겪으며 실업 문제에 대해 깊이 고민하고 연구했던 경제학자 중 한 사람으로 고전주의 경제학과 나란히 현대 경제학의 양대 학파를 이루는 케인즈주의 경제학을 시작하였다.

케인즈는 학벌이 좋은 집안에서 태어났다. 아버지는 경제학자이면서 동시에 케임브리지 대학의 고위 임원이었고, 어머니는 케임브리지 대학에서 교육학을 전공한 사회 활동가였다. 케인즈 역시 명문 사립학교인 이튼 고등학교를 졸업하고 케임브리지 대학에서 경제학과 정치학을 공부했다.

대학 졸업 후 공무원이 된 케인즈는 인도 관련 업무를 담당하는 인도성에서 근무했는데 이때 인도의 금융과 통화에 대한 책을 저술, 경제학자로서의 면모를 과시했다. 이후 케임브리지 대학에서 강의를 시작했다가 1차 세계대전이 시작되면서 다시 재무성 관료가 되었다. 하지만 1차 세계대전이 끝나고 맺어진 베르사유 협정에 실망, 공직을 그만두고 케임브리지 대학으로 돌아와 이후에는 경제학 연구에 몰입했다. 케인즈가 베르사유 협정에 반대한 것은 협정이 독일에 엄청난 배상금을 요구하는 등 현실성 없이 정치적 고려에 의해서만 만들어졌다는 점 때문이었다. 학자로서 케인즈의 가장 큰 특징은 정교한 이론보다 현실을 제대로 설명하는 이론을 더 선호했다는 점이다. 이론이 아무리 정교하더라도 현실을 설명하지 못하면 주저 없이 폐기 처분 해버린 것이다.

대공황이 시작된 직후 저술된 케인즈의 대표 저서 『고용, 이자 및 화폐에 관한 일반이론』에서 그는 실업 문제를 해결하기 위해 총 수요 관리 정책을 펴야 한다고 주장했다. 총 수요란 개인의 소비, 기업의 투자, 정부의 지출 등을 통틀어 지칭하는 것인데, 경제 전체에서 생산되는 재화와 용역을 사고자 하는 사람이 얼마나 많은가를 나타내는 개념이다. 실업이 발생하는 것은 기업이 물건을 팔지 못하기 때문이므로 물건을 사고자 하는 사람이 많아지면 실업도 줄어들 것이다. 그러니까 실업의 문제가 심각해질 때 정부가 해야 하는 일은 개인이 소비를 늘리도록 유도하거나 기업이 투자를 늘리도록 유도하는 것이다. 그게 아니면 정부가 지출을 늘려야한다는 것이다.

어찌 보면 당연한 말이지만 당시 경제학계는 케인즈의 주장에 동조하지 않았다. 정부가 인위적으로 지출을 늘리면 민간 부문이 그만큼 지출을 줄여 결국 아무 효과도 거둘 수 없다는 것이라는 것이 당시 경제학계의 일관된 생각이었다. 이론적으로 보면 이 같은 생각이 더 설득력이 있다. 정부 지출이라는 것이 사실은 개인이 쓸 돈을 가져다가 정부가 쓰는 것에 불과하다. 정부가 무언가를 만들어 이익을 내는 것이 아니므로 정부가 돈을 많이 쓰면 쓸수록 국민들로부터 더 많은 세금을 걷어야 한다. 그러니까 정부 지출을 늘리면 그만큼 세금이 늘어날 테고 국민들은 늘어난 세금만큼 지출을 줄이게 될 것이다. 결국 나라 전체의 지출에는 변화가 없게 된다.

또 정부가 민간 부문에서 돈을 더 쓰도록 만든다는 것도 쉽지 않은 일이다. 개인의 소비는 주로 소득 수준에 의해 결정되는데, 소득 수준에 변화가 없는 개인들이 정부에서 권유한다고 소비를 늘리겠는가. 그것은 기업도 마찬가지일 것이다. 그렇다면 기업이 투자를 할 경우 세금을 깎아주는 것은 어떨까? 생각해볼 수 있는 방법이겠지만 정부 지출을 늘리는 동시에 세금마저 깎아주기란 결코 쉽지 않은 일이다.

그런데 이론상 이렇듯 설득력이 약해 보이는 케인즈의 주장이 현실에서는 효과를 거두었다. 그의 주장대로 정부가 지출을 늘리고 개인과 기업이 소비와 투자를 늘리도록 유도하는, 즉 정부의 수요 부양정책(총 수요 관리정책)을 운용함으로써 실업률을 낮추고 세계 경제를 대공황에서 끌어낼 수 있게 되었다. 그러자 경제학자들은 케인즈의 주장을 보다 의미 있게 받아들이기 시작했고, 마침내 그의 논리를 기초로 경제문제를 연구하는 케인즈 학파가 탄생하게 되었다.

필립스 곡선이 나타내는 것은 무엇인가

케인즈 학파의 발전에 크게 공헌한 사람 중 뉴질랜드 출신 경제학자 윌리엄 필립스(1914~1975)가 있다. 금광에서 전기 기술자로 일하고, 호주에서 악어 사냥을 하기도 했던 필립스는 20대 초반에 런던으로 이주하였다. 그리고 2차 세계대전이 발발하자 영국 공군으로 입대하여 미얀마와 싱가포르 등지로 이동하며 근무하다가 자바 섬으로 배치되었는데, 이때 일본군에 생포되어 3년 반 동안 전쟁 포로로 지냈다. 그 기간 동안에 동료 포로로부터 중국어를 배우기도 했던 그는 종전이 되자 영국으로 돌아와 사회학 공부를 시작했으나, 존 케인즈의 이론을 접하고 경제학에 매료되어 연구 방향을 바꾸었다. 그렇게 경제학 연구에 전념하게 된 필립스는 영국의 실업률과 임금상승률에 관한 자료를 검토하게 되었는데 그 과정에서 둘 사이에 음의 상관관계가 존재한다는 것을 발견하였다. 즉 실업률이 높을 때는 임금상승률이 낮고 실업률이 낮을 때는 임금상승률이 높다는 사실을 발견한 것이다. 이 같은 패턴을 직관적으로 이해하는 것은 어렵지 않다. 실업률이 높을 때는 직업을 구하는 사람이 많이 있으므로 고용주는 월급을 올려주지 않고도 원하는 사람을 쉽게 찾을 수 있다. 그러니까 임금상승률이 높아질 이유가 없다. 하지만 실업률이 낮을 때는 원하는 사람을 고용하려면 월급을 높여주어야 할 것이다. 그러니까 임금상승률도 높아질 것이다.

필립스는 실업률과 임금상승률 간의 관계를 우하향하는 곡선으로 표현했는데, 이를 필립스 곡선이라 부른다. 실업률을 가로축에 표시하고 임금상승률을 세로축에 표시하면, 실업률이 낮을 때 임금상승률이 높다가 실업률이 높을 때 임금상승률이 낮아지는 것을 우하향하는 곡선으로 나타낼 수 있다.

게다가 임금상승률은 인플레율과 유사하게 움직인다. 임금상승률이 높을 때 물가도 빠르게 올라 인플레율도 높아지고 임금상승률이 낮으면 물가 상승 속도가 낮아져 인플레율도 낮아진다. 실업률과 임금상승률 간의 관계를 보여주는 필립스 곡선을 실업률과 인플레율의 관계로 해석

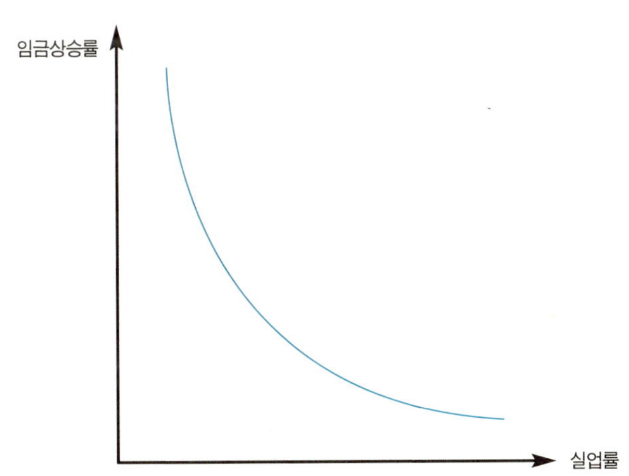

임금상승률과 실업률 간의 음의 상관관계를 나타내는 필립스 곡선

하기도 하는 것은 이 때문이다.

필립스 곡선은 케인즈 이론의 관점에서도 해석할 수 있다. 실업률이 낮아지면 정부는 민간 부문의 소비와 투자를 장려하는 정책을 취하게 된다. 민간 부문의 소비와 투자를 장려하기 위해 정부가 할 수 있는 일은 이자율을 낮추는 것이다. 중앙은행이 시중 은행에 싼 이자로 돈을 빌려주면 시중 은행은 개인과 기업에게 싼 이자로 대출을 해준다. 돈을 쉽게 빌릴 수 있게 되면 개인은 소비를 늘리고 기업은 투자를 늘린다. 중앙은행이 시중 은행에 싼 이자로 돈을 빌려줄 때 보통 '정부가 시중에 돈을 푼다'라는 말을 쓴다. 이자율이 낮아지면 시중에 유통되는 돈의 양이 많아지게 되는데 '돈을 푼다'는 말이 이 상황을 적절히 표현해주는 셈이다.

시중에 유통되는 돈의 양이 많아지면 돈의 가치는 떨어지면서 물건 가격은 오르게 된다. 지극히 당연한 이 현상이 바로 인플레이다. 결국 정부의 저 이자율 정책은 실업률을 낮추면서 인플레를 유발하게 된다. 필립스 곡선의 오른쪽 끝에 있던 경제가 정부의 저 이자율 정책으로 인해 필립스 곡선의 왼쪽 끝으로 이동하게 되는 것이다. 반면 정부가 고 이자율 정책을 사용하면 반대의 현상이 나타난다. 인플레율이 높고 실업률이 낮은 상태에 있던 경제가 정부의 높은 이자율 정책으로 인플레율이 낮고 실업률이 높은 상황으로 옮겨 가는 것이다.

이자율만 가지고 실업률과 인플레율을 마음대로 조정할 수 있다는 것을 알게 되면서 경제학자들은 승리감에 도취되었다. 경제학, 적어도 실업과 인플레를 다루는 거시경제학의 과제를 해결한 듯이 보였다. 대통령이 올해 실업률과 인플레율을 몇 퍼센트로 유지하겠다고 정하면 중앙은행은 공표된 실업률과 인플레율을 달성하기 위해 이자율을 얼마로 유지해야 하는가만 정하면 그만이다. 더 이상 고민해야 할 일이 없어진 것이다. 하지만 그들이 누린 승리의 기쁨은 잠시뿐이었다.

어떤 현상을 발견하고 이에 대해 학술적 논의가 진행되는 중 논의의 대상이 된 현상 자체가 사라져버리는 경우가 종종 있다. 필립스 곡선의 경우도 그랬다. 필립스가 영국의 자료를 바탕으로 실업률과 임금상승률 사이에 음의 상관관계를 보여주는 논문을 『이코노미카』라는 저널에 발표한 것은 1958년이었다. 그런데 1970년대 이후로 실업률과 인플레율 사이의 음의 관계가 종적을 감추어버렸다. 실업률은 올라가는데 인플레율이 떨어지지 않고, 심지어는 인플레율이 올라가는 상황이 나타나기 시작한 것이다. 스태그플레이션stagflation으로 불리는 현상이다. 실업률이 높고 경기가 침체되는 상황을 나타내는 스태그네이션stagnation이라는 말에 인플레이션inflation을 조합해 만들어진 말이다.

인플레율이 높아지는데도 경기가 살아나지 않은 것은 필립스 곡선이 이동했기 때문이라는 해석도 있다. 필립스 곡선이 한곳에 가만히 머물러 있어야 인플레율과 실업률 사이에 안정적인 관계가 나타나는데, 필립스 곡선이 시간이 흐름에 따라 자꾸 움직이면 인플레율과 실업률 사이에 안정적인 관계가 형성될 수 없다. 이 같은 생각에 바탕해 경제학자들은 필립스 곡선이 왜 움직이고 어떻게 움직이는가에 대한 연구를 진행하기도 했다. 하지만 1960년대 경제학자들이 느꼈던 승리감은 다시 돌아오지 않았다. 실업률과 인플레율의 관계는 필립스 곡선이 나타내는 것처럼 단순하지 않다는 것을 경제학자들은 인정해야 했다.

필립스 곡선을 부정하게 되면서 실업에 대한 케인즈식 해법이 여전히 유효한 것인가에 대한 논쟁이 다시 일었다. 정부가 이자율을 낮추고 돈을 푸는 것으로는 경기 회복의 효과도 거두지 못하면서 오히려 실업에 더해 인플레 문제만 추가할 수도 있다는 우려의 목소리들이 나왔다. 물가가 하루에 두 배씩 뛰는 '하이퍼 인플레이션'을 경험한 독일에서는 이 같은 우려 때문에 정부의 인위적 경기 부양책에 대해 부정적인 입장을 보인다. 최근 국제 금융 위기에 대한 대응 과정에서 미국은 적극적인 경기 부양책을 쓴 반면 유럽은 비교적 소극적이었던 것도 이 때문이다. 그러니 실업을 없앨 수 있는 효과적인 처방을 찾아내는 것은 아직도 여전히 경제학의 과제로 남아 있는 것이다.

19

미래를 전망하는
두 개의 시선

적응적 기대와 합리적 기대 ;

과거에 관측한 패턴을 그대로 투영시켜 미래에 대한 전망치를 얻는 경우 이를 적응적 기대라 하고, 여기에 보다 정교한 분석과 논리를 결부하여 전망치를 얻는 경우 이를 합리적 기대라 한다.

중간고사 때 낮은 점수를 주고 기말고사 때 높은 점수를 주면 학생들의 수업 만족도가 높아진다고 한다. 중간고사 때 높은 점수를 받으면 학생들은 기말고사에서도 당연히 후한 평가를 받을 수 있을 것이라는 기대를 갖게 되어, 나중에 낮은 학점을 받았을 때 크게 실망하고 수업 전반에 대해 좋지 않은 평가를 하게 된다. 하지만 중간고사 때 낮은 점수를 받으면 기말고사에 후한 평가를 기대하는 마음이 없어, 나중에 어떤 학점을 받더라도 크게 실망하지 않기 때문이다.

대학원 시절, 지도 교수님 한 분으로부터 처음 이런 말을 들었을 때는 '설마 대학생들이 그렇게까지 단순할까?'라는 의구심을 가졌다. 하지만 강의를 몇 년 하고 난 후로는 더 이상 그런 의구심을 갖지 않게 됐다. 대학생들은 의외로 단순하다. 교수의 관점에서 보았을 때 더 그렇게 느껴지겠지만 말이다.

상대평가를 하는 과목에서 학점은 등수에 따라 정해진다. 내가 있는 대학에서는 대략 상위 30퍼센트의 학생에게 A를 주고, 그다음 40퍼센트에 B를 준다. 그러니까 점수가 아무리 높아도 더 높은 점수를 받은 학생이 많으면 높은 학점을 받을 수 없고, 점수가 아무리 낮아도 남들이 시험을 더 못 봤으면 높은 학점을 받을 수 있다. 그러니 100점 만점 시험에 10점을 받는지 90점을 받는지는 중요한 것이 아니라고 아무리 설명을 해도 학생들은 듣지 않는다. '학생은 점수는 10점이지만 등수는 낮지 않아요'라고 말을 해도 점수가 10점이라는 데 일단 기분 나빠 한다. 반대로 '학생은 점수는 90점이지만 등수는 낮으니까 분발하지 않으면 안 돼요'라고 말해도 자신은 시험을 잘 봤다고 생각하고 높은 학점을 받을 것을 기대한다. 그러다가 나중에 낮은 학점을 받으면 무언가가 잘못됐다고 생각하고 불만을 갖게 된다.

조삼모사朝三暮四의 이야기에 나오는 원숭이들은 아침에 3개, 저녁에 4개의 도토리를 받는 것보다 아침에 4개, 저녁에 3개의 도토리를 받는 것을 더 좋아했다고 하는데, 대학생들은 그 반대라 할 수 있다. 중간고사 점수를 낮게 주고 기말고사 점수를 높게 주어야 더 좋아하니 말이다. 실질적인 내용에는 변화가 없이 드러나는 형태만 바뀌는 것에 그토록 민감하게 반응하는 그 모습만 보면 대학생들이 조삼모사 이야기에 나오는 원숭

이들과 분명 닮은 점이 있어 보인다.

인간의 제한적 인지 능력, 미래 예측을 의심하라

비슷한 상황이 자꾸 반복되다 보면 결국 조삼모사와 조사모삼이 별 차이가 없다는 것을 깨닫게 되지 않을까? 원숭이들이야 기억력이 좋지 않아 매일 아침 일어나면 그 전날 일을 기억할 수 없을지도 모르지만, 대학생들이야 매 학기 시작할 때 그 전 학기에 있었던 일을 기억 못 할 리가 없지 않나?

하지만 사람의 기억이라는 것이 별로 믿을 만한 것이 못 된다. 조금 오래된 것은 잘 기억 못 하는 것은 물론이고 최근의 일이라도 자기에게 유리한 것만 기억하고 그렇지 않은 것은 쉽게 잊어버리는 경향이 있다. 돈 빌려준 것은 잘 기억하는데 돈 갚아야 할 것은 잘 기억하지 못한다. 또 내가 누구에게 무엇을 해주었는지는 잘 기억하면서 남이 나에게 무엇을 해준 것은 쉽게 잊어버린다.

사람들의 인지 방식에 어떤 특성이 있는가에 대한 연구는 전통적으로 심리학의 영역이지만, 경제학자들도 관심을 갖는 문제이다. 경제학자들이 특히 관심을 보이는 특성 중 하나는 사람들이 비교적 짧은 시간 동안 경험한 것을 바탕으로 먼 훗날에 무슨 일이 일어날지 예측하려는 성향을 가지고 있다는 점이다. 조금 다른 말로 하면 사람들은 짧은 시간 동안 관측한 패턴을 먼 미래로까지 투영시키는 성향을 가지고 있다.

취업 면접에 대한 태도에서 이런 성향을 확인할 수 있다. 회사마다 다르기는 하지만 신입 직원 채용 과정에서 면접에 많은 비중을 두는 경우가 있다. 그런 회사의 면접관들은 10분 혹은 20분 정도의 짧은 대면 시간으로 입사 지원자에 대해 가능한 많은 것을 알아내야 한다. 입사 지원자의 말 한마디, 동작 하나까지 놓치지 않고 관찰하여 어느 지원자가 입사하여 일을 잘할 수 있을지, 다른 사람들과 화합을 이룰 수 있을지 등을 평가해야 하기 때문이다. 그런데 이렇게 짧은 시간의 만남을 통해 얼마나 많은 것을 알아낼 수 있을까?

회사에서 인사 업무를 담당하는 사람들을 만나면 그 문제를 놓고 이야기하고는 했었다. 그때마다 놀란 점은 그들 가운데 상당히 많은 사람이 10분 내지 20분 정도의 시간이면 입사 지원자에 대해 충분히 판단할 수 있다고 자신하는 모습이었다. 첫인상만 보고도 대충 어떤 유형의 사람인지 알 수 있다고 말하는 사람도 있고, 몇 마디만 나누어보아도 상대에 대해 거의 90퍼센트 이상 맞출 수 있다고 장담하는 사람도 상당수 있다. 몇 마디 나눈 대화에서 말투가 공손하지 않으면 공손하지 않은 사람이고, 첫 번째 질문에 대답하지 못하면 똑똑하지 않은 사람이라는 방식의 평가였다.

물론 이러한 면접관의 자신감은 잘못된 것이다. 다른 사람의 성향을 파악하는 데 특출한 능력을 가지고 있는 사람도 있을 수 있겠지만 그런 사람은 극소수이다. 열 길 물속은 알아도 한 길 사람 속은 알 수 없다는 말도 있듯이, 사람의 성향을 파악하기란 결코 쉽지 않은 일이기 때문에 아주 오랜 시간이 걸릴 것이다. 수십 년을 같이 살다가도 '당신이 그런 사람인 줄 몰랐어'라며 이혼하는 부부도 많지 않은가?

오랜만에 옛 졸업생을 만날 때마다 사람의 성향을 파악한다는 것이 얼마나 어려운 일인가를 깨닫게 된다. 대학 시절에는 아주 얌전하고 조용하던 학생이 졸업 후 몇 년 지나 완전히 다른 사람이 되어 있는 경우도 있고, 대학 시절 아주 활발하고 사교적이던 사람이 졸업 후 심각한 철학자의 모습을 하고 있는 경우도 있다. 대학 몇 년 동안 관찰해도 잘 알 수가 없는데 10분, 20분 면접을 통해 입사 지원자를 충분히 파악할 수 있다고 믿는다는 것은 말이 안 된다.

그런데 이렇듯 무모한 자신감만으로 미래를 예측하거나 혹은 너무 먼 훗날까지 예측하려 하는 성향은 기업의 인사 담당자뿐 아니라 나라의 정책을 결정하는 공무원들 사이에서도 발견되곤 한다. 그로 인해 다소 엉뚱한 정책들이 만들어지기도 한다. 1970년대의 산아제한 정책이 대표적인 예이다. 1970년대 급속한 경제성장이 이루어지면서 인구도 빠른 속도로 증가했는데, 정책 입안자들은 이 같은 인구 증가 속도가 아주 오랫동안 지속될 것으로 예측했다. 그래서 인구 증가율을 억제하는 것이 필요하다고 보았고 산아제한 정책을 실시하였다. '둘만 낳아 잘 기르자', '하나 낳아 잘 기르자' 등의 표어를 만들어 신문, 방송을 통해 전파시킨 것은 물론, 가임 연령의 남자와 여자에게 영구적 피임을 장려하기도 했다. 예비군 훈련을 하러 갔다가 피임 수술을 하면 일찍 귀가시켜 준다는 말을 듣고 수술을 받았다는 일화도 있었다.

지금 생각하면 방향이 크게 빗나간 정책이었다. 출산율이 너무 낮아지고 인구 증가율도 너무 낮아져 문제가 되는 상황이 됐기 때문이다. 2010년대에 어떤 일이 일어날지 1970년대에 어떻게 알 수 있었겠냐고 항변할지도 모르지만, 바로 그 점에 때문에 비판을 받아야 한다. 나중에 어떤 일이 일어날지 알 수 없다면 그렇게 자신 있게 인구 억제 정책을 펴지 말았어야 했다. 비록 1970년대에 인구가 빠른 속도로 증가하였더라도 이 같은 빠른 증가 속도가 수십 년 지속될 것이라고 전망한 것은 짧은 기간 동안의 관찰을 너무 먼 훗날까지 투영시키는 오류의 예라고 할 수 있다.

　이러한 오류는 주식시장에서도 나타난다. 사람들은 지금 많은 이익을 만들어내는 기업이 미래에도 많은 이익을 만들어낼 것으로 기대하는 경향이 있다. 지난 몇 년 동안 이익이 빠른 속도로 증가해왔다면 향후에도 이익이 빠른 속도로 증가할 것이라고 예상한다. 구글의 이익은 지난 십여 년간 빠른 속도로 증가해왔기 때문에 앞으로도 계속 이익이 빠른 속도로 증가할 것이라고 예측한다. 구글의 이익이 빠른 속도로 증가할 것이라고 믿기 때문에 너도 나도 구글의 주식을 사려 하고, 그러다 보면 구글의 주가도 빠르게 상승한다. 그런데 구글의 이익이 얼마나 오랫동안 지금과 같은 속도로 증가할 수 있을까? 구글의 이익이 앞으로 몇 년 정도는 지금의 속도로 증가할 수 있을지는 모르지만 10년, 20년 이 추세를 지속한다는 것은 거의 불가능하다. 구글의 성장세가 앞으로 영원히 지속될 것이라 생각하고 지금 주식을 산다면 기대했던 수익을 얻지 못할 것이다.

　현실을 보고 이를 바탕으로 기대가 만들어지지만 또 한편으로는 기대가 현실에 영향을 미치기도 한다. 현재의 패턴이 앞으로도 계속될 것이라는 기대감이 강하면 적어도 단기적으로는 그 기대가 현실이 될 수 있다. 지금 가격이 오르고 있는 주식의 가격이 앞으로도 계속 오를 것이라고 누구나 생각한다면 많은 사람이 그 주식을 사려고 하고, 그러다 보면 가격은 실제로 계속해서 오를 것이다. 가령 구글의 주가가 계속 오를 것이라고 모두 생각한다면 구글의 주가는 실제로 한동안 상승할 것이다. 지금의 가격 변화 패턴이 미래에도 계속 유지되는 것을 주가 모멘텀momen-tum이라고 한다. 현재의 상황이 미래에도 계속될 것이라고 믿는 경향이 주가 모멘텀을 만들어내는 것이다.

그런데 이런 상황이 무한정 계속될 수는 없다. 기대가 현실에 영향을 미치기는 하지만 기대만 가지고 현실이 만들어지지는 않는다. 기대가 현실과 괴리되기 시작하고, 그 괴리가 점점 커지다 보면 어느 순간 사람들은 현실을 직시하게 된다. 결국 모멘텀 때문에 오르던 주가는 어느 시점에는 더 이상 오르지 않고 하락세로 돌아서게 된다. 구글이 지금 빨리 성장하고 있다는 것만 보고, 혹은 구글의 주가가 지금 빨리 오르고 있다는 것만 보고 구글의 주식을 산다면 한동안은 주가 상승으로 이익을 보겠지만 너무 오래 보유하고 있으면 손해를 볼 수 있는 것이다.

인간의 제한적 인지 능력, 경제정책의 효과에 영향을 미친다

사람들의 인지 능력이 얼마나 제한적이고 미래에 대한 기대가 얼마나 불완전한지에 대해 지금껏 말했는데, 경제학에 이렇게 부정적 관점만 존재하는 것은 아니다. 사실 전통적 경제학에서는 사람들의 인지 능력, 미래 예측 능력에 대해 아주 긍정적인 견해를 가지고 있었다. 그들이 생각하기에 사람들은 의사 결정을 내리기에 앞서 모든 수집 가능한 정보를 분석하고 이를 바탕으로 미래에 어떤 일이 일어날지를 정확히 예측한다. 이를 합리적 기대가설이라고 한다. 그에 반해 적응적 기대가설은 사람들은 그렇게 합리적이지 않으며 정보 자체도, 그리고 정보에 대한 분석도 제한되어 있어 미래를 예측할 때, 특히 과거의 경험에 크게 의존한다는 관점으로 논리 전개를 한다. 즉 인간은 상황이 변할 때 한 번에 적응하지 못하고 천천히 적응해간다는 것이다.

합리적 기대가설이 맞는지 적응적 기대가설이 맞는지는 인플레이션에 대한 연구에서 중요한 이슈다. 합리적 기대가설에서 말하듯이 사람들이 합리적이라면 다음 해의 인플레이션이 얼마가 될지 정확히 예측하고 이 예측에 기초해 의사 결정을 내릴 것이다. 그런 상황에서는 정부가 경기 부양 정책을 사용하더라도 별 효과가 없어진다. 정부가 시중에 돈을 풀 때 사람들이 소비를 늘려야 경기가 부양되는데, 정부가 시중에 풀어놓은 돈이 결국 인플레이션을 야기한다는 것을 사람들이 예측하고 이에 대응하기 시작하면 소비가 늘지 않을 것이다. 그러니까 정부의 경기 부양 정책이 인플레를 야기한다는 것을 사람들이 알아차리지 못할 때 경기 부양 정책이 효과가 있는 것이지, 그렇지 않을 때는 효과가 없게 된다.

다행히 현실 속 사람들은 합리적 기대가설에서 말하는 것처럼 합리적이지는 않은 듯하다. 정부가 경기 부양 정책을 펼 때 사람들은 어느 정도의 인플레를 예상하기는 하지만 이 때문에 소비를 전혀 늘리지 않는 것은 아니다. 이런 면에서는 사람의 인지 능력이 제한적이라는 것이 꼭 나쁜 것은 아니다. 사람의 인지 능력이 제한되어 있지 않다면 경기 부양 정책이라는 중요한 수단을 잃어버렸을 테니 말이다.

대학 교육,
시장논리로만 접근해야 하는가

공공재 ;

한 사람이 소비한다고 해도 다른 사람들이 소비할 수 있는 양이 줄어들지 않거나 한 사람을 제외하고 다른 사람들에게만 재화를 제공하는 것이 불가능한 경우 이 재화를 공공재라 한다. 공공재의 생산은 시장에 맡길 수 없고, 정부가 담당하게 된다.

반값 등록금 논란으로 한동안 나라가 시끄러웠다. 대학 등록금이 비싸다며 반으로 낮추어달라는 학생들과 학부모들의 주장에 등록금을 반으로 낮추면 학교 운영이 어렵다는 대학들의 주장이 맞섰다.

대학 등록금이 가계에 큰 부담이 된다는 점은 짐작하기 어렵지 않다. 20여 년 전만 해도 사립대학의 한 학기 등록금은 150만 원 정도였는데, 지금 주요 사립대학의 등록금은 400만 원에서 500만 원 정도다. 20년 사이 등록금이 세 배 이상 오른 것이다. 같은 기간 전체 물가 상승폭이 두 배 정도였음을 고려하면 등록금 상승 속도가 정말 빨랐던 셈이다.

　게다가 지난 20년간 소득 증가 속도까지 고려해보면 상황은 더욱 복잡해진다. 1990년 6천 달러가 조금 넘었던 우리나라의 1인당 국민소득은 2010년에 2만 달러 정도에 이르게 되었다. 그러니까 1인당 국민소득의 증가율 역시 3배가 조금 넘은 것이다. 그렇다면 소득 가운데 등록금 지출이 차지하는 비중은 변하지 않았다고 할 수도 있겠다. 하지만 지난 20년간 대학 진학률이 크게 높아졌다는 사실 또한 고려해야 한다. 예전에는 한 가정에 한 명 정도였던 대학생이 지금은 한 가정에 두 명이 될 수도 있다. 그러니까 소득 증가 속도와 등록금 증가 속도가 같더라도, 소득 중 대학 등록금 지출이 차지하는 비중은 크게 높아졌을 수도 있다. 이것 또한 등록금이 부담스럽게 느껴질 수 있는 이유다.

대학, 보이는 손으로 통제해야 하는 시장이다

대학 또한 나름대로 사정이 있을 것이다. 학교를 평가할 때는 외국의 유명 대학에 비교하면서 등록금은 그런 대학의 4분의 1만 받아도 무슨 폭리를 취하는 것처럼 비판을 받는 입장이 아닌가. 교수 1인당 학생 수, 도서관의 장서 수, 강의실 및 연구실 시설 등을 따져보면 우리나라 대부분의 대학은 외국의 유명 대학에 훨씬 뒤떨어져 있다. 대학이 아무리 열심히 기부금을 모아도 격차를 해소하기에는 역부족인 상황이다.

　흔히 시장에서는 값을 깎아달라는 구매자와 못 깎아주겠다는 판매자 사이에 논쟁이 일어날 수 있으나, 그 논쟁이 오래 지속되는 경우는 별로 없다. 손님은 다른 가게로 가면 그만이고, 가게 주인은 손님 한 명 잃으면 그만이다. 그런데 대학을 다니는 일이 시장에서 물건 사는 일과 같겠는가. 돈을 내고 그 대가로 서비스를 받는다는 점에서는 시장에서 물건 사는 것과 비슷하지만, 그것 말고는 비슷한 점이 별로 없다.

우선 손님, 즉 학생의 입장에서 생각해보자. 시장에서는 돈만 있으면 아무 가게나 들어가서 원하는 물건을 살 수 있다. 하지만 돈이 있다고 원하는 대학에 입학할 수 있는 것은 아니다. 그것은 자본주의가 더욱 고도화된 다른 국가에서도 마찬가지다. 돈만 내면 아무나 받아주는 대학은 거의 없다. 신입생 선발을 얼마나 까다롭게 하는가는 대학마다 차이가 있지만, 분명한 것은 등록금을 낼 수 있다는 조건만으로 원하는 대학을 선택해 입학할 수 있는 것은 아니다.

가게 주인, 즉 대학의 입장에서 생각해보자. 시장에서는 가게 임대료만 낼 수 있으면 아무나 가게를 열 수 있다. 하지만 건물 임대료만 낼 수 있다고 아무나 대학을 설립할 수는 없다. 대학 설립을 위해서는 까다로운 요건을 갖추고 또 아주 복잡한 절차를 거쳐야 한다. 그리고 대학 설립을 하게 된 경우에도 원하는 만큼 학생을 받을 수 있는 것은 아니다. 우리나라의 경우 대학생을 몇 명 뽑을 수 있는지는 정부에서 정한다. 정부에서 100명만 뽑으라고 하면 훌륭한 지원자가 수천 명이 되더라도 100명만 뽑아야 한다. 보통의 시장과는 분명 다르다.

반값 등록금 논란이 장기간 지속되는 것은 '대학 교육 시장'의 이런 특성 때문이다. 가격이 시장의 원리에 따라 결정되지 않기 때문에 가격에 불만이 생겨도 시장의 원리에 따라 해결되지 않는 것이다. 구매자와 판매자가 알아서 해결하지 못하고 정부가 해결책을 제시해주기를 기다리는 것은 이 때문이다.

그렇다면 대학은 원래대로 등록금을 받고, 학생에게는 등록금 절반만을 부담하게 하고 절반은 정부 지원금으로 충당해주면 되지 않을까. 물론 이때에도 정부 재원, 즉 돈이 문제이다. 정부가 모든 등록금의 절반을 대신 내주려면 얼마의 돈이 들까?

우리나라의 대학 진학률은 80퍼센트라고 한다. 한 해 고등학교 졸업생이 60만 명 조금 넘는다고 하면, 한 해 50만 명이 대학에 입학한다고 볼 수 있다. 대학 재학 기간을 2년제 대학과 4년제 대학의 평균인 3년으로 가정하면 대학생 숫자는 150만 명 정도가 된다. 여기에 대학원생 등을 더하면 전체 대학생 수는 200만 명 정도 될 것이다. 이 사람들의 등록금 절반을 정부가 부담한다면 그 금액은, 한 해 등록금을 천만 원 정도로 예상할 때 20조 원이 된다(200만 명×1000만 원). 이는 우리나라 정부 1년 예산의 10퍼센트에 육박하는 액수다. 결국 이 재원은 세금으로 마련되어야 하고, 그러자면 국민들의 세금 부담이 현재보다 10퍼센트 정도 늘어나게 될 것이다. 정확한 자료를 바탕으로 계산한 것이 아니기 때문에 정확하지는 않지만 논리는 그렇다는 것이다.

세금 10퍼센트 인상은 쉬운 일이 아니다. 대학 등록금이 너무 비싸다는 말에 찬성하는 사람들은 많지만 이를 절반으로 낮추기 위해 세금을 10퍼센트 올리자고 하면 찬성하는 사람은 많지 않을 것이다. 등록금 문제는 대학생과 대학이 알아서 해결해야 한다는 생각이 다시 힘을 얻을 것이다. 결국 논쟁은 원점으로 돌아가는 것이다.

사실 액수를 생각하면 세금으로 등록금 절반을 낮추는 방안은 무리인 듯이 보인다. 그렇다 해도 정부가 대학 교육을 책임져야 한다는 생각 자체가 엉뚱한 것은 아니다. 유럽의 여러 국가에서는 정부 지원으로 대학도 무상교육을 시행하고 있다. 복지 면에서는 그다지 선진국이라 할 수 없는 미국에서도 정부가 대학 교육에 상당한 돈을 지원하고 있다. 주립대학이 비교적 낮은 등록금을 유지할 수 있는 것은 정부 지원 때문이다. 물론 우리나라도 정부 지원금을 받아 비교적 낮은 등록금을 유지하는 국립대학이 있다. 그렇기는 하지만 미국에는 비교적 쉽게 입학할 수 있는 주립대학들이 곳곳에 있는 데 비해 우리나라에는 국립대학이 별로 많지 않다는 것이다.

대학 교육, 결국은 공공재다

그렇다면 정부가 대학 교육을 지원하는 이유는 무엇일까? 경제학에서는 공공재라는 개념을 통해 이를 설명한다.

어떤 재화나 서비스를 만들었을 때 그 혜택이 특정인에게 한정되지 않고 여러 사람에게 광범위하게 퍼지는 경우, 이 재화나 서비스를 공공재라고 한다. 흔히 드는 예가 등대다. 등대를 만들어놓으면 특정인에게만 혜택이 돌아가는 것이 아니라 근처를 지나가는 모든 배가 혜택을 받을 수 있다. 국방도 흔히 드는 예다. 군대를 유지해 전쟁을 억제시키면 그 혜택은 어느 한 사람에게만 돌아가는 것이 아니라 국민 전체에게 돌아간다.

보다 엄밀하게 정의하면, 공공재는 두 가지의 성질을 가지고 있다. 첫째는 한 사람이 소비한다고 해도 다른 사람들이 소비할 수 있는 양이 줄어들지 않는다는 것이고, 둘째는 한 사람을 제외하고 다른 사람들에게만 재화를 제공하는 것이 불가능하다는 것이다. 등대와 국방의 예를 다시 생각해보면 그 뜻을 이해하기 쉽다. 등대를 쳐다보는 사람이 많아진다고 해서 다른 사람들이 등대로부터 얻는 혜택이 줄어드는 것은 아니다. 또 특정한 배가 등대로부터 혜택을 얻지 못하도록 만드는 것은 불가능하다. 특정한 배의 선장에게 '당신은 등대를 쳐다보지 마시오'라고 말해봐야 별 효과가 없을 것이다. 마찬가지로 국방의 경우, 혜택을 입는 사람이 많아진다고 한 사람 한 사람이 국방으로부터 입는 혜택에 변화가 생기는 것은 아니다. 또 어떤 사람만 골라내 이 사람으로부터 국방의 혜택을 박탈하는 것은 불가능하다. 적군에게 '이 사람만 공격하시오'라고 부탁할 수는 없는 일이다.

특히 소비를 특정인에게 한정시킬 수 없다는 특성 때문에 공공재의 생산은 시장에만 맡겨놓을 수 없다. 소비를 특정인에게 한정시킬 수 없다는 말은 돈을 내지 않은 사람도 재화를 소비할 수 있다는 말인데, 돈을 내지 않아도 소비할 수 있는 재화를 돈 내고 소비하려는 사람은 없을 것이다. 공공재에 대해 값을 지불하려는 사람이 전혀 없을 것이기 때문에 공공재를 만들려는 사람도 없을 것이다. 그래서 공공재를 시장에 맡겨놓으면 전혀 생산이 이루어지지 않을 것이다.

이런 이유로 공공재는 정부가 생산하는 것이 일반적이다. 어차피 소비량에 따라 돈을 받는 것이 의미가 없고 가능하지도 않기 때문에 정부는 세금으로 재원을 마련하여 공공재를 생산해 무상으로 제공한다. 공공재에는 수혜자 부담 원칙이 적용되지 않는다는 말이다. 군대도 그렇고 경찰도 그렇고 법원도 그렇다. 사용자 혹은 수혜자를 가려내 이들에게 비용을 부담시키려 하지 않고 그냥 정부가 일반회계에서 비용을 댄다.

대학 교육도 공공재로서의 성격을 가지고 있다. 사실 대학 교육뿐만 아니라 모든 교육이 공공재의 성격을 가지고 있다. 지식이 많은 사람들에게 퍼져 나가면 사회 전체에 혜택이 생긴다. 사람들의 교육 수준이 높아지면 문화의 다양성이 실현되고, 고도의 지식 산업이 성장한다. 또한 범죄율도 낮아지고 거리도 깨끗해지며 교통사고도 줄어든다. 그리고 그 모든 혜택은 사회 구성원 전체에게 돌아간다. 사람들의 교육 수준이 높아지면 중산층이 두터워져 사회 경제적으로 안정될 수 있고, 개인들의 주권 의식 함양은 물론 정부 정책에 대한 평가 능력도 함양된다. 그것은 건전하고 바른 정치 문화를 만들어갈 훌륭한 정치인 선출에도 영향을 끼쳐, '선거를 통한 심판'이 제대로 이루어질 수 있고, 이에 기반한 민주주의가 안정적으로 운영될 수 있다. 훌륭한 정치인이 선출되어야 정의로운 사회가 유지될 수 있음은 물론이다. 정의로운 사회의 혜택 또한 모든 사회 구성원에게 돌아간다. 이것이 교육을 공공재라고 부를 수 있는 이유다.

초등교육, 중등교육에는 해당되지 않지만 대학 교육에만 해당되는 측면도 있다. 지식은 여러 사람이 공유할 때 더 빠른 속도로 증가하는 경향이 있다. 소수의 사람들이 연구실 안에서만 지식을 공유할 때보다 다양한 일에 종사하는 다수의 사람이 지식을 공유하고 토론할 때 지식은 더 빨리 진보한다. 이런 면에서 대학 교육을 받은 사람이 증가하면 지식의 증가 속도가 더욱 빨라질 것이고, 그 혜택은 사회 전체로 돌아간다고 할 수 있다.

이러한 대학 교육의 공공성을 생각해볼 때 정부의 대학 교육 지원이 이상할 것은 없다. 여건이 된다면 초등학교부터 대학교까지 모두 무상교육을 못 할 것도 없다. 그러나 아무리 필요한 물건이라도 돈이 없으면 살

반값 등록금 공약 실천하라!!
등록금, 네가 정해줘!
경쟁력을 갖추려면 아직도 돈이 부족한데…
정부

수 없듯이, 아무리 사회 전체에 많은 혜택을 가져다 주는 재화라도 예산
이 없으면 방법이 없다. 국민들이 더 많은 세금을 내겠다고 하지 않는 한
말이다. 설사 국민들이 더 많은 세금을 낸다 하더라도 대학 교육에 대한
지원이 저소득층, 장애인 등 사회적 약자에 대한 지원보다 더 시급한 문
제인지를 따져봐야 한다. 어떤 결론이 나올지는 사회 구성원의 가치판단
에 달려 있다.

t's News—
World Wide
MONDAY
NEW YORK STOCK EXCHANGE COMPOSITE T
M+
M-
MS
MT
7
8
9

3장

금융생태계 이야기

10년 후의 10억을 지금 끌어 쓴다면 얼마인가 — 돈의 시간가치

돈의 액수와 개인의 만족감은 비례하는가 — 기대효용 이론

나이 들면 주식 투자 비중을 줄여야 할까 — 대수의 법칙

환율 차익으로 불황을 잊은 기모노 트레이더 — 구매력 평가설

주가 변동은 단지 우연의 산물인가 — 주식 베타

버핏은 페이스북의 주식을 샀을까 — 가치투자

선물·옵션, 금융 파생 상품의 위험성 — 주식 옵션

이자율 0%, 버냉키 총재의 도박 — 화폐수량설

시중 통화량에서 허수는 얼마일까 — 통화승수

인간의 합리성은 익숙함에서 시작된다 — 위험과 불확실성

10년 후의 10억을
지금 끌어 쓴다면 얼마인가

돈의 시간가치 ;

지금 가지고 있는 1원이 미래의 어떤 시점에 얻을 수 있는 1원보다 더 가치가 높음을 나타낸다. 미래의 소득 혹은 소비를 현재의 소득 혹은 소비로 환산하는 데 사용되는 시간 할인율과도 같은 개념이다.

대기업 부사장이었던 사람이 교통사고로 사망한 후 그의 유족들이 법정 공방을 벌인 끝에 보험사로부터 10억 원 가까운 돈을 보상금으로 지급받게 되었다는 신문 기사를 읽은 적이 있다. 처음에는 '참 많이도 받았네'라는 생각이 들었지만 읽다 보니 유족들로서는 더 받아야 한다고 믿었을 수도 있겠다는 생각이 들었다. 이 사람의 연봉은 10억 원이 넘었다고 하는데, 10년을 일하면 100억 원이 넘는 돈이 아닌가? 그러니 보상금으로 10억 원을 지급받은 유족은 부당하다는 생각을 가졌을 수도 있다.

그러나 법원의 판결은 몇 가지 현실적 요소를 고려한 듯하다. 우선 대기업의 고위 임원직은 아주 오래 있을 수 있는 자리가 아니라는 점이다. 신문 기사에 따르면 이 사람이 다녔던 회사의 부사장은 평균 5년이 조금 안 되는 기간을 근무한다고 한다. 운이 좋다면 5년보다 길게 하거나 사장으로 승진할 수도 있겠지만, 운이 나쁘면 5년도 못 하고 물러날 수 있을 것이다. 임원의 위치에 오른 사람들은 다 능력이 뛰어난 사람일 터이니 능력의 많고 적음이 직위를 얼마나 오래 유지하는가에 큰 영향을 끼칠 것 같지는 않다. 직위를 얼마나 오래 유지하는가가 불분명할 뿐 아니라 직위를 유지하는 동안에도 회사로부터 얼마를 받는가도 불분명하다고 한다. 소득의 상당 부분이 성과급인데, 회사 상황이 나빠지면 성과급은 크게 줄거나 아예 지급되지 않을 수도 있다. 회사 상황이 좋아지면 성과급은 더 커질 수 있는 것도 물론이다. 이런 점들을 고려하면 이 사람의 기대 소득은 크게 낮아진다. 게다가 교통사고에 본인의 책임도 일부 있었다는 법원의 판단에 따라 보상금의 액수는 더 낮아진 것이다.

돈의 시간가치란 어떻게 평가할 수 있는가

생명의 가치를 돈으로 계산한다는 것은 부적절하지만 한 사람의 과실로 다른 사람이 부당하게 생명을 잃었을 때 그 피해 보상금을 산정하기 위해 어쩔 수 없이 생명의 가치를 계산해야 한다. 이런 경우 일반적으로 쓰는 방법은 미래 소득을 이용하는 것이다. 즉 죽은 사람이 죽지 않고 살아 있었더라면 장차 얼마나 돈을 벌 수 있을까를 계산해 이를 보상금으로 정하는 것이다. 소득이 높았던 사람은 죽어서도 보상금을 많이 받고 소득이 낮았던 사람은 죽어서도 보상금을 받지 못한다는 것이 도덕적으로 합리화될 수 있는지는 모르겠다. 어쨌든 법원이 계산하는 방식은 그렇다.

교통사고로 죽은 대기업 부사장의 경우 1년 소득이 10억 원이라 하고, 죽지 않았더라면 5년 정도 더 부사장으로 근무할 수 있었을 것이라고 가정하면 50억 원이라는 액수를 얻을 수 있다. 그러면 미래 소득을 50억 원이라고 할 수 있을까? 그렇지 않다. 미래 소득을 계산할 때는 미래에 받게 될 돈의 액수를 단순히 더하는 것이 아니라 이 돈이 현재 가지는 가치, 즉 현재 가치를 구해야 한다. 1년 후에 10억 원을 받는 것은 지금 당장 10억 원을 받는 것과 같지 않고, 2년 후에 10억 원을 받는 것도 지금 당장 10억 원을 받는 것과 같지 않다. 미래 소득을 계산해 그만큼을 보상금으로 지급받게 되는데 보상금은 지금 당장 지급되므로 미래에 받을 소득을 단순히 더하면 너무 많은 보상금을 지급받게 될 것이다.

지금 당장 받는 1원의 가치가 미래에 받을 1원의 가치보다 커지는 것을 돈의 시간가치라고 한다. 좀 더 자세히 말하면, 돈이 가치를 가지는 것은 두 가지 이유 때문인데, 하나는 돈을 가지고 가치 있는 물건을 살 수 있다는 것이고, 또 하나는 돈을 은행에 넣어두면 시간이 흐르면서 이자가 붙는다는 것이다. 가치 있는 물건을 살 수 있기 때문에 돈이 갖는 가치를 '교환가치'라 하고, 이자가 붙기 때문에 돈이 갖는 가치를 '시간가치'라 한다. 지금 받는 10억 원과 1년 후에 받을 10억 원은 동일한 교환가치를 가지고 있다. 10억 원을 가지고 있으면 10억 원어치 물건을 살 수 있으니 교환가치는 동일한 것이다. 그러나 시간가치는 동일하지 않다. 지금 10억 원을 받으면 지금부터 이자를 받을 수 있지만, 1년 후에 10억 원을 받으면 1년 후부터 이자를 받을 수 있으므로 당연히 지금 10억 원을 받을 때 이자가 더 많다.

돈의 시간가치를 생각하면 1년 후에 10억 원을 받는 것은 지금 10억 원을 받는 것만 못하다. 그러니까 1년 후에 받을 10억 원을 받지 못한 것에 대한 현재 보상금은 10억 원보다 적어야 한다. 그렇다면 얼마나 적어야 할까?

미래의 자산에 대한 현재 가치 구하기, 복리로 계산되는 할인율

미래에 받을 돈의 현재 가치를 구할 때 '할인한다'는 표현을 쓰고, 할인의 크기는 '할인율'이라고 부른다. 할인이라는 말은 원래 가격을 깎는다는 말인데, 미래 가치에서 현재 가치를 구하는 것도 값을 깎는 과정으로 생각할 수 있다. 물건을 살 때 할인율은 흥정을 통해 정해진다. 미래 가치에서 현재 가치를 구할 때 적용하는 할인율도 흥정을 통해 정해지는 것으로 볼 수 있다.

어음을 할인하는 과정을 생각해보자. 어음에는 여러 종류가 있지만 기업이 지급 수단으로 발행한 어음을 생각해보자. A라는 회사가 B라는 회사에게 물건을 팔고 그 대가로 어음을 받는다. A는 현금을 원했겠지만, B는 현금이 없다며 대신 어음을 준다. 이 어음에는 액수와 날짜가 명시되어 있고, 명시된 날짜에 B에게 어음을 되가져가면 명시된 액수를 받을 수 있다. 돈이 급하지 않다면 A는 어음에 명시된 날짜까지 기다렸다가 어음에 명시된 액수를 받으면 그만이다. 하지만 급전이 필요한 경우 A는 어떻게 할까? 이런 경우 A는 '어음시장'에 가서 어음을 팔 수 있다. 이때 물론 어음에 명시되어 있는 액수를 모두 받을 수 있는 것은 아니다. 어음을 사는 사람들이 할인을 요구하기 때문이다. 어음시장에서 어음을 사는 사람들은 할인된 값에 어음을 샀다가 만기가 돌아왔을 때 어음에 명시된 전액을 받음으로써 이익을 얻는다. 할인이 없다면 이익도 없을 것이므로 어음을 사려 하지 않을 것이다. A는 어음시장에 있는 상인들과 흥정해 적정한 할인율에 도달하게 된다. 재래시장에서 물건 값이 정해지는 것과 똑같은 방식이다.

할인율은 사실 이자율과 같은 개념이다. 미래 가치를 할인해 현재 가치를 구할 때 할인율이라는 말을 사용하고 다른 사람에게 돈을 빌려주고 그 대가로 이자를 받을 때, 혹은 은행에 저금을 하고 이자를 받을 때 이자율이라는 말을 쓴다. 이 두 개념이 동일하다는 것은 조금만 생각해보면 알 수 있다. 어음시장에서 어음을 사는 사람들도 일종의 대부업자다. 어음을 담보로 삼아 돈을 빌려준 후에 어음 만기일에 빌려준 돈에 이자를 더해 받는 것으로 볼 수 있기 때문이다. 이들이 받는 이자의 크기는 정확히 할인율과 동일하다.

사소한 차이가 하나 있기는 하다. 백화점 세일 기간 중에 '10퍼센트 디스카운트'라는 표시가 있으면 이는 100만 원짜리 물건의 가격을 10퍼센트 깎아 90만 원에 판다는 뜻이다. 마찬가지로 할인율이 10퍼센트라는 말은 만기일에 100만 원을 지급하는 어음을 지금 90만 원 받고 팔 수 있다는 뜻이다. 그러니까 미래 가치에 0.9를 곱하면 현재 가치를 얻을 수 있다. 반면에 은행에서 이자율이 10퍼센트라고 하는 것은 90만 원을 저금하면 나중에 100만 원을 돌려준다는 뜻이 아니다. 이자율이 10퍼센트라면 90만 원의 10퍼센트인 9만 원을 이자로 더해 나중에 99만 원을 돌려준다는 뜻이다. 즉 할인율 10퍼센트는 미래 가치, 즉 만기에 받게 되는 액수에 곱해지고, 이자율 10퍼센트는 현재 가치, 즉 지금의 예금액에 곱해지게 된다. 그러므로 할인율 10퍼센트와 이자율 10퍼센트가 완전히 같지는 않은 것이다. 90만 원을 예금해 100만 원을 돌려받으려면 이자율이 11.11퍼센트가 되어야 한다. 즉 할인율 10퍼센트는 이자율 11.11퍼센트와 동일하다고 할 수 있다.

그런데 할인율과 이자율 사이의 이 같은 차이는 사소한 문제다. 계산을 어떻게 하느냐의 차이지, 개념의 차이가 아니기 때문이다. 경우에 따라서는 할인율을 이자율처럼 계산하기도 하고, 이자율을 할인율처럼 계산하기도 한다. 그렇기 때문에 할인율과 이자율은 동일한 것이라고 보아도 무방하다.

다시 사망 보상금에 대한 이야기로 돌아가보자. 할인율, 혹은 이자율을 이용하면 미래 소득으로부터 사망 보상금을 결정할 수 있다. 향후 5년 동안 해마다 10억 원의 소득을 받을 예정이었다면 각 10억 원에 적절한 할인율을 적용하면 된다. 할인율이 10퍼센트라면 1년 후에 받을 10억 원의 현재 가치는 9억 원(10억×0.9)이 된다. 2년 후에 받을 10억 원의 현재 가치는 8억1천만 원(10억×0.9×0.9)이 된다. 2년 후에 받을 돈이니 두 번 할인해야 하니까 0.9를 두 번 곱한 것이다. 마찬가지로 3년 후에 받을 10억 원의 현재 가치는 7억2천9백만 원(10억×0.9×0.9×0.9)이 되고, 4년 후에 받을 10억 원의 현재 가치는 6억5천6백1십만 원(10억×0.9×0.9×0.9×0.9)이 된다. 마지막으로 5년 후에 받을 10억 원의 현재 가치는 5억9천4십9만 원(10억×0.9×0.9×0.9×0.9)이 된다. 이렇게 계산된 액수를 다 더하면 5년 동안 받게 될 10억 원의 현재 가치가 나오는데, 그 금액은 36억8천5백5십9만 원이다. 할인을 하지 않고 단순히 더했을 때 얻는 50억 원과는 큰 차이가 있다.

할인율이 10퍼센트만 되어도 미래 가치는 현재 가치와 큰 차이가 난다. 5년 후에 받을 10억 원의 현재 가치는 6억 원이 조금 안 된다고 했는데, 10년 후에 받을 10억 원의 현재 가치는 3억 원이 조금 넘고, 50년 후에 받을 10억 원의 현재 가치는 515만 원, 100년 후에 받을 10억 원의 현재 가치는 2만 6천 원에 불과하다. 할인율을 장기간에 걸쳐 적용할 때 현재 가치와 미래 가치가 크게 차이 나는 현상을 '복리의 효과'라고 한다. 복리란 말 그대로 할인율을 여러 번 적용하는 것을 말한다. 사망 보상금을 계산했을 때 의외로 낮은 액수가 나오는 것은 복리의 효과 때문이다.

복리의 효과는 반대 방향으로도 작용한다. 이자율이 10퍼센트일 때 지금 3만 원이 안 되는 돈을 저금하면 100년 후에는 이 돈이 10억 원으로 불어난다는 말이다. 10억 원이라는 돈이 큰돈처럼 보이지만 이렇게 계산해보면 별것 아니라고 할 수도 있다. 혹은 별것 아닌 액수의 돈도 오랫동안 저금해두면 아주 큰돈이 된다고 생각하는 것이 더 실용적일 수 있겠다. 복리의 효과를 강조하기 위해 흔히 드는 예가 사소해 보이는 커피 값을 아꼈을 때 얼마나 큰돈이 되는가이다. 6천 원짜리 자바 칩 그란데 프라푸치노를 이틀에 한 번씩 사 마시던 사람이 이 돈을 모두 저금하기 시작하면 얼마나 많은 돈을 모을 수 있을까? 이자율이 10퍼센트이고 저축 기간이 10년이라면 총액은 1천8백만 원 정도가 된다. 큰 액수이긴 하지만 놀랄 만한 정도는 아니다. 하지만 저축 기간을 다섯 배로 늘려 50년으로 잡으면 저축 기간이 끝날 무렵의 총액은 16억 원으로 늘어난다. 저축 기간은 5배 늘었는데 총액은 100배 가까이 늘어나는 셈이다. 복리의 효과는 그만큼 대단하다.

돈의 시간가치와 복리의 효과를 생각하면 작은 액수로라도 꾸준히 저축하는 것이 현명한 이유는 분명하다. 그렇다고 미래 가치만 생각해 현재 소비를 모두 없애버린다면 이는 아주 현명한 선택은 아닐 테지만 말이다.

돈의 액수와 개인의 만족감은 비례하는가

기대효용 이론 ;

어떤 복권을 구매했을 때 이로부터 얻게 되는 수익이 특정한 확률분포를 가지고 있다면 이 복권이 구매자에게 가져다 주는 효용은 각 수익 금액으로부터 얻는 효용의 기댓값과 같아진다는 이론이다. 사람들의 위험 회피 경향을 잘 설명하는 이론이다.

프랑스에서 두 번째로 큰 은행인 소씨에떼 제네랄에는 조용하고 내성적인 성격의 제롬 케르비엘이라는 트레이더가 있었다. 주변 사람들로부터 큰 관심을 끄는 타입이 아니었던 그는 초기에는 증권 거래가 제대로 체결되었는지를 확인하고 거래 내용을 장부에 기록하는 업무를 주로 다루는 부서인 미드 오피스에서 업무를 시작했다. 그러다가 상사들이 컴퓨터 조작 능력도 뛰어나고 업무 수행도 열심히 하는 그를 인정하면서 증권을 사고파는 업무를 다루는 부서인 프런트 오피스로 옮기게 되었다. 트레이더로 업무를 시작한 케르비엘은 자신의 진짜 능력을 보여주고 싶었다. 은행이 큰돈을 벌 수 있게 하고 그 대가로 큰 보너스를 받고 싶어했다.

그는 주식 투자를 동전 던지기와 유사하다고 생각했다. 동전을 한 번 던졌을 때 앞면이 나올지 뒷면이 나올지 알 수 없듯이, 주식을 샀을 때 주가가 오를지 내릴지는 알 수가 없다. 하지만 동전을 여러 번 던지다 보면 언젠가는 앞면이 나오리라는 것을 예측할 수 있듯이, 주식도 마찬가지다. 매일같이 주식을 사다 보면 어느 날인가는 주가가 오르는 날이 있으리라는 것은 말할 수 있다. 그 점을 이용해 돈을 벌 수 있는 방법은 없을까?

주 식 투 자 , 동 전 던 지 기 원 리 를 적 용 하 다

캐르비엘은 그러한 아이디어에 기초해 주식 거래법을 생각해냈다. 우선 주식을 한 종목 고른다. 첫날, 이 주식을 한 주 산다. 둘째 날, 주가가 오르면 주식 매각으로 이익을 실현하고 투자를 종료한다. 만약 주가가 오르지 않으면 같은 주식을 두 주 더 산다. 그러면 총 보유 주식은 세 주로 늘어나게 된다. 셋째 날부터는 매일 동일한 과정을 밟는다. 주가가 오르면 보유 주식을 모두 매각, 이익을 실현하고 투자를 종료한다. 만약 주가가 오르지 않으면 같은 주식을 더 사들이되, 기존 보유 주식 수의 두 배를 사들인다. 셋째 날에는 기존 보유 주식이 세 주니까, 여섯 주를 더 사들여야 한다. 총 보유 주식 수는 아홉 주로 늘어난다. 넷째 날 역시 마찬가지다. 주가가 올랐으면 보유 주식을 모두 매각, 이익을 실현하고 투자를 종료하고, 주가가 오르지 않았으면 보유 주식 수를 다시 두 배로 늘린다.

이 방식대로 투자를 하다 보면 언젠가는 이익을 낼 수 있을 것이다. 언젠가는 주가가 오르는 날이 있을 것이기 때문이다. 이 투자법의 핵심은 투자를 유지하는 한 매일 보유 주식 수를 두 배로 늘려야 한다는 점이다. 이는 기존의 손실을 한 번에 만회하고 이익을 남기기 위해서다. 보유 주식 수를 늘리지 않으면 다음 날 주가가 오르더라도 기존의 손실 중 일부를 만회하는 데 그칠 수 있고, 그러면 모든 투자를 청산하더라도 이익이 나지 않을 수 있기 때문이다. 주가가 오르기만 하면 이익이 생길 수 있도록 보유 주식 수를 조정해가는 것이 이 투자법의 핵심인 것이다.

예를 들어 생각해보자. 7월 1일에 ABC 주식회사의 주식 한 주를 1,000원에 샀다고 하자. 하루가 지난 7월 2일 주가가 900원으로 떨어진다. 그럼 한 주에 900원을 내고 두 주를 더 사들인다. 하루가 더 지난 7월 3일 주가가 800원으로 다시 떨어진다. 그럼 한 주에 800원을 내고 세 주를 더 사들인다. 그다음 날 7월 4일 주가가 900원으로 다시 오른다. 이번에는 보유 주식을 모두 처분한다. 그럼 7월 1일에 샀던 한 주에서는 100원을 손해보고, 7월 2일 샀던 두 주에서는 손해도 이익도 안 생기고, 7월 3일 샀던 세 주에서는 300원의 이익을 보아, 다 더하면 200원의 이익을 갖게 된다. 보유 주식 수를 계속 두 배로 늘렸기 때문에 그동안 축적된 손해를 다 보상하고도 이익이 남게 되는 것이다.

케르비엘은 2007년경부터 이 방법으로 유럽의 주식들을 거래하기 시작하여, 한때 2조 원이 넘는 이익을 만들어냈다고 한다. 큰 이익을 내자 자신감을 얻은 케르비엘은 거래 액수를 더 높여 천문학적인 액수의 주식을 거래하기 시작했다. 그러나 2008년 1월, 마침내 '심판의 날'이 찾아왔다. 시장은 계속 케르비엘의 거래와 반대 방향으로 움직였고, 케르비엘은 사고팔기를 계속할 수 없는 상황에 처했다. 계속해서 액수를 두 배로 늘리다 보니 거래의 규모가 너무 커졌고, 거래를 계속하기 위해서는 수십조 원의 돈이 필요하게 됐다. 투기를 계속하도록 수십조 원을 빌려줄 은행은 없다. 케르비엘은 상사의 감시를 피해 주식을 거래하고 있었는데 거래 규모가 너무 커지자 거래 사실을 더 이상 숨길 수 없게 되었다. 케르비엘이 엄청난 손실을 만들어냈다는 걸 알게 된 소씨에떼 제네랄은 케르비엘을 해직시켰을 뿐만 아니라 허가 받지 않은 거래를 했다고 경찰에 고소했다.

뻬쩨르부르그 패러독스란 무엇인가

케르비엘이 따른 거래 전략은 경제학에 나오는 뻬쩨르부르그 패러독스라는 문제와 관련이 있다. 18세기 스위스의 수학자이자 경제학자인 다니엘 베르누이(1700-1782)가 러시아의 뻬쩨르부르그에서 연구하던 문제여서 붙은 이름이다. 18세기 스위스 바젤의 베르누이가※에는 천재 수학자들이 여러 명 있었는데, 다니엘 베르누이도 이 중 한 명이었다. 바젤 대학에서 수학과 의학을 공부한 다니엘은 1725년, 러시아의 쌍뜨 뻬쩨르부르그 대학으로 초청을 받았다. 당시 러시아는 뾰뜨르 1세가 짜르가 되어 강력한 근대화를 추진하던 때였고, 이 같은 근대화 노력의 상징으로 쌍뜨 뻬쩨르부르그 대학은 유럽 각국에서 교수들을 초빙해 선진 문물을 러시아에 퍼뜨리는 역할을 수행했다. 다니엘이 이 대학으로 초청을 받은 것도 이 같은 프로그램의 일환이었다.

뻬쩨르부르그 대학에 머물던 어느 날 사촌형 니콜라스 베르누이에게 편지를 받았다. 스위스 바젤 대학의 수학 교수였던 니콜라스가 몇 년 동안 매달리다가 풀지 못한 문제를 사촌인 다니엘에게 물어보기 위해 편지를 쓴 것이었다. 니콜라스가 다니엘에게 물어본 문제는 다음과 같은 것이었다.

피터와 폴이 동전 던지기를 한다. 피터는 동전의 앞면이 위로 보일 때까지 계속 동전을 던지고, 동전을 던지는 횟수에 따라 폴은 피터에게 일정 금액을 주기로 한다. 만약 첫 번째 던지기에서 윗면이 나오면 금화 1개를 준다. 두 번 만에 윗면이 나오면 금화 2개를 주고, 세 번 만에 윗면이 나오면 금화 4개를 준다. 동전을 던지는 횟수가 한 번씩 늘어날 때마다 폴이 피터에게 주는 돈의 액수는 두 배로 커지게 된다. 네 번 만에 윗면이 나오면 금화 8개를 주고, 다섯 번 만에 윗면이 나오면 금화 16개를 주는 식이다. 이 같은 동전 던지기로부터 피터가 얻는 가치를 돈으로 환산하면 얼마일까?

언뜻 생각하면 별로 어렵지 않은 문제이다. 피터가 폴에게서 받을 수 있는 돈의 액수에 확률을 곱해주면 기댓값을 구할 수 있다. 동전을 한 번 던졌을 때 앞면이 나오면 금화 1개를 받는데, 이 확률은 2분의 1이다. 첫 번째는 뒷면이 나오고 두 번째에 앞면이 나오면 금화 2개를 받는데, 이 확률은 4분의 1이다. 첫 번째에 뒷면이 나올 확률에 두 번째에 앞면이 나올 확률을 곱하면 얻어지는 수치다. 같은 방식으로 계산하면 세 번 만에 앞면이 나와서 금화 4개를 받을 확률은 8분의 1이고, 네 번 만에 앞면이 나와서 금화 8개를 받을 확률은 16분의 1이다. 액수에 확률을 곱해 더하면 다음과 같다.

$$1 \times \frac{1}{2} + 2 \times \frac{1}{4} + 4 \times \frac{1}{8} + 8 \times \frac{1}{16} + \cdots = \frac{1}{2} + \frac{1}{2} + \frac{1}{2} + \frac{1}{2} + \cdots$$

2분의 1을 무한히 더해 나가면 무한히 큰 숫자를 얻게 되는데, 수학자들은 이를 무한대라고 부른다. 그러니까 피터가 폴에게서 받는 돈의 기댓값은 무한대라고 할 수 있다.

그런데 이렇게 단순한 문제를 바젤 대학의 수학 교수인 니콜라스가 풀지 못하고 수 년 동안 매달렸던 이유는 무엇일까? 수학만 가지고 따지면 피터가 받는 돈의 기댓값이 무한대임은 틀리지 않는다. 하지만 피터가 이 동전 던지기를 무한히 가치 있는 것으로 생각할 리는 없다. 이렇게 생각해보자. 피터에게 이 동전 던지기를 할지, 아니면 금화 100개를 받을지 물어본다면 피터는 뭐라고 답할까? 당연히 금화 100개를 받는다고 할 것이다. 여러분이라면 어떤 선택을 할 것인가? 대부분의 사람들은 이 동전 던지기에 참여하는 대신 금화 100개를 그냥 받는 것을 선택할 것이다. 이 말은 동전 던지기의 가치가 금화 100개보다 못 하다는 말이다.

동전 던지기에서 받게 되는 돈의 기댓값은 분명 무한대인데, 동전 던지기의 가치가 금화 100개보다 못 한 것은 왜일까? 니콜라스는 이 문제에 수 년 동안 매달려보았지만 풀 수 없었다. 책을 덮고 잠시 생각해보아도 좋을 것이다. 18세기의 수학 천재들이 몇 년씩 못 풀었던 문제이지만 어쩌면 21세기를 살아가는 현대인들은 몇 분 만에 답을 찾아낼 수 있을지도 모른다. 21세기를 살아가는 현대인들은 18세기의 수학자들보다 경제적 마인드가 훨씬 더 발달되어 있으니 말이다.

러시아 뻬쩨르부르그 대학에 머물던 다니엘은 이 문제를 두고 고민을 거듭하다 마침내 답을 얻었다. 오랫동안 풀지 못하던 문제를 마침내 풀게 됐을 때의 기쁨은 이루 말할 수 없었을 것이다. 다니엘이 니콜라스보다 더 똑똑하거나 수학을 더 잘한 것은 아니다. 그럼에도 니콜라스가 풀지 못한 문제를 다니엘이 풀어낸 것은 다니엘이 보다 창의적으로 생각했기 때문이다.

기대효용, 만족감의 크기를 수치화할 수 있을까

다니엘의 답은 사람들이 돈으로부터 얻는 만족감의 크기가 돈의 액수와 동일한 것은 아니라는 생각에 바탕하고 있다. 수학자들은 피터가 받게 되는 돈의 액수를 동전 던지기의 가치로 생각하지만, 현실 속 사람들은 피터가 돈으로부터 얻게 되는 개인적 만족감을 동전 던지기의 가치로 생각한다는 것이다. 만 원의 돈에서 얻게 되는 만족감이 꼭 만 원과 같다고 볼 수 없다는 말이다.

돈으로부터 얻게 되는 만족감은 돈의 액수와 비례하지 않는다. 금화 100개는 금화 10개보다 더 큰 만족감을 준다. 하지만 금화 100개로부터 얻는 만족감이 정확히 금화 10개로부터 얻는 만족감의 10배가 되는 것은 아니다. 금화가 10배로 늘어날 때 만족감은 10배보다 적게 늘어나는 것이 보통이다. 예를 들어 만족감의 크기가 돈의 액수에 제곱근을 취한 것과 같다면 이런 상황이 될 것이다. 그러면 금화 10개에서 얻는 만족감의 크

이번엔
꼭!
될거야!
1등 당첨 확률은 8145060…
복권
짝
꽉

기는 $\sqrt{10}=3.16$이 될 것이고 금화 100개에서 얻는 만족감의 크기는 $\sqrt{100}=10$이 된다. 금화가 10배로 늘어났지만 만족감의 크기는 3배 정도 늘어난 것이다.

만족감의 크기가 돈의 액수에 제곱근을 취한 것과 같다는 가정하에 동전 던지기로부터 얻는 만족감의 크기를 계산해보자. 앞서의 기댓값 계산에서 돈의 액수에 확률을 곱했듯이, 이번에는 만족감의 크기에 확률을 곱하면 된다. 그러니까 금화 1개를 얻을 때의 만족감에 그 확률을 곱하고, 금화 2개를 얻을 때의 만족감에 그 확률을 곱하는 식이다.

$$\sqrt{1}\times\frac{1}{2}+\sqrt{2}\times\frac{1}{4}+\sqrt{4}\times\frac{1}{8}+\sqrt{8}\times\frac{1}{16}+\cdots\approx\sqrt{2.9142}$$

그렇게 계산해보면 동전 던지기에서 얻는 만족감의 크기는 $\sqrt{2.9}$ 정도가 되는데, 이는 금화 2.9개에서 얻는 만족감과 같은 크기다. 이로부터 동전 던지기의 가치는 금화 2.9개 정도에 불과하다는 결론을 얻게 된다. 지금 생각해보면 별거 아닌 것 같지만 아마도 18세기 초에는 생각해내기 힘들었던 계산이었나 보다. 이후 이 문제는 여러 경제학자들에 의해 언급되었고, 쌍뜨 뻬쩨르부르그 패러독스라 불리기 시작했다.

경제학자들은 만족감의 크기를 숫자로 표현한 것을 효용이라고 부른다. 효용이라는 개념을 처음 접하게 되었을 때는 누구나 다소 당황하게 된다. 만족감의 크기를 숫자로 표현할 수 있다는 생각 자체가 다소 황당하게 느껴질 수도 있기 때문이다. 나는 오늘 기분이 좋지 않은데 그 정도를 숫자로 표현할 수 있을까? 나의 오늘 기분은 −10이라고 해야 할까? 아니면 기분이 정말 나쁘니까 −100이라고 해야 할까? 기분이 좋을 때는 1,000이라고 해야 할까, 아니면 10,000이라고 해야 할까?

효용이라는 말이 처음 소개되었을 때 많은 사람들이 경제학자들을 비웃었다고 한다. 당연한 반응이다. '만족감을 숫자로 표현한다니 세상에 이런 황당한 말이 어디 있나'라고 했을 것이다. 그러나 일부 경제학자들은 몇 년만 지나면 효용을 과학적으로 예측하는 것이 가능해질 것이라고 주장했다. 체온계를 겨드랑이에 끼면 체온이 측정되듯 '효용계'라는 것이 만들어져 사람들의 만족도를 그때그때 측정할 수 있게 될 것이라는 주장이었다.

느낌의 계량화는 가능한가

실제로 온도라는 개념이 처음 소개되었을 때 많은 사람들은 이를 황당한 개념으로 치부했다고 한다. 뜨겁다, 차갑다는 각 개인의 주관적 느낌일 뿐이지 이를 과학적으로, 객관적으로 측정한다는 것은 말이 안 된다는 생각에서였다. 하지만 온도계가 개발되고 객관적인 온도 측정이 가능해지면서 이 같은 태도는 사라지게 되었다. 그러니까 효용에 대해서도 처음에는 사람들이 받아들이기 힘들어하지만 결국 효용계라는 것이 개발될 것이고 그러면 효용도 온도와 같은 과학적 개념으로 정립될 것이라는 입장이 일부 경제학자들의 생각이었다.

그런데 효용이 온도와 같은 과학적 지위를 얻을 것이라는 생각은 얼마 못 가 사라졌다. 온도가 0도 이하로 떨어지면 물이 얼음이 되고 100도 이상으로 올라가면 물이 수증기로 변하지만, 효용은 아무리 오르고 내려도 자연현상에 영향을 미치지 않는다. 효용을 객관적으로 측정한다는 것은 불가능하다.

그렇다면 효용이라는 개념이 여전히 쓸모가 있을까? 그것은 앞서 동전 던지기에 대한 분석이 보여준다. 효용이라는 개념을 생각하지 않는다면 동전 던지기의 기댓값이 무한대인데도 사람들이 동전 던지기보다 금화 100개를 선호하는 상황을 설명하는 것이 매우 어렵다.

금화 100개로부터 얻는 만족감이 동전 던지기로부터 얻는 만족감보다 큰 것은 사람들의 효용이 특정한 방식으로 결정되기 때문이다. 돈의 액수가 커지면 효용이 커지지만 돈의 액수가 증가함에 따라 효용이 증가하는 속도는 점점 작아지는데, 경제학자들은 이를 두고 '효용이 볼록하다'고 한다. 돈의 액수가 증가함에 따라 효용이 어떤 수준을 보이는지를

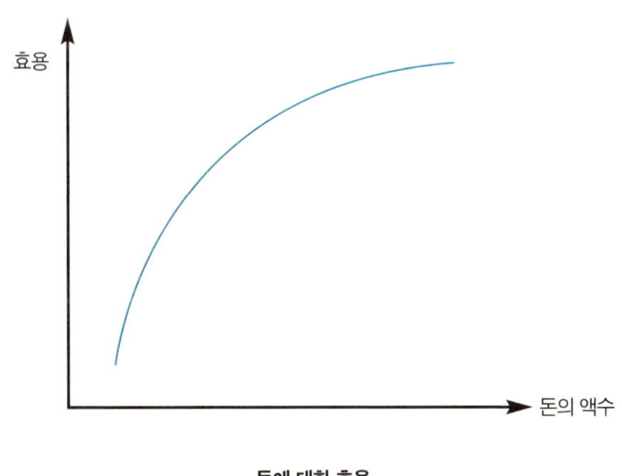

돈에 대한 효용

곡선으로 그렸을 때 이 곡선이 볼록한 모양을 가지고 있기 때문이다.

동전 던지기로부터 얻는 만족감을 구하려면 동전 던지기에서 받게 되는 각 상금에 대한 만족감을 구하고 이 값들의 평균을 내면 된다. 만족감을 효용이라고 부르고, 각 가능성의 평균값을 기댓값이라고도 부른다. 동전 던지기와 같이 결과가 불확실한 상황에서 만족감을 정하기 위해서는 효용의 기댓값을 구하면 된다는 이론을 기대효용 이론이라고 한다. 기대효용의 개념은 베르누이가 생각해냈지만 여기에 내용을 더하고 용어를 확립한 것은 헝가리 출신 미국 수학자 존 폰 노이만(1903~1957)과 독일 출신 미국 경제학자 오스카 모겐스턴(1902~1977)이다.

기대효용 이론은 현대 경제학, 특히 미시경제학의 가장 기본이 되는 이론이다. 동전 던지기, 복권 등과 같이 결과에 불확실성이 존재하는 경우, 사람들이 어떻게 가치를 매기고 선택을 하는지에 대한 경제학의 답은 기대효용 이론에 바탕하고 있다. 여러 가능성이 존재하는 경우, 각각의 가능성하에서 얻게 되는 효용을 계산하고 이 효용들의 기댓값을 구하면 불확실한 상황을 평가할 수 있다는 것이 경제학의 관점이다.

나이 들면
주식 투자 비중을 줄여야 할까

대수의 법칙 ;

표본의 크기가 커짐에 따라 표본평균이 모평균에 근접해가는 현상을 말한다. 동전 던지기에서 시행 횟수가 커질수록 앞면이 나오는 비율이 2분의 1에 가까워지는 것이 한 예다.

20세기 가장 영향력 있는 경제학자 중 한 명으로 폴 새뮤얼슨(1915~2009)을 꼽을 수 있다. 새뮤얼슨은 시카고 대학과 하버드 대학에서 공부를 한 후 1940년부터 MIT 대학의 경제학 교수로 재직하며 경제학의 다양한 문제에 대한 논문과 책을 써냈다. 경제 이론뿐 아니라 경제정책에도 관심이 많았고 우리나라 언론에도 기고문을 내곤 했다. 새뮤얼슨 교수가 쓴 『경제학개론』 교과서는 100만 권이 넘게 팔린 세계적 베스트셀러인데 1990년대까지 우리나라의 많은 대학에서도 이 책으로 경제학 개론을 가르쳤다.

다양한 관심사로 왕성한 저술활동을 했던 새뮤엘슨 교수는 1970년 노벨 경제학상을 수상했다. 전 세계적으로 두 번째, 미국에서는 첫 번째 노벨 경제학상 수상자인 그의 수상 사유는 특이하다. 특정 이론을 개발한 공헌을 인정받아 상을 받은 다른 수상자들에 반해 그의 경우는 경제학의 수리적 분석의 수준을 한 차원 끌어올린 것에 대한 공로 및 경제학에 대한 다양한 공헌을 인정받아 수상자로 선정된 것이다.

새뮤얼슨은 고등학교 때부터 주식 투자에 관심을 가지기 시작했다고 한다. 그가 고등학교를 다녔던 1920년대에는 미국의 주가가 한창 오를 때였다. 한번은 수학 선생님에게 어떤 주식을 사야 할지에 대해 자신의 의견을 말해주었는데, 선생님은 그가 지정해준 주식을 사 꽤 많은 돈을 벌었다고 한다. 하지만 정작 경제학자가 되고 난 이후 새뮤얼슨 자신은 주식 투자로 큰돈을 벌었던 것으로 보이지는 않는다. 그는 교수의 월급으로 아들 넷에 딸 둘 그리고 전업주부인 아내까지 일곱 명이나 되는 대가족을 부양하기가 너무 어려웠기 때문에 수입을 보충하기 위해 『경제학개론』 교과서를 쓰게 되었다는 말을 한 적이 있다.

새뮤얼슨은 주식 투자와 관련해 중요한 논문을 여러 편 저술했는데, 이 중 하나가 「위험과 불확실성—대수의 오류」라는 논문이다. 제목만 보면 현실과는 상관없는 난해한 논의일 것 같지만 사실은 그렇지 않다. 아주 현실적인 이야기를 담고 있는 논문이다. 투자 설계사, 보험 설계사, 주식 브로커, 그 외에 스스로를 투자 전문가라고 부르는 사람들이 말하는 '나이가 들수록 주식 투자를 줄이고 채권 투자를 늘려야 한다'는 주장이 틀렸다고 확신했고 이를 자세히 설명하기 위해 논문을 썼던 것이다.

투자법, 대수의 법칙과 어떤 관계를 가지는가

투자 전문가들은 흔히 100에서 당신의 나이를 빼고 남는 수만큼 주식에 투자하고 나머지를 채권에 투자하라는 제안을 한다. 이 같은 제안을 따른다면 나이가 20세인 경우 재산의 80퍼센트로 주식을 사고, 나머지 20퍼센트로는 채권을 사야 한다. 나이가 60세인 경우는 재산 포트폴리오의 40퍼센트를 주식으로 채우고 나머지 60퍼센트를 채권으로 채우면 된다. 그러니까 나이가 들수록 주식에 투자하는 비중을 줄이고 채권에 투자하는 비중을 올리라는 제안이다.

이 같은 제안을 하는 것은 주식이 상대적으로 위험도가 높은 자산이고 채권이 상대적으로 위험도가 낮은 자산이기 때문이다. 주가는 종종 크게 오르기도 하고 크게 떨어지기도 한다. 물론 주가가 크게 오르면 재산이 늘어 좋지만, 주가가 크게 떨어지면 재산의 가치도 크게 줄어들기 때문에 주식에 투자하는 것은 비교적 위험하다고 할 수 있다. 그렇다고 채권 가격이 떨어지지 않는다는 말은 아니다. 다만 주가가 크게 하락할 확률에 비해 채권 가격이 크게 하락할 확률은 낮은 편이어서 주식 가격에 비해 안정적이기 때문이다. 채권은 국가에서 발행한 국채와 회사에서 발행한 회사채 두 종류가 있는데 국채는 특히 위험도가 낮다. 국가에서 발행한 채권이므로 국가가 망하지 않는 한 가격이 크게 떨어질 위험은 없다.

나이가 들수록 주식과 같은 위험 자산을 피하고 국채와 같은 안전 자산을 보유하고 있는 것이 더 적절할 것이다. 젊었을 때는 투자로 손실을 입어도 만회하는 것이 가능하다. 시간이 지나면 투자 포트폴리오의 가치가 다시 회복될 수도 있을 테고, 아니면 더 열심히 일해 재산을 회복시킬 수도 있을 것이다. 하지만 은퇴 후에는 다른 소득 없이 투자 포트폴리오에서 나오는 소득으로만 살아가야 한다. 위험 자산에 투자했다가 손실을 입으면 이를 만회할 방법이 없다. 결국 투자 기간이 길면 위험 자산에 투자했다가 손실을 입어도 이를 만회할 기회가 있지만 투자 기간이 짧으면 그렇지 못하다는 것이다.

나이가 들수록 주식 투자 비중을 줄여야 한다는 생각은 주식이든 부동산이든 자산을 살 때 한두 종류가 아닌 여러 종류를 사두면 더 유리하다는 분산투자의 원리와 관계가 있다. 보통 계란을 하나의 바구니에 담아서는 안 된다는 말로 분산투자의 원리를 설명한다. 모든 계란을 한 바구니에 담아놓았다가 바구니를 떨어뜨리게 되면 가지고 있는 계란을 모두 못 쓰게 된다. 하지만 계란을 여러 바구니에 나누어 담아놓으면 바구니를 하나 떨어뜨려도 모든 계란을 잃는 것은 아니다. 마찬가지로 재산을 여러 가지 자산에 분산시켜놓으면 한두 가지 자산의 가격이 떨어지더라도 큰 재산 손실을 피할 수 있다.

그렇게 여러 종류의 자산에 돈을 분산시켜놓으면 더 안전해진다는 생각은 여러 해 동안 투자를 할 경우 단기간 투자할 때보다 더 안전해진다는 생각으로 발전했다. 한두 해에 실수로 재산 손실을 입더라도 여러 해 동안 투자를 하기 때문에 전체적으로는 큰 재산 손실을 피할 수 있으리라는 생각이다. 여러 개의 자산에 위험을 분산시키듯 여러 해에 위험을 분산시키는 것이다.

나이에 따른 투자법을 통계학에 나오는 대수의 법칙이라는 것과 연관지어 설명하기도 한다. 대수의 법칙이란 표본의 크기가 커지면 표본의 평균은 모집단의 평균에 수렴한다는 것인데, 이를 조금 풀어서 표현하자면 여러 개의 관측치를 평균 내어 값을 구하면 관측치 하나 하나에 있는 오차들이 서로 상쇄되어 이 평균값에는 오차가 남아 있지 않게 된다는 것이다. 그러니까 관측치를 여러 개 구해 평균을 내면 오차가 없는 정확한 값이 된다는 것이다.

주사위 던지기를 생각해보자. 주사위를 여러 번 던져서 나오는 숫자들의 평균을 내면 얼마가 될까? 1에서 6까지 각 숫자가 나올 확률이 동일하므로 이 숫자들을 다 더해 6으로 나누면 된다. 즉 3.5가 평균이 될 것이다. 주사위를 두 번, 세 번 던졌을 때 나오는 수의 평균이 3.5일 가능성은 높지 않다. 하지만 주사위를 천 번, 만 번 던졌을 때 나오는 수의 평균은 3.5에서 크게 벗어나지 않을 것이다. 아무리 작더라도 3.49보다 작을 가능성은 거의 없고, 또 아무리 크더라도 3.51보다 클 가능성은 거의 없다. 사실상 3.5가 된다고 볼 수 있는 것이다.

주사위를 한 번 던질 때 어떤 수가 나오는가는 '우연'에 의해 결정된다. 하지만 주사위를 여러 번 던지다 보면 이 우연의 요소는 상쇄되어 없어지게 된다. 처음 던졌을 때 보통보다 조금 높은 값이 나왔더라도 다음 번 던졌을 때 또다시 보통보다 높은 값이 나올 확률은 높지 않다. 그러니까 여러 번 던질수록 그 평균값은 '보통 값'에 다가간다. 그래서 아주 여러 번 던져 나오는 수를 평균 내면 우연에 전혀 영향을 받지 않고 보통 값에 수렴해가는 것이다. 이게 바로 대수의 법칙이다. 주사위를 몇 번 던졌는가가 바로 '표본의 크기'이고, 주사위를 던졌을 때 나온 수들의 평균은 바로 '표본의 평균'이다. 3.5는 '모집단의 평균'에 해당된다. 표본의 크기가 커지면 표본평균에서 오차가 제거되면서 표본평균이 모집단의 평균에 접근해가게 된다.

주식과 채권 가격의 움직임은 주사위 던지기와 크게 다르지 않다. 하루하루 주가가 어떻게 되는가, 채권의 가격이 어떻게 되는가는 주사위를 한 번 던질 때와 마찬가지로 우연에 달려 있다. 주가와 채권 가격은 이유 없이 오를 수도 내릴 수도 있다. 하지만 1년, 혹은 10년 동안의 주가, 채권 가격의 움직임을 생각해보면 이는 주사위를 여러 번 던지고 나온 값의 평균을 낸 것과 비슷하다. 우연에 의해 값이 결정되는 것이 아니고 우연과 관계없이 결정되는 '보통 값'에서 결정될 것이다. 이 보통 값이 주가의 경우에 더 높고 채권의 경우에는 더 낮다. 주식의 장기 평균 수익률이 채권의 장기 평균 수익률보다 높다라는 말이 뜻하는 바가 이것이다. 그러니까 투자 기간이 길어지면 주식에 투자하는 것이 더 유리하게 된다. 우연이 자신에게 불리하게 작용할지도 모른다고 걱정할 필요가 없이 장기 평균 수익률이 높은 주식에 투자할 수 있다는 것이다.

새뮤얼슨이 지적한 투자와 대수의 법칙의 관계

하지만 이 같은 설명은 틀렸다고 새뮤얼슨은 말한다. 투자 기간이 길면 초기 손실을 만회할 기회가 주어진다며 위험 자산에 투자해도 괜찮다는 설명은 '대수의 법칙'을 잘못 적용한 데서 나온 말이라는 것이다. 대수의 법칙은 평균값이 특정한 값에 수렴한다는 것인데, 투자자에게 중요한 것은 숫자들의 평균이 아니라 각 숫자들의 합이므로 대수의 법칙과 투자 수익은 큰 관계가 없다는 것이다. 10년간 연평균 수익률이 10퍼센트라고 할 때 투자자에게 중요한 것은 평균 수익률이 10퍼센트라는 점이 아니라 10년간의 총 수익률이 100퍼센트라는 것이다.

평균이 특정한 값에 수렴해간다고 하더라도 숫자들의 합은 특정한 값에 수렴해가지 않는다. 주사위의 경우 평균은 3.5에 수렴해가지만 나온 수의 합은 어떤 수에도 수렴해가지 않는다. 주사위를 열 번 던졌을 때 나온 수의 합은 10에서 60 사이에서 결정될 것이고, 주사위를 백 번 던지면 이 구간은 100에서 600으로 더 커지게 된다.

투자 기간이 길어 초기의 손실을 나중에 만회할 기회가 있다고 하더라도 위험 자산에 투자하는 것이 덜 위험해지는 것은 아니다. 처음에 손실을 입은 사람은 그렇지 않은 사람에 비해 나중에 다시 손실을 입을 확률이 낮다면 얘기가 달라질 수 있다. 그렇다면 투자 기간이 길어질수록 전체 투자 수익이 낮은 값을 가질 확률은 줄어들게 된다. 하지만 현실은 그렇지 않다. 처음에 손실을 입었다고 해서 나중에 다시 손실을 입을 확률에 변화가 생기는 것은 아니다. 그런 만큼 투자 기간이 길어진다고 위험이 줄어들 이유는 없다. 오히려 투자 기간이 길어지면 위험에 노출되어 있는 기간이 길어지는 것으로 보아야 한다.

곰곰이 생각해보면 새뮤엘슨의 설명을 이해하는 것이 어렵지 않다. 하지만 투자 전문가들은 새뮤엘슨의 설명이 마음에 들지 않았던 모양이다. 새뮤엘슨의 논문이 발표된 지 40년이 지난 오늘날에도 나이가 들면 주식 투자 비중을 줄여야 한다는 권고를 종종 듣게 된다. 어쩌면 새뮤엘슨이 투자로 큰돈을 벌지 못했다는 점 때문에 새뮤엘슨의 말을 무시하는 것인지도 모른다. 아니면 그냥 이론과 현실 사이에는 높은 벽이 남아 있다고 믿고 이론을 무시하기 때문인지도 모른다.

환율 차익으로 불황을 잊은 기모노 트레이더

구매력 평가설 ;

한 나라의 통화를 다른 나라의 통화로 교환하였을 때 구매력에 아무런 차이가 없어지도록 통화 간 교환 비율이 결정된다는 이론이다. 국가 간 활발한 교역이 이루어지는 재화에 대해서는 성립하지만 비교역재에 대해서는 잘 성립하지 않는다.

이자율 평가설 ;

두 나라의 실질 이자율이 동일해지도록 통화 간 교환 비율이 결정된다는 이론이다. 이자율이 높은 나라의 통화 가치는 시간이 흐를수록 떨어지고 이자율이 낮은 나라의 통화 가치는 시간이 흐를수록 높아질 것을 예측한다. 현실에 항상 들어맞지는 않는다.

우리나라의 통화정책을 책임지는 중요 기관인 한국은행의 직원에게는 여러 가지 혜택이 있다. 공기업이기 때문에 어느 정도 정년이 보장되고, 월급도 대기업만큼은 아니더라도 비교적 높은 수준이라고 한다. 그런데 한국은행 직원이 되면 조금 독특한 고충까지 떠안게 된다는 우스운 이야기도 있다. 어느 자리에서든 그들을 만나는 사람들 다수가 '환율이 어떻게 될까요?'라는 물음을 던진다는 것이다. 한국은행 직원이라고 해도 미래를 보여주는 수정 구슬을 지닌 것도 아니건만 장차 환율 변동이 어떻게 이루어질지 자신 있게 예측하여 말할 수 있겠는가.

환율과 일물일가의 법칙

그렇다고 한국은행이 환율을 마음대로 정하는 것도 아니지 않는가. 달러 가치가 너무 높다고 여겨질 때 달러를 팔고, 달러 가치가 너무 낮다고 여겨질 때 달러를 사들이기는 하지만 환율이 항상 한국은행의 뜻대로 움직여주지도 않는다. 한국은행이 많은 돈을 운용하고 있지만 다른 시장 참여자들을 모두 압도할 정도는 아니다. 오히려 수출입 기업, 해외 투자자, 은행, 그 외 외환시장의 몇몇 '큰손'들이 한국은행보다 더 많은 외환 거래를 하고 있기 때문에 그들이 어떻게 생각하고 있는가가 환율에 더 큰 영향을 끼친다.

시장 참여자들의 생각이 환율에 큰 영향을 준다고 했는데, 사실 시장 참여자들 사이에는 별 생각 없이 움직이는 경우도 많다. 외환시장 참여자들을 보면 타인의 생각에 대해 아주 관심이 많다. 다른 사람들의 생각에 따라 자신의 견해를 쉽게 바꾸기도 하고, 또 다른 사람들의 생각을 알아내기 전에는 자신의 의견조차 없는 경우도 많다. 그러다 보니 서로 눈치만 볼 뿐 어느 누구도 먼저 '가격이 이렇게 되어야 한다'라고 말하지 않는 것이다. 시장에는 눈치꾼들만 있고 주관과 소신이 뚜렷한 사람은 별로 없다고 할 수도 있다.

이러한 시장 심리가 '큰손'도 아닌 한국은행이 외환시장에 영향을 미칠 수 있도록 만들어주는 것이라고 본다. 눈치만 살피며 나서는 이가 없는 외환시장에서 만약 누군가 '지금 달러의 가격이 너무 높다'라고 크게 외치면 타인의 눈치를 살피던 사람들이 '아, 다른 사람들은 지금 달러의 가격이 너무 높다고 생각하고 있었구나'라고 결론을 짓고 달러화를 팔기 시작할 것이고, 그러면 달러의 가격은 곧 떨어질 것이다. 어쩌면 이때 외침의 소리를 낸 누군가가 한국은행일 수 있다. 외환시장의 동향을 설명하는 데 시장 심리가 중요하기는 하지만 그것만으로는 분명 역부족이다. 한국은행 총재가 매일 텔레비전에 나와 '지금 환율이 너무 높다'고 말한다고 환율이 매일 떨어질 리는 없기 때문이다. 1달러가 2,000원일 때 한국은행 총재가 텔레비전에 나와서 '지금 환율이 너무 높다'고 하면 환율이 떨어질 수도 있겠지만, 1달러가 500원일 때는 한국은행 총재가 뭐라 말하건 환율이 더 떨어지기는 힘들 것이다.

지난 20년간 원화 대 달러화 환율은 800원에서 2,000원 사이에 머물러 있었다. 외환 위기 때인 1990년대 후반을 빼면 환율은 대부분 800원에서 1,200원 사이에서 움직여왔다. 그렇다면 환율은 어째서 700원, 600원, 혹은 500원이 되지 않는 것일까? 시장 심리라는 다소 막연한 설명 이외에 보다 구체적인 설명은 없는 것일까?

시장 가격과 관련해 일물일가의 법칙이 이야기된다. 동일한 물건은 어디에서나 동일한 가격을 가져야 한다는 것이다. 이마트에서 사과 한 상자를 5만 원에 팔면 그 바로 옆에 있는 홈플러스에서 파는 사과 한 상자의 가격은 5만 원을 크게 벗어나지 않을 것이다. 사과의 질이 비슷하다면 말이다. 만약 그렇지 않고 어느 한편이 과다한 가격을 책정한다면 누가 그 사과를 사겠는가. 이것이 일물일가의 법칙이 성립하는 이유이다. 뉴욕 맨하튼의 32번가에 있는 코리아 타운에는 한국 식당들이 밀집되어 있다. 그러다 보니 음식 가격이 경쟁적으로 책정되어, 뉴욕 중심지 치고는 그다지 비싼 편이 아니다. 이곳에서 설렁탕 한 그릇 가격이 10달러를 조금 넘는데, 서울 시내 중심지 명동에서는 보통 만 원 조금 안 되는 가격에 판매되고 있다. 1달러를 천 원 조금 안 되게 계산했을 때 서울 명동의 설렁탕 값과 뉴욕 코리아 타운의 설렁탕 값이 비슷하다는 것을 알 수 있다. 설렁탕의 특성상 뉴욕 코리아 타운의 설렁탕과 서울 명동의 설렁탕이 품질에서 큰 격차가 생길 이유가 없다. 그러니 비슷한 품질의 설렁탕은 비슷한 가격을 가지고 있어야 한다는 일물일가의 법칙에 비추어 볼 때 적정 가격을 이룬 것이다.

물론 뉴욕 코리아 타운의 설렁탕 가격이 서울 명동의 설렁탕 가격에 비해 몇천 원 더 비싸다고 해서 몇천 원 싼 설렁탕을 먹기 위해 뉴욕에서 서울까지 14시간 넘게 비행기를 타고 올 사람은 없을 것이다. 다만 설렁탕을 먹으러 가는 횟수를 조금 줄이겠다는 심리적 작용을 일으킬 수는 있을 것이다. 하지만 설렁탕 값이 너무 비싸지면 아마 뉴욕 사람들은 설렁탕을 먹지 않고, 근처 일식당 초밥이나 혹은 이탈리아 파스타로 대체하여 식사를 할 수도 있을 것이다. 그러니까 뉴욕의 설렁탕 값이 서울의 설렁탕 값보다 조금 더 비쌀 수는 있겠지만 가격 차이를 크게 만들 수는 없을 것이다. 이렇게 봤을 때 원화의 대 달러 환율이 1,000원보다 크게 높아지거나 낮아질 수는 없다.

설렁탕을 예로 들어 일물일가의 법칙을 얘기했지만, 그것은 다른 모든 재화에도 적용된다. 뉴욕에서 파는 아이폰의 가격이 서울에서 파는 아이폰의 가격과 크게 다를 수 없고, 뉴욕에서 파는 현대자동차 소나타의 가격이 서울에서 파는 소나타의 가격과 크게 다를 수 없다. 실제 환율이 일물일가의 법칙에 의해 정해지는 환율에서 크게 벗어날 수 없는 것은 이 때문이다.

　이처럼 일물일가의 법칙에 의해 환율이 정해진다는 이론을 경제학에서는 구매력 평가平價설이라고 한다. 구매력은 화폐 한 단위로 물건을 얼마나 살 수 있는가를 나타낸다. 구매력 평가란 1달러로 살 수 있는 물건의 양과 1달러를 원화로 바꾸었을 때 이 돈으로 살 수 있는 물건의 양이 동일하다는, 즉 달러의 구매력과 원화의 구매력이 동등한 가치를 가진다는 말이다.

　만약 달러의 구매력과 원화의 구매력이 동일하지 않다면 두 가지 현상이 나타날 수 있다. 우선 한국과 미국을 오가는 사람들은 가격이 낮은 곳에서만 물건을 사려고 할 것이다. 달러의 구매력이 더 높다면 사람들은 미국에 있을 때만 물건을 사고 한국에 있을 때는 물건을 사지 않을 것이다. 아이폰의 가격이 미국에서 더 싸다면 한국과 미국을 오가는 사람은 아이폰을 미국에서만 사려고 할 것이다. 그리고 이런 사람들은 원화가 생길 때마다 달러를 사려 할 것이다. 그런데 이런 현상이 지속되다 보면 달러를 사려는 사람이나 혹은 사고자 하는 달러의 양이 더욱 늘어나게 될 것이고, 그 결과 달러의 가치도 높아지게 될 것이다. 달러의 가치가 높아지면 1달러를 원화로 바꾸었을 때 더 많은 원화를 받게 된다는 것이고, 그러면 1달러를 원화로 바꾸었을 때 구매할 수 있는 물건의 양도 늘어나게 된다. 즉 원화의 구매력이 커지는 것이다. 이런 상황이 지속되다 보면 결국 원화의 구매력과 달러의 구매력은 같아질 것이다. 구매력 평가가 회복되는 것이다.

　달러의 구매력과 원화의 구매력이 다를 때 나타나는 또 하나의 현상은 무역 회사들이 구매력이 높은 통화를 쓰는 곳에서 물건을 사다가 구매력이 낮은 곳에서 물건을 팔게 된다는 것이다. 청바지의 가격이 미국에서 더 싸다면 청바지를 미국에서 구매하여 한국에 팔려는 수입 무역업자가 늘어날 것이다. 청바지 값뿐 아니라 모든 물건의 값이 미국에서 더 싸다면 모든 무역 회사들이 미국에서 물건을 사 한국에 팔려고 할 것이다. 하지만 이런 무역업자들은 미국에서 물건을 구매하기 위해 원화를 달러로 바꾸어야만 한다. 그런데 달러를 사려는 사람이 이렇게 많아지다 보면 달러의 가치는 점점 더 오르게 되고 원화의 가치는 더욱 내리게 된다. 그러면 1달러를 원화로 바꾸는 입장에서는 더 많은 원화를 받을 수 있게 되고, 그 돈으로 한국에서 살 수 있는 물건이 더욱 많아진다. 결국 원화의 구매력이 점차 커져서 구매력 평가가 회복될 것이다.

단기간의 변동 환율, 이자율에 지배된다

하지만 구매력 평가설만 가지고 환율을 설명하기엔 한계가 있다. 1달러가 대략 1,000원 정도여야 한다고 말할 수는 있지만, 지금 이 순간의 환율이 왜 1,110원이 아니고 1,120원인지, 왜 1,199원은 아닌지를 구매력 평가설로 설명하기는 어렵다. 대략적인 가이드라인은 제시할 수 있어도 매일 변화하는 환율을 설명하기는 어렵다.

그렇다 보니 보다 단기간의 환율 변동을 설명하기 위해 경제학자들은 이자율 평가平價라는 개념을 쓰기도 한다. 구매력 평가가 어느 나라를 가든 물건 값이 동일해야 한다는 말이었던 데 반해, 이자율 평가는 어느 나라를 가든 이자율이 동일해야 한다는 말이다. 물론 환율 변동을 고려한 후의 이자율을 말하는 것이다.

이런 주장은 이자율이 무엇을 나타내는지를 생각하면 금세 이해할 수 있다. 남에게 돈을 빌려주었을 때 그 대가로 받는 돈이 이자다. 돈을 빌려주는 사람은 다른 조건이 동일하다면 더 많은 이자를 받는 것을 원한다. 잘 아는 친구에게 돈을 빌려주는 경우를 제외하면 말이다. 그러니까 한국에서보다 미국에서 이자를 더 많이 준다고 하면 누구나 미국에서 돈을 빌려주려 할 테고, 또 반대로 미국에서보다 한국에서 이자를 더 많이 준다고 하면 누구나 한국에서 돈을 빌려주려고 할 것이다.

한국의 이자율이 미국의 이자율보다 높을 때 어떤 일이 일어날지 생각해보자. 미국 사람이 한국에서 돈을 빌려주려면 우선 가지고 있는 돈을 한국의 화폐인 원화로 바꾸어야 한다. 이 때문에 달러를 원화로 바꾸려는 미국 사람들이 은행 앞에 줄을 길게 늘어설 것이다. 그러면 원화의 가치는 크게 오를 것이고, 1달러를 원화로 바꾸었을 때 받게 되는 액수는 크게 줄어들 것이다. 그러면 이 돈을 한국에서 누군가에게 빌려주었을 때 그 대가로 받게 되는 이자도 크게 줄어들 것이다. 결국 원화의 가치가 오르면서 미국인의 입장에서는 한국의 이자율이나 미국의 이자율이나 별 차이가 없게 된다.

한국의 이자율이 미국의 이자율보다 낮다면 반대의 일이 생긴다. 누구나 미국에서 돈을 빌려주려 하기 때문에 원화를 달러로 바꾸려 할 테고 그러면 원화의 가치가 내려가고 달러의 가치는 올라갈 것이다. 원화의 가치가 내려감에 따라 원화를 달러로 바꾸어 이자 소득을 올리려던 사람들에게 돌아가는 이익은 작아진다. 굳이 미국에서 돈을 빌려주어야 할 이유가 없어지는 것이다.

이런 과정을 통해 결국 환율을 고려했을 때의 이자율은 어느 나라나 동일하다는 것이 이자율 평가의 원리다. 이자율 평가가 유지되는 것은 이자율이 높은 나라의 통화는 점차 가치를 잃게 되고 이자율이 낮은 나라의 통화는 점차 가치가 증가하는 경향 때문이다. 이자율이 높은 나라의 통화 가치가 떨어져야 이 나라에서 돈을 빌려준 사람들의 수익이 다른 나라에서 돈을 빌려준 사람의 수익과 큰 차이가 없게 되기 때문이다.

실제 환율의 변화를 살펴보면 이자율 평가가 작용하는 것을 확인할 수 있다. 미국과 같은 선진국보다는 개발도상국에서 이자율이 더 높은 편이다. 빠르게 성장하는 국가에서 돈을 빌리려는 사람도 많고 또 돈을 투자했을 때 돌아오는 이익도 높다. 때문에 이런 나라에서 이자율이 높은 것은 당연하다. 이자율 평가를 따르자면 이렇게 이자율이 높은 개발도상국의 통화는 시간이 지나면서 점차 가치를 상실해야 한다. 실제 환율 변화를 보면 이 같은 패턴을 어느 정도 확인할 수 있다.

일본 기모노 투자자, 해외 채권으로 수익을 거두다

한동안 일본의 주부들이 외환 투기에 열을 올린 적이 있었다. 1990년대부터 일본은 저低성장기에 진입했고 이자율은 매우 낮은 수준에서 결정됐다. 돈은 많은데 돈을 빌리려는 사람은 없었기 때문이다. 일본의 주부들은 가계 저축으로 쌓인 돈을 어디에 투자해야 할지 몰랐다. 주식이 크게 오르는 것도 아니었고, 부동산 가격이 오르는 것도 아니었다. 그렇다고 은행에서 높은 이자를 주는 것도 아니었다. 그래서 결국 투자처로 찾아낸 것이 외국 정부가 발행한 채권을 사는 것이었다. 그러니까 일본 주부들이 외국 정부에 돈을 빌려주기 시작한 것이다. 일본 내 이자율이 워낙 낮다 보니 외국 정부에서 주는 얼마 안 되는 이자도 상대적으로는 높은 수익률이라고 생각했고, 또 여기에 덤으로 일본의 화폐인 엔화의 가치가 하락하면서 투자 수익은 더욱 높아졌다. 엔화의 가치가 하락한다는 것은 외국 화폐의 가치가 상승하는 것이고, 외국 국채를 팔고 받은 돈을 엔화로 바꾸었을 때 더 많은 엔화를 받게 된다는 것이다. 이 같은 거래에 워낙 많은 일본 주부들이 참여했기 때문에 일부에서는 이러한 거래를 하는 사람들을 기모노 트레이더라고 불렀다.

그런데 경제학자의 입장에서는 기모노 트레이더가 돈을 번다는 것이 다소 문제가 있는 현상이었다. 기모노 트레이더가 돈을 번다는 것은 이자율 평가의 원리가 작동하지 않는다는 것이기 때문이다. 이자율 평가를 따르면 이자율이 높은 나라에서 돈을 빌려준다고 해서 높은 수익을 올릴 수 없다. 이 나라 통화의 가치가 떨어져 빌려준 돈을 돌려받고 이를 자국 통화로 바꾸었을 때는 큰 이익을 남기지 못해야 한다. 하지만 기모노 트레이더의 경우 외국 국채를 팔고 받은 돈을 엔화로 바꾸었을 때 매우 큰 이익을 남겼다. 이자율 평가가 작동하지 않은 것이다.

한동안 왜 기모노 트레이더가 큰 이익을 남기는가의 문제가 경제학자들을 괴롭혀왔으나, 몇 해 전에 이 문제는 시원하게 해결되었다. 저절로 해결되었다고 해야 할 것이다. 2008년 국제 금융 위기를 전후해 엔화의 가치가 크게 오르기 시작했고, 그때까지 계속 기모노 트레이더를 따라 하던 사람들은 엄청난 손해를 입었다. 이자율 평가가 다시 작동하기 시작한 것이다. 엔화뿐 아니라 다른 통화도 이자율 평가가 예측하는 방향으로 움직이기 시작했다. 2000년대 초반부터 기모노 트레이더를 따라 하던 사람들은 5년 이상 벌었던 이익을 1, 2년 만에 다 날려버렸다. 물론 운이 좋았던 일부는 상황이 바뀌기 전에 빠져나갔겠지만 말이다. 경제학에서 말하는 이론이 현실과 부합하지 않는 듯이 보이기도 하지만, 그렇다고 경제학 이론을 완전히 무시하다가는 큰 코 다치는 수가 있다는 것을 보여주는 예라고 할 수 있다.

25

주가 변동은
단지 우연의 산물인가

주식 베타 ;

주식시장 전체의 수익률 변화에 개별 주식의 수익률이 얼마나 민감하게 반응하는가를 나타낸다. 베타는 주식의 위험도를 나타내는 척도로 쓰인다. 베타가 1보다 크면 평균보다 위험도가 높은 것이고 1보다 작으면 위험도가 평균보다 낮은 것으로 볼 수 있다.

1801년 영국에서는 호주 남부와 북부 해안을 조사하기 위한 탐험대가 결성되었다. 인베스티게이터라고 명명된 이 탐험대는 해군 장교 매슈 플린더스를 대장으로 하고, 로버트 브라운(1773~1858)이라는 젊은 식물학자가 대원으로 포함되었다.

브라운은 원래 의학을 공부했으나 군대 의무병 근무를 하게 된 뒤로 진로를 바꿔 식물학자의 길을 걸었다. 그는 호주를 탐험하는 2년 동안 수천 종의 식물을 수집하였고, 영국으로 돌아온 뒤로 수 년에 걸쳐 그 식물들을 조사하고 분류하는 데 집중하였다. 그 결과 알려지지 않았던 수천

종의 식물을 포함시킨 새로운 분류 체계를 만들었고 이를 책으로 출간하였다.

그러나 브라운이 후세에 유명세를 타게 된 분야는 탐험계도 식물학계도 아닌 조금은 엉뚱하게도 물리학계였다. 브라운은 식물의 수정 과정을 연구하였는데, 연구를 진행하던 어느 날 현미경을 통해 생각하지 못했던 현상을 발견하였다. 그저 물 위에 가만히 떠있는 줄만 알았던 꽃가루 알갱이들이 상하, 좌우로 빠르게 움직이며 진동운동을 하고 있는 것이었다. 처음에는 수컷 꽃가루 알갱이만 이런 운동을 한다고 생각했는데 다시 관찰해보니 암컷 꽃가루 알갱이도 마찬가지라는 것을 발견했다. 처음에는 '이게 살아 있음의 표현인가?'라는 생각도 했으나, 생명이 꺼진 지 오래된 꽃가루 알갱이들도 같은 양상을 보인다는 것을 알게 된 후 생각을 바꾸었다. 브라운은 꽃가루의 진동운동이 왜 일어나는가에 대해 끝내 이해하지는 못했지만 이 현상을 자세히 묘사해 기록으로 남겼다.

브라운이 유명해진 것은 이 기록을 읽은 다른 물리학자들에 의해서였다. 물리학자들은 꽃가루 알갱이뿐만 아니라 다른 미세 입자들도 진동운동을 한다는 것을 알게 되었다. 그리고 그러한 운동이 미세 입자의 일반적 특성임을 알고, 이 진동 양상을 브라운 운동이라고 이름 붙였다.

주가의 움직임, 브라운 운동처럼 방향성이 없다

브라운이 호주를 탐험하고 돌아온 지 거의 100년 지난 1905년, 독일의 물리학자 알버트 아인슈타인(1879~1955)은 과학사의 큰 획을 긋는 논문

세 편을 발표했는데, 그 가운데 브라운 운동을 수학적으로 묘사한 것이 있었다. 방향성 없이 진동운동을 하는 미세 입자가 시간의 흐름에 따라 일으키는 위치 변화를 수학적으로 표현한 것이다. 지금 A라는 지점에 있는 미세 입자가 5초 후에 어느 지점에 있을지 분명히 알 수 있는 방법은 없다. 하지만 이 미세 입자가 5초 후에 어디에 있을지를 확률적으로 표현할 수는 있다. B라는 지점에 있을 확률은 10퍼센트이고 C라는 지점에 있을 확률은 20퍼센트이다라는 식으로 말이다. 아인슈타인은 이처럼 확률적으로만 표현할 수 있는 미세 입자의 위치를 수식으로 나타내는 방법을 찾아낸 것이다.

브라운이나 아인슈타인이나 자신들의 연구가 나중에 경제학자들에 의해 주식 가격을 묘사하는 데 쓰이리라고는 상상도 못 했을 것이다. 브라운이나 아인슈타인이 주식 투자에 관심이 있었다는 말은 들어본 적이 없는데, 어쩌면 이 사람들은 주식이 무엇인지도 잘 몰랐을 수도 있다. 과학의 발전이 재미있는 것은 이래서가 아닐까?

브라운 운동을 주가 움직임과 결부시킨 사람은 1960년대 MIT 대학의 폴 새뮤얼슨(1915~2009) 교수에 의해서였다. 경제학자이지만 수학, 물리학, 생물학 등에 상당한 지식을 가지고 있었던 새뮤얼슨 교수는 브라운 운동 이론을 주식 가격에 적용할 수 있을지를 생각해보았다. 꽃가루 알갱이가 방향성 없는 진동운동을 하고, 다른 미세 입자들이 방향성 없는 진동운동을 하듯 주가도 방향성 없이 오르고 내리고를 반복하는 것이 아닐까 생각해본 것이다.

새뮤얼슨 교수는 혹시 다른 사람이 비슷한 생각을 했던 것은 아닌지 확인하기 위해 도서관을 뒤지다가 1900년에 루이 바실리에라는 프랑스 사람이 쓴 논문에서 자신의 생각과 같은 취지의 글을 발견했다고 한다. 반갑기도 하고 실망스럽기도 했을 것이다. 자신과 같은 생각을 가지고 있는 사람을 발견한다는 것은 반가운 일이다. 하지만 자신이 열심히 생각해 낸 것을 60여 년 전에 누군가가 이미 말해버렸다는 사실을 알고 실망스럽기도 했을 것이다. 한 가지 흥미로운 점은 바실리에의 논문이 아인슈타인의 유명한 논문보다 5년 앞섰다는 점이다. 하지만 아인슈타인은 20세기 최고의 물리학자로 세계에 이름을 떨친 반면 바실리에는 아무도 기억하지 못하는 무명의 경제학자였다. 새뮤얼슨 교수가 그의 논문을 발견하게 될 때까지 말이다.

주가의 브라운 운동은 주가가 무작위 운동random walk을 한다는 표현이기도 하다. 그것은 주가의 변동이 어떤 의도나 계획에 의해 결정되는 것이 아니라 그냥 우연에 의해 결정된다는 것이다.

주가가 무작위 운동을 할 때는 주식에 투자하여 큰돈을 버는 일이 매우 힘들어진다. 주가의 움직임을 예측하기가 불가능해지기 때문이다.

어떤 주식의 주가가 오를지 예측하기가 불가능하기 때문에 가격이 오를 주식만 골라 사는 것도 불가능해진다. 여러 개의 주식을 사면 이 중 몇 개는 가격이 오르겠지만 나머지는 가격이 떨어질 수 있다. 어쩌다 사놓은 주식 대부분의 가격이 오를 수도 있지만 이는 진짜 운이 좋은 경우이고, 그런 행운은 계속되지 않는다. 그렇기 때문에 주식 투자로 한두 번은 돈을 벌 수 있겠지만 계속해서 큰돈을 벌기란 힘들 것이다.

물론 주식 투자를 하면 평균적으로 이익이 0이 될 것이라는 말은 아니다. 평균적으로 어느 정도의 수익은 올리겠지만 짧은 시간 내에 큰 이익을 남기기 힘들다는 말이다. 그냥 남들이 버는 만큼만 벌 수 있는 것이지 계속해서 남들보다 더 큰 이익을 낼 수는 없다는 뜻이다.

윌리엄 샤프와 주식의 베타

주가가 방향성 없이 오르기도 하고 내리기도 한다는 새뮤얼슨 교수의 답은 어찌 생각해보면 주가의 오르고 내림을 설명할 수 없다는 말로 들릴 수도 있어 사람들에게 환영받지 못했다. 사람들은 새뮤얼슨 교수의 답이 맞고 틀리고를 떠나서, 형식적이지 않고 더 흥미로운 내용이 들어가 있는 답을 원했다.

이 같은 답은 미국 스탠퍼드 대학의 교수인 윌리엄 샤프에 의해 제시되었다. 샤프 교수는 주식의 베타라는 것을 구한 후 이 베타가 높은 주식은 장기적으로 주가가 많이 오르고 베타가 낮은 주식은 주가가 많이 오르지 못한다는 것을 보여주었다. 그리스 알파벳의 첫 번째 문자가 알파고 두 번째 문자가 베타다. 경제학자들은 수식을 쓸 때 제일 먼저 나오는 미지수를 알파라 부르고 그다음에 나오는 미지수를 베타라 부르는 버릇이 있는데, 샤프가 베타라고 부른 숫자도 식에서 두 번째 나오는 미지수이기 때문에 그런 이름을 가지게 된 것이다.

베타가 표시하는 것은 주식의 가격이 주식시장 전체의 움직임과 어떤 관계를 갖는가 하는 것이다. 주식시장 전체가 상승할 때 가격이 상승하고 주식시장 전체가 하락할 때 가격이 하락하는 주식이 있다면 이 주식은 높은 베타를 가지고 있는 것이다. 반대로 주식시장 전체가 오를 때 가격이 내리고 주식시장 전체가 내릴 때 가격이 오르는 주식이 있다면 이 주식은 낮은 베타를 가지고 있다. 그러니까 다른 주식들과 비슷하게 움직이면 베타가 높고 그렇지 않으면 베타가 낮은 것이다.

베타는 주식을 보유할 때의 위험을 나타내기도 하기 때문에 중요하다. 베타가 높은 주식을 생각해보자. 이 주식을 사면 주식시장이 상승장일 때는 수익을 많이 올릴 수 있지만 주식시장이 하락장일 때는 손해를 보게 된다. 하지만 그 반대가 오히려 더 투자자에게는 도움이 되지 않을까? 그러니까 상승장에서 손해를 보더라도 하락장에서 수익을 내는 것이 더 낫다고 볼 수 있다. 주식시장이 상승장일 때는 다른 주식에서 이익을 얻으니까 주식 한두 개가 조금 손해를 보더라도 크게 문제 되지 않는다. 하지만 주식시장이 하락장일 때는 다른 모든 주식이 손해를 보고 있기 때문에 한두 주식이라도 이익을 남기는 것이 의미가 있게 된다.

다시 말하면 돈이 정말 필요할 때 이익을 내는 주식이 정말 가치가 있는 것이지 돈이 별로 필요 없을 때만 이익을 내는 주식은 별 가치가 없다고 할 수 있다. 베타가 큰 주식은 주식시장이 상승장일 때만 이익을 내고 돈이 정말 필요한 하락장에서는 오히려 주가가 떨어지니 이는 위험한 주식이라고 할 수 있을 테고 투자자들은 이러한 주식을 피하려 할 것이다. 그러니 만약 투자자들이 이 주식을 보유하도록 하려면 더 큰 보상이 주어져야 한다. 이 때문에 베타가 높은 주식의 가격은 장기적으로 큰 폭으로 오르게 된다는 샤프 교수의 이론을 자본자산가격결정 이론Capital Asset Pricing Model이라고 부른다. 이 이론은 주식 가격과 관련하여 가장 기초가 되는 것이어서 주식시장을 공부할 때 제일 먼저 배우게 된다. 샤프 교수는 이 이론을 개발한 공로로 1990년 노벨 경제학상을 수상했다.

샤프 교수의 자본자산가격결정 이론은 현실 주가 움직임을 잘 설명하는 듯이 보였다. 미국 주식시장에서 거래되는 주식들의 베타 값을 구하고 또 이 주식들의 수익률을 계산해보았더니 베타 값이 큰 주식들의 수익률이 높고 베타 값이 낮은 주식들의 수익률이 낮은 것으로 나타났다. 반면 주식의 위험을 나타내는 다른 수치들과 수익률 사이에는 이런 관계를 찾아볼 수가 없었다. 그러니까 베타만 알고 있으면 주식의 위험도가 높은지 낮은지를 더 이상 걱정할 필요가 없는 듯 여겨졌다. 그렇게 이 이론은 중요하고도 기본적인 이론으로 자리를 잡게 되었다.

경제학 이론에도 생애 주기가 있다

하지만 자본자산결정 이론은 1980년대 이후 여러 방향으로부터 공격을 받았다. 우선 주식의 베타가 주식의 수익률과 별로 관계가 없다는 연구가 여러 곳에서 발표되었다. 이론의 예측과는 반대로 베타가 높은 주식의 수익률이 낮고 베타가 낮은 주식의 수익률이 높은 경우가 많다는 연구 결과가 보고되었다. 또 베타만 가지고는 주식의 위험을 제대로 논할 수 없다는 주장도 나타났다. 이론의 가정 하나하나에 대한 회의적 견해도 퍼져나갔다. 시장이 정말로 균형에 있는가, 시장 참여자들이 정보를 공유하고 있는가, 주가의 분포가 이론이 가정하는 그대로인가 등에 대한 물음이었다. 이런 배경하에 한때 학계에서는 베타의 죽음을 놓고 논쟁이 벌어지기도 했다.

세상에 완벽한 이론은 없다고 한다. 이론에도 일종의 생애 주기가 있어 태어나서 한동안은 성장을 하다가 어느 시점 이후부터는 쇠퇴기에 접어들어 결국 사망에 이르게 되는 것이다. 그렇다고 사망 선고를 받은 이론이 아주 쓸모가 없는 것은 아니다. 뉴턴 역학이 20세기 물리학에 의해 부정됐다고는 해도 아주 쓸모가 없어진 것은 아니듯이 말이다. 아주 쓸모가 없다면 고등학교 과학 시간에 배우지도 않았을 것이다. 샤프 교수의 이론도 현실 속 주가 변동을 설명하기에는 부족하다는 점에서 최신 이론으로서의 지위는 상실했지만, 아직 쓸모는 있는 이론으로 남아 있다고 볼 수 있다.

버핏은
페이스북의 주식을 샀을까

가치 투자 ;

현재의 주가에 비해 내재 가치가 높은 기업의 주식을 골라 투자하는 것을 가치 투자라 한다. 내재 가치의 척도로는 기업의 주당 이익이 흔히 쓰인다. 즉 주가와 주당 이익을 비교하여 현재 가격이 적절한지를 평가하게 된다.

워런 버핏은 20세기의 가장 성공적인 주식 투자자로 불린다. 주식회사가 처음 생겨나고 사람들이 주식거래를 시작한 것은 17세기 중반이었지만 지금처럼 활발하게 주식거래가 이루어지기 시작한 것은 20세기부터이다. 그러고 보면 버핏을 인류 역사상 가장 성공적인 주식 투자자로 불러도 틀린 말이 아닐 것이다. 1950년대 중반 별 자본 없이 투자를 시작하여 2000년경에 60조 원이 넘는 부를 축적하기에 이르렀으니, 17세기, 18세기, 19세기에 내로라하는 '투자의 귀재'가 있었더라도 버핏만큼 큰돈을 벌 수는 없었을 것이다. 60조 원이란 우리나라 1인당 국민소득이 2천만 원 정도이니까 30만 명의 사람들이 1년 내내 돈을 하나도 쓰지 않고 모아야만 만들 수 있는 금액이다. 이 재산이면 세계에서 다섯 손가락 안에 드는 부자이다.

어떤 이들은 버핏이 열몇 살의 나이에 100달러 정도의 돈으로 처음 투자를 시작했다는 말을 하기도 하는데 이는 정확한 말은 아닌 듯하다. 버핏의 아버지 하워드 버핏은 미국 하원의원을 지냈고 자신의 이름을 딴 투자 회사도 가지고 있었다고 한다. 그런 사람이 아들에게 단돈 100달러만을 물려주었을 것 같지는 않다. 그렇기는 하더라도 버핏이 주식 투자를 통해 60조 원을 모은 것은 경이로운 일임에 틀림없다.

이렇게 부자이면서도 버핏은 대중들에게 인기가 많다. 실제 사생활이 어떤지는 잘 알 수 없지만 매우 검소한 생활을 하는 이미지로 대중에게 인식되어 있다. 맥도날드에서 햄버거를 사 먹고 코카콜라를 마시는 모습이 언론에 종종 소개되기도 했다. 거기다 재산의 80퍼센트를 기부금으로 사회에 돌려주겠다는 약속을 하면서 버핏의 인기는 크게 치솟았다.

버핏의 공식 직함은 버크셔해서웨이라는 투자 회사의 회장인데 이 회사의 주주총회는 전 세계의 투자자들의 관심을 모으는 중요 이벤트다. 주주총회에서 버핏이 하는 말을 통해 그의 투자법을 배울 수 있을 것이라는 기대 때문이다. 버핏이 샀다고 알려지는 특정 주식의 가격이 크게 오르는 일이 종종 있는데 그만큼 버핏을 따라 하려는 사람이 많다는 이야기이다.

버핏 스스로가 밝히는 자신의 투자법은 단순하다. 관심이 가는 회사가 생기면 이 회사에 대해 최대한 많이 알아본 후 회사가 정말 장기적으로 많은 이익을 낼 것 같다는 확신이 생겼을 때 주식을 매수한다는 것이다. 그럴듯하지만 투자자들에게 별로 도움이 되는 말은 아니다. 어떤 회사가 장기적으로 많은 이익을 낼 수 있는지 없는지 어떻게 알아낼 수 있는지가 정말 중요한 부분인데 그 부분은 설명해주지 않기 때문이다.

대학원생 버핏, 가치 투자의 창시자 그래험 교수를 만나다

어려서부터 투자에 관심이 많았던 버핏이지만 그의 투자 철학은 대학 졸업 후에야 제대로 모양을 갖춘 것으로 보인다. 대학을 졸업한 버핏은 금융의 중심지 뉴욕에 있는 콜럼비아 대학 석사과정에 진학했는데 그곳에서 가치 투자의 창시자로 세계적 명성을 얻은 벤자민 그래험 교수를 만났다. 그래험은 1934년에 제자이자 동료 교수이기도 한 데이비드 도드와 함께 『증권 분석』이라는 책을 썼는데, 이것은 가치 투자가들 사이에서 경전처럼 읽히며 80여 년이 지난 지금까지도 베스트셀러의 지위를 유지하고 있다.

　『증권 분석』은 기업의 가치를 평가하기 위해 필요한 분석들, 그리고 그 분석을 바탕으로 투자할 주식을 고르는 법을 설명하고 있다. 그 내용 가운데 투자자들에게 가장 큰 영향을 준 것은 주당 이익에 기초한 방법이다. 기업이 한 해 동안 거둔 이익을 계산한 후 이를 발행 주식 수로 나누어 얻게 된 수치가 주당 이익이다. 그러니까 주식 한 주를 보유하고 있는 사람에게 얼마나 많은 이익금을 나누어줄 수 있는가를 보여주는 것이 주당 이익이다. 따라서 주당 이익이 높으면 주식 가치도 높은 것이고, 주당 이익이 낮으면 주식 가치도 낮은 것이다.

이렇게 주당 이익을 이용하여 기업 가치를 결정하게 되면 어떤 주식에 투자할지를 결정하기도 쉬워질 것이다. 그리고 특정 주식에 대해서도 과거 몇 년 동안의 주당 이익을 구해 평균을 내고 이 평균치를 현재의 주가와 비교해보면 지금의 가격이 비싼지 그렇지 않은지를 어느 정도 판단할 수 있게 된다. 이처럼 주당 이익과 주가를 비교하여 주당 이익에 비해 주가가 낮은 주식을 사는 것을 가치 투자라고 부른다.

가치 투자란 기업의 가치를 바탕으로 투자할 주식을 고른다는 의미를 담고 있기도 하지만 또 한편으로는 '싼 것에 투자한다'는 의미도 담고 있는 용어이다. 우리말 '가치'에는 어떤 사물이 얼마나 높은 값을 받을지를 나타낸다는 하나의 뜻만 있지만 영어 단어 value에는 '싸다'라는 뜻도 포함되어 있다. 어떤 물건의 값이 정말 싸다고 여길 때 value라는 말을 사용한다. 그러니까 value 투자라는 것은 정말 싼 주식을 찾아내 이를 사들이는 투자법이라는 뜻이 포함되어 있다. 주당 이익에 비교했을 때 주가가 싼 주식을 가치주라고 부르는 것도 이 때문이다. 우리말로는 조금 이상하지만 영어로 생각하면 뜻이 분명하다. 그냥 '싼 주식'이라는 뜻이다. 반면에 가치주와는 정반대의 주식들, 즉 주당 이익에 비교했을 때 주가가 비싼 주식은 성장주라고 부른다. 주가가 비싼 이유는 기업이 빠르게 성장하고 있기 때문일 것이라는 생각에서 붙은 이름이다. 기업이 빠르게 성장하고 있지 않다면 주당 이익은 낮은데 주가가 높을 까닭이 없기 때문이다. 그러니까 가치 투자를 다른 말로 표현하면 성장주를 피하고 가치주를 사는 투자법이다.

가치 투자는 항상 옳은가

그런데 빠르게 성장하고 있는 성장주보다는 값이 싼 가치주에 투자해야 한다는 가치 투자법은 너무 단순한 생각이 아닐까? 주당 이익에 비해 주가가 높은 이유가 기업이 빠르게 성장하고 있기 때문이라면 이런 주식을 피할 이유가 없기 때문이다

구글의 경우를 생각해보면 그렇다. 구글은 2004년 주식을 공개했다. 그전까지는 일부 관계인만 구글의 주식을 보유하고 있었지만 2004년부터는 누구나 주식시장에 가서 구글 주식을 살 수 있었던 것이다. 그래험의 가치 투자법을 따르는 사람은 이때 구글의 주식을 샀을까? 그렇지 않다. 당시만 해도 구글은 큰 이익을 만들어내지 못하고 있었다. 향후 빠르게 성장할 것이라는 예상 때문에 사람들이 주식을 사려 했던 것이지 회사가 이익을 많이 만들어내고 있지는 못했던 것이다. 2004년 가치 투자법을 따르느라 구글의 주식을 사지 않은 사람들은 이후 두고두고 후회했을 것이다. 주당 85달러로 시작한 주가는 5년 만에 600달러로 7배 가까이 상승했다.

페이스북도 비슷한 상황에 있다. 하버드 대학 학생들의 교내 통신망으로 만들었던 페이스북이 전 세계인이 가장 많이 사용하는 소셜네트워크가 된 지 몇 해가 지났다. 아이러브스쿨닷컴처럼 한동안 유행하다 사라지겠거니 생각했는데, 10년 가까운 시간이 흘렀는데도 성장세가 멈추지를 않는다. 페이스북의 성장세가 지속되자 처음에는 반신반의하던 투자자들이 몰려들기 시작했다. 2011년 페이스북은 지분의 1퍼센트를 투자은행인 골드만삭스에게 팔았다. 골드만삭스는 페이스북의 1퍼센트를 사

…그거 물어보려고
200만 달러짜리 점심을
낙찰받았나…?
혹시 페이스북
주식 사셨나요??

는 대가로 우리 돈 약 5,000억 원을 지불했다. 그러니까 페이스북이라는 회사 전체의 가치를 50조 원으로 평가한 것이다. 반면 이 회사의 연간 이익은 1조 원에 불과하다. 가격 대 이익 비율이 50대 1이나 되는 것이다. 그레험은 가격 대 이익 비율이 15대 1이 넘으면 피하라고 충고한다. 2012년 페이스북은 주식 공개를 계획하고 있다. 많은 투자자들은 고민에 빠져 있다. 페이스북 주식을 사야 하나? 가치 투자법을 따른다고 페이스북을 사지 않았다가 페이스북이 구글처럼 돼버리면 어떡하나?

성장주를 피해야 하는 이유를 그레험은 다음과 같이 설명한다. 성장세가 빠른 기업의 주식을 사 큰돈을 벌 가능성이 있는 것은 사실이다. 하지만 그렇지 못한 경우도 있다. 빠르게 성장할 것으로 생각했는데 나중에 보니 그렇지 못한 기업들도 있다. 앞으로 빠르게 성장할 것이라는 가정하에 어떤 회사의 주식을 산 경우, 결국 투자로부터 이익이 생길지 안 생길지는 미래에 대한 가정이 결국 맞는 것으로 판명 나는지 아닌지에 달려 있다. 가정의 맞고 틀림에 따라 이익 여부가 결정된다는 점에서 이런 투자는 투자라기보다는 투기라고 불러야 한다. 2004년 구글에 투자했다가 큰돈을 벌었을 수도 있지만 이 투자는 안정적 수익을 약속하는 투자는 아니었다. 운이 나빴으면 큰 손실을 볼 수도 있었다. 2012년의 페이스북도 마찬가지다. 이 회사가 빠른 성장세를 계속 이어갈 가능성도 있지만 그렇지 못할 가능성도 있다. 안정적 수익을 추구하는 투자자라면 이런 식의 투자는 피해야 한다는 것이 그레험의 주장이다.

인간 심리의 특성에 관심을 기울이는 행위경제학에서는 조금 다른 관점에서 가치주의 우월성을 설명하기도 한다. 사람들은 좋은 일이 한동안 반복되다 보면 앞으로도 계속 좋은 일이 일어날 것이라고 착각하는 경향이 있는데, 성장주는 이런 착각의 산물이라는 것이다. 지난 수 년간 아주 빠르게 성장한 회사를 보고 있노라면 앞으로도 계속 빠르게 성장할 것으로 생각할 수 있는데 그럴 가능성은 사실 높지 않다는 것이다. 가치주에 대해서는 그 반대의 얘기를 할 수 있다. 사람들은 나쁜 일이 한동안 반복되다 보면 앞으로도 계속 나쁜 일이 일어날 것이라고 착각하는 경향이 있기 때문에 지난 수 년간 고전한 회사를 보면 앞으로도 계속 고전할 것으로 예상하지만 사실은 그렇지 않다는 것이다.

이 같은 설명에도 불구하고 모든 투자자가 가치 투자의 우월성을 인정하는 것은 아니다. 매일같이 구글의 주가가 오르는 것을 보면서 가치주가 성장주보다 우월하다는 믿음을 유지하는 것은 쉬운 일이 아니다. 또 버핏이 가치 투자로 엄청나게 많은 돈을 벌었다고는 하지만 버핏의 투자법을 따라 한 사람들의 투자가 모두 성공적이었던 것도 아니다. 버핏이 돈을 많이 번 것은 가치 투자법을 충실히 따라서가 아니라 운이 좋아서 몇몇 주식을 잘 골랐기 때문이라는 말도 한다.

그런데 가치 투자자의 입장에서 보면 가치 투자법을 믿지 않는 사람이 많을수록 좋다. 가치 투자자가 돈을 벌 수 있는 것은 다른 투자자들이 성장주를 많이 사 가격을 지나치게 높게 유지할 때이다. 모두가 가치 투자자가 되어서 아무도 성장주를 사지 않고 모두가 가치주를 산다면 가치주의 가격이 너무 높아져 가치주에 대한 투자가 아무런 이익을 내지 못할 것이기 때문이다. 그러니까 누가 성장주가 우월하다고 주장하면 그냥 동의해버리는 것이 현명한 가치 투자자의 대응인 셈이다.

27

선물·옵션,
금융 파생 상품의 위험성

어떤 주식을 특정한 가격에 사거나 팔 수 있는 권리를 보유자에게 부여하는 증권이다. 특정 시점에만 권리 행사가 가능한 경우도 있고, 정해진 기간에는 어느 시점에나 권리 행사가 가능한 경우도 있다.

플로리다 대학 경영학과의 제이 리터 교수는 1986년 5월 어느 날 친구에게 전화 한 통을 받았다. 리터 교수는 2년 전부터 친구들과 투자 클럽을 만들어 선물이라는 금융 상품을 거래해오고 있었는데, 이 클럽에서 사들이는 금융 상품을 아주 싼 값에 팔고자 하는 사람이 있다는 말을 친구가 전해왔다. 물건을 싸게 사고 비싸게 팔아 이익을 남기는 것이 투자 클럽의 목적이다. 원하는 물건을 싸게 팔려는 사람이 있다는 말에 리터 교수는 귀가 솔깃했을 것이다.

하지만 리터 교수에게 전화를 걸었던 친구는 오히려 망설였다. 찾고 있던 물건을 누군가 싸게 팔겠다고 나오면 조금 불안해지는 것이 당연하다. '혹시 물건이 생각했던 것만큼 가치가 없는 것이 아닐까? 그렇지 않다면 왜 이 물건을 싸게 팔려는 걸까?'라는 생각이 들 것이다. 사실 이러한 갈등은 금융시장에서 흔히 일어난다. 복잡한 금융 상품일수록 상품의 가치가 분명하지 않은 경우가 많기 때문이다. 하지만 친구의 망설임에도 리터 교수는 거래를 강행했다. 큰 수익을 올릴 수 있을지 모른다는 생각에 수억 원어치를 사들였다.

리터 교수는 왜 투자에 실패했을까

당시 리터 교수와 투자 클럽의 전략은 '1월 효과'라고 불리는 현상을 바탕으로 한 것이었다. 1월 효과란 1월만 되면 시가 총액이 작은 회사 주식의 수익률이 높아지는 현상을 말한다. 그러니까 1월 달에는 삼성전자와 같은 대기업 주식의 수익률보다 중소기업 주식의 수익률이 높아진다는 것이다. 이 현상의 원인에 대해서는 의견이 분분하지만, 어쨌건 이런 현상이 계속 나타나기만 한다면 이를 이용해 투자 전략을 만들어낼 수 있을 것이다.

리터 교수의 전략은 12월경에 중소기업의 주식을 사들였다가 1월에 이들 주식의 가격이 오르면 파는 것이었는데, 많은 종목의 주식을 사고팔려면 번거롭기 때문에 이들 주식을 직접 거래하는 대신 선물이라는 금융 상품의 거래를 택했다. 하나의 선물을 사면 수백 종목의 주식을 사는 것과 동일한 효과가 있다. 선물先物, futures이라는 이름이 붙은 것은 계약은 지금 이뤄지지만 주식의 양도와 지불은 미래에 이뤄지기 때문이다. 즉 언제, 얼마를 내고 주식을 사겠다는 약속을 하는 것이 선물 계약이다. 어쨌건 투자자의 입장에서 중요한 점은 선물을 보유하고 있을 때 주식의 가격이 오르면 이익이 생기고 주식의 가격이 떨어지면 손해를 보게 된다는 점이다.

리터 교수의 투자 클럽은 첫해에 아주 성공적이었다. 둘째 해는 조금 더 지능적으로 접근해야 했다. 금융시장에서는 누가 어떤 전략으로 돈을 벌었다는 소문이 돌면 금세 이를 따라 하는 사람들이 나타나기 때문에 같은 전략을 그대로 사용할 수 없었다. 리터 교수의 투자 클럽은 첫해에는 12월에 선물을 샀다가 1월에 이를 팔아 돈을 벌었지만, 둘째 해에는 이 전략을 따라 하는 사람들이 많아져 12월에 이미 선물의 가격이 상승하기 했다. 하지만 이를 미리 간파한 리터 교수는 12월이 되기 전, 가을쯤에 선물을 사들였다가 12월경에 값이 오르기 시작할 때 이를 팔아 다시 많은 이익을 남겼다. 아주 민첩한 투자였던 것이다.

하지만 세 번째 해에도 똑같은 전략을 구사할 수는 없었다. 남들도 이를 따라 할 것이기 때문이다. 그렇다면 가을에 사는 대신 여름에 사는 방법을 생각할 수 있다. 그러나 여름에는 선물 거래가 뜸하기 때문에 상품을 충분히 확보할 수 없었다. 그래서 고민하고 있던 차에 친구로부터 전화를 받은 것이다.

하지만 그해 리터 교수는 엄청난 돈을 잃었다고 한다. 여름에 사들인 선물의 가격이 가을이 되고 겨울이 되어도 오르기는커녕 오히려 점점 떨어졌기 때문이다. 어떻게 된 일이었을까?

옵션, 결과는 수익 아니면
전부를 잃는 양단의 칼날과 같다

리터 교수는 수 년이 지난 후에야 사건의 전모를 알게 됐다고 한다.
1986년 여름 리터 교수에게 낮은 값에 선물을 팔았던 사람은 세계 최대
의 투자 은행인 골드만 삭스에서 금융 상품에 대한 투자를 담당하고 있던
피셔 블랙(1938~1995) 박사였다. 그는 옵션이라는 금융 상품의 가격 결정
이론을 발표한 것으로 세계적으로 유명한 경제학자이다.

블랙 박사는 시장에서 결정되는 선물의 가격이 지나치게 높다는 것
을 알아냈다. 선물에 대해 잘 모르는 사람들이 잘못된 가격에 거래하고
있었던 것이다. 하지만 적정 가격에서 벗어난 시장 상황이 오래 지속될
수는 없다. 거래하는 사람도 거래량도 늘어나다 보면 결국 가격은 적정
수준으로 돌아오기 마련이다. 이를 간파한 블랙 박사는 시장 가격보다 조
금 낮게 사람들에게 선물을 판매했다. 시장 가격보다 낮은 가격에 판매했
으므로 이를 사는 사람들은 싼 값에 산다고 생각을 했지만 사실 적정 가
격보다는 높은 가격이었다. 선물 가격이 결국 적정 수준으로 돌아왔을 때
블랙 박사는 큰 이윤을 남긴 것이다. 그 반대쪽에 있었던 리터 교수가 큰
손실을 입은 것은 물론이다.

피셔 블랙은 학사와 박사를 모두 하버드 대학에서 받았다. 그의 박
사학위는 경제학도, 경영학도 아닌 응용수학 분야였는데, 물리, 수학, 컴
퓨터 등 이 전공, 저 전공을 옮겨 다니기만 하고 학위 논문을 쓰지 못해
대학에서 쫓겨날 뻔했다는 이야기도 전해진다. 박사학위를 받은 후 블랙
은 대학에서 교편을 잡는 대신 연구소와 컨설팅 회사에서 일하기 시작했

다. 이때 경제학과 금융시장에 대해 배우게 된 것이다. 1970년대 시카고 대학과 MIT 대학에서 교편을 잡았던 블랙은 1980년대에는 투자 은행인 골드만 삭스로 옮기게 됐다.

블랙 박사가 세상에 알려지게 된 것은 1970년대 시카고 대학에 있을 때 개발한 이론을 통해서이다. 이 이론은 옵션이라는 금융 상품의 가격이 어떻게 정해지는가를 보여주는 것으로, MIT 대학의 마이런 숄즈 교수와 함께 발표하여 보통 '블랙 숄즈' 이론이라고 불린다. 이 이론은 상당한 고급 수학을 바탕으로 하고 있어 경제학 영역에서도 특히 난해한 것으로 여겨지기도 하여, 혹자는 이론을 블랙홀을 이해하는 것만큼 어렵다는 의미에서 '블랙 홀즈'라고 부르기도 한다.

사실 블랙 숄즈 이론을 고급 수학을 사용하지 않고 충분히 설명하기란 쉽지 않다. 하지만 블랙 숄즈 이론으로 설명하고자 하는 옵션이 사실 수백 년 전부터 수학을 전혀 모르는 사람들에 의해 거래되어왔다는 점을 고려할 때 블랙홀만큼이나 이해하기 어렵다는 표현은 과장된 것이다.

옵션option은 17세기 서유럽에서 거래되기 시작했다고 한다. 1620년대에 발행된 책에서 영국 사람 게랄드 말린즈는 옵션에 대해서 다음과 같이 말하고 있다.

"돈이 충분하지 않지만, 그래도 많이 사고자 하거나 적은 액수의 돈으로 큰 효과를 얻고자 할 때 옵션이 유용하다."

그러니까 17세기 초 유럽 사람들은 어떤 물건을 사고자 하지만 그 물건을 다량 구매할 자금이 없을 때 대신 옵션을 샀던 것으로 보인다. 옵션의 가치는 물건 값과 함께 올라간다. 그러니 물건이 필요한 것이 아니라 물건 값이 오를 것으로 기대하고 시세 차익을 노리는 경우라면 굳이 물건을 직접 살 필요가 없이 옵션을 사면 되는 것이다.

이미 17세기 초 네덜란드에서는 튤립의 가격 상승을 기대하고 튤립에 투기하는 사람이 많았다고 하는데 이들은 튤립을 직접 사기보다 튤립 옵션을 샀다고 한다. 실제로 물건을 사놓으면 보관이며 이래저래 신경 쓸 일이 많지만, 옵션을 사놓으면 그렇게 신경 쓰이는 일 없이 물건 값 상승에 따른 이익만을 거둘 수 있어 편리하다. 그러나 튤립을 직접 구매한다면 그 가격이 조금 내린다 하여도 튤립 사는 데 들어간 돈 전부를 잃게 되지는 않는다. 튤립 값이 0원이 되지 않는다면 말이다. 하지만 튤립 옵션을 사는 경우 튤립 값이 구매 가격에 머물러 있거나 그보다 내려갈 경우 투자 금액을 모두 잃어버리게 된다. 튤립 옵션은 튤립의 값이 지금보다 높을 때만 가치가 있는 것이지 그렇지 않은 경우에는 아무 가치가 없다. 그러한 특성 때문에 튤립 옵션 한 개의 가격은 튤립 한 송이의 가격보다 훨씬 낮아지는 것이다.

투기 목적의 콜 옵션, 보험 기능의 풋 옵션

17세기 초 네덜란드에서 거래한 튤립 옵션은 콜 옵션call option이라고 불린다. 콜 옵션은 물건 가격이 지금보다 높을 때만 가치를 가지게 된다. 이와 반대로 물건 가격이 지금보다 낮을 때만 가치를 가지는 옵션은 풋 옵션put option이라고 불린다.

풋 옵션은 17세기 후반부터 활발히 거래되기 시작했다. 콜 옵션은 투기꾼들이 주로 사들였던 반면 풋 옵션은 일종의 보험 상품 역할을 했다. 1690년대 영국 런던에서는 주식을 살 때 풋 옵션을 함께 사는 경우가 많았다고 한다. 당시 주식을 발행하는 회사 중에는 다소 황당한 비즈니스 모델을 가진 회사들이 있었다고 한다. 인도양에 가서 바닷속에 묻혀 있는 보물선을 찾아내 그 배에 있는 보물을 내다 팔아 그 이익을 주주들에게 돌려주겠다는 것을 사업 계획으로 잡은 회사도 있었다고 한다. 이런 회사의 주식을 산 투자자들은 회사가 언제 망할지도 모른다는 생각을 했을 테고 그럴 경우에 대비해서 풋 옵션을 사두었던 것이다. 회사가 망해 주가가 0이 되면 풋 옵션은 주가가 떨어진 만큼 가치를 가지므로 손해를 피할 수 있다.

17세기에나 21세기에나 콜 옵션과 풋 옵션의 역할에는 큰 변화가 없다. 튤립 옵션이 사라졌다 뿐이지 가격이 오를 것이라고 생각하는 투자자들은 콜 옵션을 사들이고 가격이 떨어질 것을 우려한 투자자들이 풋 옵션을 사들이는 것은 예나 지금이나 차이가 없다. 다만 300년 가까운 시간이 흐르면서 옵션의 가격이 지니는 특징에 대해서는 많은 것들이 알려졌다. 물건 가격이 아주 높아지면 물건 가격의 상승 폭과 콜 옵션의 가치는 비슷해진다는 것도 알게 됐고, 물건 가격이 아주 낮아지면 물건 가격의 하락 폭과 풋 옵션의 가격이 비슷해진다는 것도 알게 됐다. 또 물건 가격이 크게 오르락내리락 하는 상황에서는 옵션 가격이 높아진다는 것도 알려졌다. 블랙과 숄즈가 한 일은 이 같은 옵션 가격의 특징을 모아 하나의 수식으로 표현한 것이다. 수식 자체는 다소 복잡하지만 수식이 나타내는 아이디어는 옵션을 실제 거래하는 사람들이 수백 년간 몸으로 익힌 다소 투박한 내용들이다.

블랙 박사는 1995년 세상을 떠났다. 1997년 노벨상 위원회는 블랙 숄즈 이론에 노벨 경제학상을 주기로 결정했다. 블랙은 이미 세상을 떠났기 때문에 MIT의 마이런 숄즈 교수가 혼자 상을 받았다. 블랙, 숄즈와 거의 동시에 비슷한 이론을 제시한 하버드 대학의 로버트 머튼 교수도 함께 상을 수상했다.

노벨상 수상의 영광을 함께 누린 숄즈 교수와 머튼 교수는 사업의 실패라는 비운도 함께 누렸다. 숄즈 교수와 머튼 교수는 샐로먼 브라더스라는 투자 은행에서 알게 된 존 메리워더라는 트레이더와 롱텀캐피탈 메니지먼트Long Term Capital Management라는 투자 회사를 차렸다. 이 회사가 정확히 어떤 거래를 했는지 구체적으로 알려져 있지는 않지만, 금융시장의 움직임에 대한 예측을 하고 이 같은 예상을 바탕으로 옵션, 선물 등의 금융 상품을 이용해 이익을 만들어낸 것으로 알려져 있다.

1994년에 만들어진 이 회사는 처음 3년간 엄청난 이익을 남겼다. 천문학적 이익 소식을 접한 투자자들은 너도 나도 이 회사에 돈을 맡기려고 했다. 너무 많은 사람들이 돈을 맡기려 하자 회사에서는 이를 싫어했다고 한다. 적은 액수를 투자해 큰 이익을 올려야 수익률이 높아지는데 너무 많은 돈을 투자하면 수익률이 떨어지기 때문이다.

특히 이 회사는 레버리지leverage라는 것을 사용했는데, 이는 자신들의 돈만 가지고 투자를 하는 것이 아니라 은행에서 돈을 빌려 이를 투자하는 방법이다. 돈이 없어 은행에서 돈을 빌리는 것이 아니라 수익률을 높이기 위해 돈을 빌리는 것이다. 가령 만 원 투자할 때마다 오천 원을 벌 수 있다고 해보자. 내가 10만 원을 가지고 있을 때 이를 전부 투자하면 5만 원의 이익을 볼 수 있다. 그런데 은행에서 10만 원을 빌려 이를 함께 투자하면, 전체 투자액이 20만 원으로 증가하므로 이익은 10만 원으로 증가한다. 이 중 일부를 은행 이자로 지불한다고 해도 원래의 5만 원보다 훨씬 높은 이익을 얻을 수 있는 것은 분명하다.

엄청난 이익을 남기며 재산을 불려가던 이 회사는 아시아 외환 위기와 러시아 외환 위기를 겪으며 난관에 봉착했다. 외환 위기가 확산되면서 시장이 예전과는 다른 방식으로 움직이기 시작했고, 이에 따라 예전에는 큰 이익을 남기던 투자 기법이 그 위력을 상실했던 것이다. 이 회사의 투자 포트폴리오는 빠른 속도로 돈을 잃기 시작했고, 1998년에는 결국 회사 문을 닫게 되는 지경에 이르렀다. 레버리지를 위해 은행에서 많은 빚을 졌던 터라 수 년간 쌓아온 이익으로도 은행 빚을 다 갚지 못하는 상황이었다. 회사에 투자했던 직원들은 빈털터리가 됐고, 은행 빚을 내 투자했던 일부는 빚더미에 앉게 되었다.

숄즈 교수와 머튼 교수가 롱텀캐피탈메니지먼트에 전 재산을 맡겼던 것 같지는 않다. 대학 교수로 있었으니 직업을 잃은 것도 아니다. 하지만 노벨 경제학상을 수상한 사람이 둘이나 이사로 있는 회사가 망했으니 망신은 이만저만이 아니었다. 심지어는 노벨 경제학상을 없애야 한다는 말을 하는 사람도 있었다.

그러나 노벨 경제학상 수상자의 공로를 평가하는 데 있어 돈을 얼마나 벌었는가가 그렇게 중요한 것은 아닐 것이다. 숄즈 교수와 머튼 교수가 투자로 많은 돈을 잃었다고 해서 그들이 만들어낸 주식 옵션 이론이 틀린 것으로 판명 나는 것도 아니고, 이론의 가치가 떨어지는 것도 아니다. 옵션 이론은 옵션 가격이 어떻게 결정되는가를 설명해주지만 내일의 옵션 가격이 어떻게 결정될지를 말해주지는 않는다. 그러니까 지금 시장에서 옵션 가격이 1만 원인 이유는 이론을 통해 설명할 수 있지만 내일 시장에서 옵션 가격이 1만 1천 원이 될지, 9천 원이 될지를 미리 알 수는 없다. 경제학자가 미래를 미리 볼 수 있는 수정 구슬을 가지고 있는 것은 아니다.

롱텀캐피탈메니지먼트의 실패를 놓고 경제학 이론을 비난하는 것은 경제학 이론의 역할을 너무 넓게 해석했기 때문일 것이다. 경제학 이론이 책임질 부분이 따로 있고, 사업가가 책임질 부분은 또 따로 있다. 사업가가 경제학자이더라도 말이다.

이자율 0%,
버낸키 총재의 도박

화폐수량설 ;

화폐를 많이 발행하여 시중에 유통되는 화폐의 양이 늘어나면 물가 수준이 높아지고 반대로 화폐 발행을 줄여 시중에 유통되는 화폐의 양이 줄어들면 물가 수준이 낮아진다는 이론이다. 통화량이 물가 수준을 결정하는 것 외에 실물경제에는 영향을 주지 않는다는 내용도 담고 있다.

프린스턴 대학 경제학과 벤 버낸키 교수가 미국의 중앙은행인 연방준비위원회Federal Reserve Board의 총재로 임명된 것은 2006년 초였다. 미국 중앙은행 총재직은 미국 경제는 물론 세계 경제에도 막대한 영향을 미치는 중요한 자리다. 하지만 당시 미국 경제가 워낙 탄탄한 상태였기 때문에 미국 중앙은행 총재가 할 일은 별로 없어 보이기도 했다. 중앙은행 총재의 가장 중요한 업무는 이자율을 결정하는 것인데, 경제가 잘 돌아가고 있었으므로 이자율을 자주 변경할 이유도 없었고, 변경하더라도 비교적 쉽게 결정을 내릴 수 있었기 때문이다.

하지만 버냉키 총재가 한가한 나날을 오랫동안 보낸 것은 아니다. 총재가 된 지 3년이 채 지나지 않아 미국 경제와 전 세계의 경제는 크게 흔들리기 시작했고, 미 중앙은행은 세계 경제가 불황의 늪으로 빠져드는 것을 막아야 할 책임을 떠안게 된 것이다. 프린스턴 대학 교수 시절 버냉키 교수가 1930년대의 대공황을 연구했다는 점도 흥미롭다. 마치 미국 경제가 대공황에 버금가는 큰 위기를 맞을 것을 예견해 버냉키 교수를 중앙은행 총재로 임명하기라도 한 듯이 말이다.

물론 경제의 호황과 불황이 온전히 중앙은행의 책임은 아니다. 중앙은행의 가장 큰 역할은 물가 안정과 화폐의 가치를 지키는 것이다. 하지만 2000년대 후반 미국 경제의 위기는 버냉키 총재의 전임자인 앨런 그린스펀의 잘못 때문이라는 관점이 있다. 중앙은행이 위기를 만들었으니 중앙은행이 해결하는 것이 당연하다고 볼 수도 있는 것이다.

그린스펀 총재는 오랫동안 저금리 정책을 썼는데, 이 때문에 주가와 부동산 가격이 지나치게 오르고 경기가 과열되었다. 중앙은행이 이자율을 낮게 유지하면 기업은 은행으로부터 싼 이자로 돈을 빌려 이익을 많이 낼 수 있고, 이익이 많아진 기업은 직원의 월급을 높여준다. 월급이 늘어난 직원들은 주식도 많이 사고 집도 사는 등 지출을 늘린다. 집 사는 데 돈이 모자라면 싼 이자로 은행 대출을 받아 채우게 된다. 결국 주식 값도 올라가고 집 값도 올라가게 되는 것이다.

과열된 경제의 갑작스러운 위축은 경제 위기를 발생시킨다. 2008년 여름, 세계적 투자 은행인 리먼브라더스가 파산했고, 미국의 대형 은행들과 보험 회사들이 도산 위기에 몰렸다. 무수히 많은 중소형 은행들이 문을 닫았다. 금융 위기는 미국에서 전 세계로 퍼져서 국제 금융 위기로 발전했다. 한동안 국제 금융시장이 작동을 멈추는 상황까지 나타났다.

버 낸 키 는   왜   이 자 율 을   낮 추 었 을 까

이 같은 위기 상황에 대한 버낸키 총재의 대응은 이자율을 낮추는 것이었
다. 위기의 근본 원인은 오랫동안 이자율이 너무 낮았다는 것이었는데,
이를 생각하면 위기에 대한 대응으로 또 이자율을 낮추기로 했다는 것이
이상해 보일 수 있다. 당시의 상황을 고려해야 이를 이해할 수 있다. 금융
위기가 퍼져 나가면서 은행들은 빌려준 돈을 돌려받지 못할 것을 우려해
회사와 기업들에게 대출을 하려 하지 않았다. 은행이 돈을 빌려주지 않으
면 모든 경제활동이 멈추게 된다. 어떻게든 은행이 대출을 하도록 만들어
야 하는데 이를 위해 중앙은행은 이자율을 낮추고 금융권에 돈을 풀어놓
은 것이다.

　　이자율을 낮추기 위해 중앙은행이 취할 수 있는 방법은 두 가지가
있다. 하나는 낮은 이자로 시중 은행에 돈을 빌려주는 것이다. 그러면 시
중 은행 간의 이자율도 따라서 낮아질 것이다. 중앙은행에서 3퍼센트의
이자율로 돈을 빌려주면 은행이 기업이나 개인에게 대출할 때 이자율은
3퍼센트보다 조금 높은 수준에서 결정될 것이다.

　　이자율을 낮추는 또 하나의 방법은 시중에서 유통되고 있는 국채,
즉 정부가 발행한 채권을 사들이는 것이다. 정부가 민간 부문에서 돈을
빌릴 때 그 증서로 발행하는 것이 국채인데, '정부가 돈 만 원을 빌렸음'
이라는 말이 적힌 차입증서인 국채는 다른 사람에게 만 원, 혹은 그 이상

의 값을 받고 다시 판매할 수도 있기 때문에 시장이 형성된다. 중앙은행이 시장에서 국채를 살 수 있는 것은 이 때문이다.

중앙은행이 시중에서 대규모로 국채를 사들이면 이는 정부가 빌린 돈을 갚는 것과 동일한 효과를 가진다. 그러니까 정부가 차입금을 줄이는 것이고, 그 결과로 이자율은 하락하게 된다. 돈을 빌리고자 하는 사람이 많을 때 이자율은 오르고, 돈을 빌리고자 하는 사람이 줄어들면 이자율은 내려가게 된다.

중앙은행이 시중 은행에 저리 대출을 해 이자율을 낮추건 시중에서 국채를 사들여 이자율을 낮추건 시중에 유통되는 돈의 양은 늘어난다. 시중 은행에 대출을 해주면 그만큼의 새로운 돈이 시중에 유통될 것이고, 국채를 사들였다면 국채 구입에 사용한 만큼의 새 돈이 시중에 유통될 것이다. 중앙은행이 이자율을 낮추겠다고 할 때 '중앙은행이 시중에 돈을 푼다'라는 표현을 쓰는 것은 이 때문이다.

어쨌건 시중에 돈을 푸는 두 가지 방법, 즉 저리 대출과 국채 매입 중 평상시에 주로 사용되는 방법은 국채 매입이다. 중앙은행이 시중 은행에 직접 돈을 빌려주는 일은 흔하지 않다. 중앙은행은 이름에 '은행'이라는 말이 포함되어 있지만 대출 업무가 주 업무는 아니다. 그래서 꼭 필요한 상황이 아니면 시중 은행에 대출하는 일은 가급적 하지 않으려 한다. 시중 은행도 중앙은행에서 돈을 빌린다는 것은 아주 큰 위기가 닥쳤을 때 하는 일로 생각한다.

2008년 여름은 위기 상황이었다. 중앙은행은 국채 매입과 시중 은행에 대한 저리 대출을 동시에 진행했다. 아무리 많은 국채를 매입하고 시중 은행에 아무리 낮은 금리로 대출을 해주어도 돈이 돌지 않았다. 중앙은행에 국채를 판매한 사람들은 그 대가로 받은 돈으로 물건을 사는 것도 아니었고 다른 사람에게 빌려주지도 않았다. 중앙은행에서 저리 대출을 받은 시중 은행들은 기업과 개인에 대한 대출도 하지 않고 은행 간에도 돈을 빌려주려 하지 않았다. 누가 언제 파산할지 모른다는 생각에 은행도 개인도 서로를 믿지 못했다. 이에 대응하여 중앙은행은 더 많은 국채를 매입하고 더 낮은 금리로 은행에 돈을 빌려주었고, 금리가 점점 떨어져 결국 0퍼센트에 이르게 되었다. 그러니까 이자를 받지 않고 돈을 빌려주는 상황에 이른 것이다. 중앙은행은 '이자를 내지 않아도 좋으니 돈 좀 빌려가세요'라고 사정하고 시중 은행은 '저희는 돈이 필요 없으니 돈 빌려가라는 말 하지 마세요'라고 말하는 다소 우스운 상황이 된 것이다.

중앙은행은 보통 '이자율이 1.5퍼센트에서 유지되도록 통화량을 조정하겠다', '이자율이 2.5퍼센트에서 유지되도록 통화량을 조정하겠다'라는 식의 발표를 한다. 그런데 이자율이 0퍼센트가 된 상황에서는 이런 말을 할 수가 없어 '돈을 10조 원 풀겠다', '돈을 20조 원 더 풀겠다'는 식으로 화폐량에 대한 목표치를 정하는데, 이자율이 0퍼센트로 떨어진 상황에서 통화량을 늘리려는 중앙은행의 정책을 양적완화quantitative easing 정책이라고 한다.

하지만 양적완화 정책에 대해 큰 우려를 표시하는 사람들도 많이 있었다. 양적완화 정책은 통화량을 크게 늘릴 것이고, 이는 언젠가 걷잡을 수 없는 인플레로 이어질 것이라는 우려 때문이다.

천 원짜리 한 장, 만 원짜리 한 장이 일 년 동안 얼마나 많은 사람들의 손을 거치는가를 화폐의 유통 속도라고 한다. 화폐가 보다 많은 사람의 손을 거친다면 유통 속도가 빠른 것이고 그렇지 않다면 유통 속도가 느린 것이다. 화폐의 유통 속도에 화폐의 발행액을 곱하면 경제 내에서 체결되는 모든 거래의 가치와 같아진다. 일 년 동안 생산된 모든 물건의 가치가 천만 원이라면 이 물건들이 생산자의 손에서 소비자의 손으로 넘어가기 위해 천만 원의 돈이 필요하다. 만 원짜리 지폐 천 장이 있다면 이 천 장의 돈이 단 한 번씩만 사용되면 모든 거래가 완결될 수 있다. 이 경우 화폐의 유통 속도는 1이고 화폐의 발행액, 즉 통화량은 1,000만 원인 경우다. 혹은 만 원짜리 지폐가 오백 장 있는 경우 하나하나의 지폐가 두 번씩 사용되면 거래가 완결될 수 있다. 이 경우 화폐의 유통 속도는 2이고 통화량은 500만 원인 것이다.

거래의 가치는 경제 내에서 만들어진 재화의 수량에 가격을 곱한 것으로 볼 수 있다. 그러니까 화폐의 유통 속도, 통화량, 생산량, 물가 간에는 다음과 같은 관계가 성립한다.

$$화폐의\ 유통\ 속도 \times 통화량 = 생산량 \times 물가$$

위 식에는 몇 가지 단순화 가정이 포함되어 있다. 재화가 생산되고 생산자에서 소비자로 전해질 때 거래가 한 번만 필요한 것은 아니다. 중간 상인이 있을 수 있다. 중간 상인을 두 번 거친다면 세 번의 거래가 발생할 것이다. 또 물건을 만들 때 원료가 필요하기 때문에 이 원료를 사고파는 거래도 생각해야 한다. 그러니까 거래의 총 가치는 생산량과 가격의 곱보다 훨씬 크게 나올 것이다. 보다 엄밀한 관계를 표현하려면 그런 것들도 고려해야 한다.

화폐의 유통 속도는 사람들이 얼마나 많은 현금을 지니고 있는가에 따라 결정된다. 사람들이 많은 현금을 보유하고 있으면 화폐 한 장이 한 사람에 머물러 있는 시간이 길어질 것이고 그러면 화폐의 유통 속도는 낮아질 것이다. 반대로 사람들이 바로 사용할 현금만 보유하고 있다면 화폐 한 장이 한 사람에 머물러 있는 시간이 매우 짧아질 것이고 화폐의 유통 속도는 높아질 것이다. 사람들이 얼마나 많은 현금을 보유하는가는 관습에 의해 결정되는 면이 크다. 그런 만큼 잘 바뀌지 않는다. 그러니까 화폐의 유통 속도도 잘 변하지 않을 것으로 생각할 수 있다.

위의 식에 따르면 화폐의 유통 속도가 잘 변하지 않고 생산량이 일정할 때 결국 물가 수준은 통화량에 의해 결정된다는 것을 알 수 있다. 이처럼 물가 수준은 통화량에 의해 결정된다는 이론을 화폐수량설이라고 한다. 화폐수량설은 오랜 역사를 가지고 있는 이론인데 20세기에는 시카고 대학의 밀튼 프리드만(1912~2006) 교수가 이 이론의 강한 신봉자였다. 프리드만 교수는 물가상승률, 즉 인플레율이 높고 낮은 것은 결국 중앙은행의 통화정책 탓이라고 보았다. 중앙은행이 돈을 많이 찍으면 거래 규모는 그대로인데 돈이 많이 풀려 있으므로 물가가 올라가는 것이고, 중앙은행이 돈을 많이 찍어내지 않으면 유통되는 화폐의 양이 줄어 물가가 내려간다는 것이다. 이 같은 생각을 더욱 정교화시킨 이론으로 프리드만 교수는 1976년 노벨 경제학상을 수상하기도 했다.

화폐수량설에서 보면 버냉키의 정책은 일종의 '도박'으로 볼 수도 있다. 이자율을 0퍼센트로 낮추어놓고 엄청난 돈을 시중에 유통시키는 것이기 때문에 그만큼 엄청난 인플레이션을 피할 수 없을 것이다. 지금까지는 양적완화 정책이 큰 부작용 없이 소기의 목적을 달성해내고 있는 것으로 보인다. 일시적으로 화폐의 유통 속도가 떨어졌기 때문이라는 설명도 있다. 하지만 앞으로 어떻게 될지는 두고 봐야 한다. 시중에 풀린 돈이 결국 감당할 수 없을 만큼 높은 인플레이션을 야기할지, 아니면 중앙은행이 적기에 정책을 전환하여 이를 피할 수 있을지가 포인트다.

29

시중 통화량에서
허수는 얼마일까

통화승수 ;

한국은행이 1원을 발행하여 시중에 유통시킬 때 그 결과로 증가하는 통화량의 크기를 가리킨다. 통화승수는 보통 1보다 크며 이는 은행권의 통화 창출 기능 때문이다. 통화승수는 은행권의 지급 준비율에 반비례한다.

하버드 대학의 경제학 교수 그레고리 맨큐가 쓴 『경제학원론』을 보면 헬리콥터가 하늘을 날며 돈을 뿌리는 그림이 있다. 중앙은행이 시중에 돈을 푸는 방식을 묘사한 것이다. 물론 중앙은행이 시중 유통화폐의 양을 늘리고자 할 때, 이렇게 단순한 방법을 사용하지는 않는다. 남들의 관심을 끌기 위해 혹은 일종의 '퍼포먼스'로 높은 건물에 올라가 길거리에 돈을 뿌리는 사람들을 뉴스에서 본 적은 있는데, 중앙은행이 이런 식으로 시중에 돈을 유통시킨 경우가 있다는 말은 들어보지 못했다. 그런데도 헬리콥터가 하늘을 날며 돈을 뿌리는 그림을 그린 것은 아마도 중앙은행이 발행

누구한테 흘러 가는지도 모르고, 그게 중요하지도 않지.
중앙은행

한 돈이 누구에게 전해지는가는 알 수도 없겠지만 중요하지도 않다는 점을 부각시키기 위함인 듯하다.

중앙은행이 화폐를 유통시키는 방법

중앙은행, 그러니까 우리나라의 경우 한국은행이 새로 발행한 화폐를 유통시키는 방법은 두 가지가 있다. 첫 번째 방법은 새로 만든 돈을 가지고 물건을 사는 것이고, 두 번째 방법은 새로 만든 돈을 은행에 빌려주는 것이다.

화폐 유통을 위해 한국은행이 사들이는 물건은 비교적 투자 가치가 뛰어나고 보관 비용이 적게 드는 것에서 선택되는데, 대표적인 것이 금이다. 금은 크기에 비해 가치가 크고 보관 비용도 비교적 적기 때문이다. 한국은행이 금을 사고 돈을 판매상에게 지불하면, 금을 판 사람은 이 돈을 시중에 유통시키게 될 것이다. 그리고 한국은행은 사들인 금을 창고에 보관하거나 약간의 수수료를 받고 다른 사람들에게 빌려주기도 한다. 금 외에도 한국은행은 채권을 사들이기도 한다. 채권이란 말 그대로 '누군가에게 돈을 빌려주었다는 것을 증명하는 문서'인데 기업이나 정부 기관이 누군가에게 돈을 빌릴 때 이러한 문서를 발행한다.

사실 한국은행이 보유한 재산 중에는 금에 비해 채권이 차지하는 비중이 더 크다. 금에 비해 채권이 부피도 작고 보관도 용이한 데다 사고 팔기도 더 쉽다. 뿐만 아니라 한국은행이 정부가 발행한 채권을 사들임으로써 정부가 돈을 빌리는 것을 더 쉽게 만드는 면도 있다. 한국은행이 정부가 발행한 채권을 사들인다는 것을 알기 때문에 사람들은 정부가 발행한 채권을 주저하지 않고 살 수 있다. 필요하면 채권을 쉽게 팔 수 있다고 생각할 터이니 말이다.

한국은행은 우리나라 정부가 발행한 채권뿐 아니라 외국 정부가 발행한 채권도 사들인다. 외국 정부가 발행한 채권을 사두면 외화가 부족할 때 유용하게 쓸 수 있다. 외국 투자자들이 갑자기 우리나라를 떠나거나 하면 원화의 가치가 급격히 떨어질 수 있는데 이럴 때 한국은행은 보유하고 있던 외국 채권을 팔아 외화를 시장에 공급할 수 있기 때문이다.

한국은행이 통화를 유통시키는 두 번째 방법은 은행에 돈을 빌려주는 것이다. 은행은 개인들로부터 예금을 받고 이를 다시 기업에 빌려주면서 수익을 만들어내는데, 때로는 예금으로 받은 돈보다 빌려주어야 할 돈이 더 많은 경우가 있다. 그럴 때는 일반적으로 다른 은행으로부터 돈을 빌린다. 그리고 자주 일어나는 일은 아니지만 경우에 따라 한국은행으로부터 돈을 빌리기도 한다.

금이나 채권을 사는 방법을 택하든, 시중 은행에 빌려주는 방법을 택하든 한국은행이 시중에 돈을 풀어놓으면 시중에 유통되는 돈의 양은 늘어난다. 그런데 흥미로운 부분은 한국은행이 풀어놓은 돈의 양보다 시중에 유통되는 돈의 양이 더 많아진다는 점이다. 한국은행이 100억 원어치 금을 사들이면 시중에 유통되는 돈의 양은 100억 원보다 더 많이 증가한다. 경제학에서는 이를 '통화승수'라는 개념으로 설명한다.

한국은행이 금 장사에게 지불한 100억 원에 어떤 일이 생기는지를 조금 더 따져보면 통화승수의 개념을 쉽게 이해할 수 있다. 한국은행에서

100억 원을 받은 금 장사는 일단 이 돈을 은행에 넣어둘 것이다. 이 돈으로 무엇을 할지 결정할 때까지 조금이라도 이자를 받을 수 있기 때문이다. 금 장사가 우리은행에 예금 통장이 있어 100억 원을 저금했다고 해보자. 예금 잔고가 100억 원이 늘어난 것을 알게 된 우리은행은 가능하면 빨리 이 돈을 누군가에게 빌려주려고 할 것이다. 며칠만 빌려주더라도 적지 않은 이자를 받을 수 있을 터이다. 물론 100억 원을 다 빌려주지는 않을 것이다. 금 장사가 언제 돈을 돌려달라고 할지 모르기 때문에 일부는 그냥 은행에 남겨둘 것이다. 그렇게 남겨둔 돈을 '준비금'이라고 부른다. 그러니까 금 장사에게서 받은 100억 원 중 일부는 준비금으로 떼어놓고 나머지는 누군가에게 빌려줄 것이다.

우리은행은 준비금으로 10억 원을 남겨두고 나머지 90억 원을 성냥 공장을 하는 이씨에게 빌려주었다고 해보자. 90억 원을 빌린 성냥 공장 사장 이씨는 이 돈을 어떻게 할 것인가? 금 장사에게 일어났던 일이 그대로 반복된다. 성냥 공장 사장 이씨는 90억 원으로 무엇을 할지 정할 때까지 일단 90억 원을 은행에 넣어두려 할 것이다. 이씨가 90억 원을 은행에 넣는 대신 나무 공장을 하는 박씨에게 바로 지급했다고 하더라도 상황은 달라지지 않는다. 90억 원을 받은 박씨도 일단은 돈을 은행에 넣어두려 할 것이기 때문이다. 설사 박씨도 90억 원을 은행에 넣는 대신 또 다른 최씨에게 지급하더라도 마찬가지다. 돈이 아무리 빨리 돌더라도 결국 90억 원은 은행으로 들어갈 것이다. 90억 원이 결국 은행에 들어가면 은행은 이 중 일부를 준비금으로 떼어놓고 나머지는 또 다른 누군가에게 대출해줄 것이다. 결국 한국은행이 금 장사에게 100억 원을 지불하면 은행에는 금 장사가 저금한 100억 원 외에도, 이씨, 혹은 박씨, 혹은 최씨가 저금한

90억 원, 그리고 또 다른 누군가가 저금한 돈이 쌓이게 된다. 이렇게 은행에 예금으로 쌓이는 돈은 100억 원을 훨씬 넘게 된다.

한국은행이 분명 100억 원을 썼으니까 시중에 유통되는 동전 및 지폐의 양은 정확히 100억 원이 늘어난다. 은행 예금이 100억 원 넘게 늘어났다는 말이지, 동전 및 지폐의 양이 100억 원 이상 늘어났다는 말은 아니다. 은행에 예금된 돈이 그대로 은행에 남아 있는 것이 아니기 때문에 이런 상황이 가능해진다. 보통 '통화량'이라는 말을 쓸 때는 동전 및 지폐의 양을 뜻하는 것이 아니라, 여기에 은행의 예금 잔고를 더한 액수를 지칭한다. 한국은행이 100억 원을 썼을 때 통화량이 100억 원 넘게 늘어난다고 하는 것은 은행 예금 잔고가 늘어나는 것을 지칭하는 것이다.

한국은행이 1원을 썼을 때 통화량이 얼마나 늘어나는가를 통화승수라고 한다. 통화량이 2원 늘어나면 통화승수가 2인 것이고, 통화량이 10원 늘어나면 통화승수가 10인 것이다. 통화승수의 정확한 크기는 물론 은행이 예금으로 받은 돈 중 얼마만큼을 준비금으로 떼어놓는가에 따라 정해진다. 준비금으로 많은 돈을 떼어놓으면 통화승수의 크기가 커지고 그렇지 않으면 작아지는 것이다.

통화승수, 은행 준비금의 통화 창출 기능

은행의 준비금 제도, 즉 예금액 중 일부만을 준비금으로 남겨두고 나머지를 대출해준다는 점 때문에 통화승수는 1보다 커지는 현상을 '시중 은행의 통화 창출 기능'이라고 한다. 한국은행은 1원어치만 통화량을 늘렸는데 시중 은행의 준비금 제도로 인해 통화가 1원 이상 늘어났으니 1원을 초과하는 통화 증가분은 시중 은행이 '창출'한 것이라고 말하는 것이다.

준비금 제도는 한국은행에게도 득이 되고, 시중 은행에게도 득이 된다고 할 수 있다. 준비금 제도 때문에 한국은행은 보다 쉽게 통화량을 조절할 수 있다. 은행들이 예금을 받고 이를 그냥 은행에 보관한다면 통화승수는 1이 될 것이고, 그러면 통화량을 1조 원 늘리기 위해 정말로 1조 원의 동전과 화폐를 발행해야 했을 것이다. 시중 은행의 관점에서 보더라도 준비금 제도는 매우 중요하다. 예금을 받은 만큼 모두 보관해야 한다면 대출을 할 수도 없고 이윤을 만들어내는 것도 불가능하기 때문이다.

물론 준비금 제도에 긍정적인 면만 있는 것은 아니다. 준비금 제도의 가장 큰 약점은 대규모 예금 인출 사태, 즉 뱅크런의 가능성이다. 영어 단어 런run에는 뛰어간다는 뜻도 있지만 무언가에 대한 수요가 아주 높아 서로 먼저 가져가려는 상황을 뜻하기도 한다. 뱅크런에서 런은 두 번째 뜻을 가진다. 하지만 첫 번째 뜻으로 생각을 해도 이상하지는 않다. 은행이 망할 수도 있다고 생각하면 사람들은 정말 은행으로 달려갈 테니까 말이다.

은행이 예금액의 일부만을 준비금으로 가지고 있는 것이 평소에는 전혀 문제가 되지 않는다. 아무 이유 없이 예금자들이 갑자기 몰려들어 은행이 지급 불능 상태에 빠지는 경우는 없다. 하지만 준비금이 부족해지는 상황이 발생할 수 있다. 어떤 이유에서건 예금주들이 은행의 존립에 불안을 느낄 때, 다른 예금주들보다 앞서 예금을 인출하겠다는 생각으로 한꺼번에 몰려올 가능성이 있기 때문이다.

경제학자들은 이럴 때 우월 전략이라는 말을 사용한다. A라는 상황이 생길지, B라는 상황이 생길지 모른다고 하자. 이때 A가 실현된다면 어떤 선택을 할까 생각해보고, B가 실현된다면 어떤 선택을 할까 생각해봤을 때 그 결론이 동일하다면 A가 실현될지 B가 실현될지를 모르더라도 어떤 선택을 하는지는 분명해진다. 은행이 정말로 망할지 그렇지 않을지 모르는 상황이지만, 은행이 망한다고 하더라도 예금을 빨리 인출하는 것이 유리하고 은행이 망하지 않는다고 하더라도 예금을 인출하는 것이 크게 문제 될 것이 없는 상황이므로 은행이 정말로 망할지 아닐지 모르지만 예금을 인출하려는 것이다. 뱅크런에 대한 우려가 바로 현실이 되는 것은 이 때문이다. 뱅크런을 걱정하는 사람이 조금만 생겨도 모두 다 은행으로 먼저 달려가 예금을 인출하려 하고, 뱅크런은 실제로 발생하게 되는 것이다.

뱅크런은 한 은행에서 발생하면 다른 은행으로 쉽게 번져 나가는 특성이 있다. 한 은행이 망하면 다른 은행의 예금주들도 '우리 은행도 망할지 모른다'는 생각을 하기 때문이다. 두려움이라는 감정은 전염성이 무척 강하다고 한다. 두려움은 일단 퍼지기 시작하면 무서운 속도로 번지게 된다. 뱅크런은 생필품 사재기와 아주 유사하다. 전쟁이나 자연재해 등이 우려되는 상황에서 생필품 사재기가 나타날 수 있다. 이때 두려움이 일단 퍼지기 시작하면 이를 수습하는 것은 매우 어렵다. 일부 사람들이 두려움에 휩싸여 이성을 잃고 극단적인 행동을 하기 시작하면 나머지 사람들도 모두 영향을 받게 된다. 그래서 뱅크런이나 생필품 사재기는 시작부터 차단하는 것이 매우 중요하다.

다행인 것은 뱅크런이 생각처럼 쉽게 발생하지 않는다는 점이다. 'IMF 사태'로 불리는 1997년 외환 위기 때를 생각해봐도 그렇다. 당시 금을 팔려는 사람들이 은행 창구 앞에 긴 줄을 만들었던 모습이 외국 언론에 크게 보도된 적이 있다. 나라 경제가 망가져 뱅크런이 일어날 것이라고 생각했는데 그런 일은 일어나지 않고 반대로 나라 경제를 살리겠다며 사람들이 집에 보관하고 있던 금을 들고 나왔던 것이다.

경제 위기가 닥쳤는데 뱅크런을 만들어내는 대신 금 모으기를 하는 것이 한국인의 국민성을 보여주는 것이라는 분석이 있기는 하지만, 미국처럼 개인주의가 발달한 나라에서도 뱅크런이 쉽게 일어나지는 않는다.

얼마 전 선물 거래를 중개해주는 회사가 파산한 적이 있다. 증권 거래를 중개해주는 회사도 은행과 비슷한 면이 있다. 증권사에 계좌를 만들어 여기에 돈을 넣어놓고 이 돈으로 증권을 사게 된다. 그러니까 증권사가 망할 것이라는 우려가 생기면 남들보다 돈을 먼저 빼내는 것이 우월 전략이 되는 것이다. 하지만 증권사에 문제가 있다는 소문이 돌기 시작했고 신문에서도 이 증권사가 얼마 못 가 망할지 모른다는 뉴스를 내보냈는데도 투자자들이 모두 돈을 빼내가지는 않았다. 며칠 후 이 증권사는 실제로 문을 닫아야 했고 그때까지도 돈과 증권을 인출하지 않은 투자자들은 손해를 보게 되었다. 물론 증권사가 은행과 완전히 같지는 않다. 증권사가 망한다고 해서 그 증권사를 통해 구입한 증권이 모두 사라지지는 않는다. 증권사에 남겨두었던 현금 중 일부는 잃어버릴 수도 있지만 증권사에 큰 액수의 현금을 남겨두는 경우는 많지 않다. 그럼에도 증권사가 망하면 고객들은 분명 손해를 보게 되므로 회사가 망해가는 것을 보면서도 고객들이 돈을 빼내가지 않은 것은 흥미로운 현상이다.

뱅크런이 쉽게 발생했다면 은행의 준비금 제도는 오래전에 사라졌을 것이고, 은행의 통화 창출 기능도 상실되었을 것이다. 뱅크런이 잘 발생하지 않는다는 것은 현대 자본주의 체제 유지에 있어 천만다행이다.

30

인간의 합리성은
익숙함에서 시작된다

위험과 불확실성 ;

어떤 일의 결과가 확실하지는 않지만 모든 가능한 결과를 나열할 수 있고 각 가능성에 확률을 부여할 수 있을 때 위험이 존재한다고 한다. 모든 가능한 결과를 나열할 수 없거나 혹은 각 가능성에 확률을 부여하는 것이 불가능한 경우 불확실성이 존재한다고 한다.

인터파크를 통해 호텔 예약을 몇 번 하고 '하트'라는 온라인 쿠폰을 받았다. 이 하트를 여러 개 모으면 선물을 받을 수 있다는 것은 알고 있었는데 계속 신경 쓰지 않고 있다가 얼마 전 처음으로 자세히 들여다보았다. 의외로 관심이 가는 선물들이 준비되어 있었다. 영화표나 연극표도 있었고, 그 외에 다른 공연 관람권도 있었다.

재미있는 부분은 영화 및 연극에 따라 필요한 하트의 개수가 다를 뿐만 아니라, 어떤 관람권은 정해진 수의 하트를 내면 바로 받을 수 있지만 또 어떤 관람권은 정해진 수의 하트를 내고 나서도 추첨을 통해 받을 수 있다는 점이다. 나중에 알게 된 사실이지만 인터파크뿐 아니라 다른 '웹 몰'에도 비슷한 제도가 있으며, 상당히 오래전부터 운영되었다고 한다. 아마 나만 모르고 있었던 모양이다.

내가 무엇을 보러 갈까 궁리하던 그때 마침 하트 5개를 내면 확실하게 연극표를 두 장 받을 수 있었고, 몇몇 영화의 경우는 하트 3개를 낸 후 추첨 결과를 기다려야 하는 이벤트가 진행되고 있었다. 연극표를 택할지, 영화표를 택할지를 결정하는 것도 쉬운 일은 아니었다. 하트 5개를 내고 확실히 연극표를 받게 되면 여러 가지로 편하다. 미리 같이 갈 사람과 약속을 정하고 계획을 세울 수도 있으니까. 또 한동안 '공짜표를 받을 수 있을까' 하고 궁금해할 필요도 없다. 그런데 당시 나는 하트 3개를 받고 추첨을 통해 나눠주는 영화표가 조금 더 좋아 보였다. 아무래도 연극보다는 영화가 더 인기가 있기 때문에 추첨을 통해 나눠주는 것이었으리라. 게다가 언뜻 보기에 경쟁률이 2대 1도 안 되는 듯하여 당첨 확률도 높아 보였다.

곰곰이 생각하다가 결국은 연극표를 선택했다. 하트도 조금 쓰면서 더 비싸 보이는 표를 얻게 된다면 그 방법이 제일 좋기는 하겠지만, 당첨이 되지 않을 경우 하트 3개만 없애버리는 결과가 되어 기분마저 나빠지지 않을까라는 걱정을 하게 된 것이다. 또 한동안 '공짜표를 받을 수 있을까'라는 걱정 아닌 걱정을 하며 지내는 것도 우스운 일이라는 생각이 들었다. 그냥 하트를 조금 더 쓰고 확실히 해두면 될 것을, 하트 2장 아끼려 하다가 오히려 힘만 빼고 기분 나쁠 수 있다는 결론을 내리게 됐다.

사람들은 불확실성을 기피한다

다른 사람들도 비슷한 생각을 하지 않을까? 어지간하면 확실한 것이 좋을 것이다. 불확실성을 얼마나 싫어하는지, 그것을 피하기 위해 몇 개의 하트를 지불할 의향이 있는지는 물론 사람마다 다를 것이다. 나는 관람권을 확실히 소유하기 위해 두 개의 하트를 추가로 지불했다. 연극 관람권과 영화 관람권의 가치가 동일하지 않다는 점을 고려하면 두 개 이상의 하트를 지불한 것으로 볼 수도 있다. 어떤 사람은 이 정도의 값을 추가로 지불하느니 불확실성을 굳이 피하려 하지 않을 수도 있다.

불확실성하에서의 선택에 대한 연구 결과에 따르면 다수의 사람들은 확실성을 선호하는 것은 물론이고 확실성에 지나칠 정도로 집착하는 경향이 있다고 한다. 그러니까 아주 작은 위험만 존재하더라도 이를 피하려 하고, 그러기 위해 상당히 높은 값을 지불하는 경향이 있다고 한다. 그러니까 영화표를 받게 될 확률이 높은 경우라고 해도 많은 사람들은 더 많은 하트를 지불하고 연극표를 선택할 것이라는 말이다.

사람들이 확실성을 지나칠 정도로 선호하는 경향을 처음 관찰한 사람은 프랑스의 경제학자 모리스 알레(1911~2010)이다. 알레는 전기 회사, 가스 회사 등 독점적 지위를 가지고 있는 국영 기업이 어떻게 가격을 결정하는 것이 사회적으로 바람직한가에 대한 이론을 만들어낸 공로로 1988년 노벨 경제학상을 수상했다. 그러나 많은 경제학자들 사이에서 그는 노벨상 수상 이론보다 확실성 선호에 대한 이론으로 더 잘 알려져 있다. 알레의 초기 이론을 담은 저술들이 대부분 프랑스어로 작성되었기 때문에 널리 여러 나라의 경제학자에게 알려지지 않은 탓이다.

알레의 패러독스 또한 1950년대 초반 프랑스어로 작성된 논문에 들어 있었다. 그것이 영어권에서 유명해진 것은 심리학적 방법론을 경제학에 적용하기 시작한 대니얼 캐너먼, 아모스 트베르스키 등 일련의 행태경제학자들이 그 내용을 담은 이론들을 내놓기 시작한 1970년대 후반이다.

사람들이 확실성을 지나치게 선호한다는 것을 보여주기 위해 알레는 단순한 실험을 하나 제안했다. 일명 '알레의 패러독스'라는 이 실험은 참여자에게 양자택일을 하게 하는데, 하나에는 불확실성이 있고, 그리고 다른 하나에는 불확실성이 없는 것을 제시한다. 하트 5개를 내고 연극표를 확실하게 받는 것과 하트 3개를 내고 50퍼센트의 확률로 영화표를 받는 것과 비슷한 상황이다. 무엇을 고를지 결정하면 이 사람에게 또다시 두 가지 선택이 주어지는데, 이번에는 두 가지 모두 불확실성을 담고 있다. 두 가지 중 첫 번째 선택은 아주 약간의 불확실성만 갖고 있도록 하면 실험이 보다 흥미로워진다. 하트 5개를 내면 99퍼센트의 확률로 연극표를 받게 하고 하트 3개를 내면 50퍼센트의 확률로 영화표를 받는 것 중에 하나를 선택하는 상황을 생각해보자.

처음 선택의 문제에서 불확실성을 피하기 위해 연극표를 골랐던 사람은 두 번째 선택의 문제에서는 무엇을 고를까? 연극표에도 약간의 불확실성이 있기는 하지만, 이 정도의 불확실성은 그냥 무시할 수 있지 않을까? 그러니까 처음 선택의 문제에서 연극표를 고른 사람이라면 두 번째 선택의 문제에서도 연극표를 골라야 하지 않을까? 그러나 현실 속 사람들은 그렇지 않다는 것이 알레의 패러독스다. 불확실성이 너무 작아서 무시하는 것이 합당해 보이는데도 그렇지 않기 때문에 패러독스라는 말이 붙은 것이다. 알레가 제시했던 예는 연극표와 영화표 간의 선택 문제보다 약간 더 복잡하다. 하지만 알레의 패러독스가 보여주고자 하는 내용은 위에서 설명한 그대로이다.

불확실성이 있을 때 사람들은 때로 이해하기 힘든 선택을 한다는 점은 금융시장에서도 살펴볼 수 있다. 주식과 채권의 수익률을 비교해보아도 그렇다. 주식에 100만 원을 투자한 결과로 10만 원을 벌었다면 주식 수익률은 10퍼센트가 된다. 채권에 100만 원을 투자했다가 5만 원을 벌었다면 채권 수익률은 5퍼센트가 된다. 역사적으로 보았을 때 주식에 투자한 경우가 채권에 투자한 경우보다 훨씬 높은 수익률을 올렸다. 어느 나라를 살펴보는가, 또 어떤 기간을 살펴보는가에 따라 숫자가 달라지기는 하지만 주식의 수익률이 채권의 수익률보다 5퍼센트 이상 높은 것이 일반적이다.

보통 주식과 채권의 수익률 차이는 위험의 차이로 설명한다. 주식에 투자했을 때 투자금을 잃을 위험이 크기 때문에 이를 보상하기 위해 평균적으로는 수익률이 높아야 한다는 것이다. 그런데 실제로 주식에 투자했을 때의 위험과 채권에 투자했을 때의 위험을 살펴보면 그 차이가 생각만큼 크지 않다는 것을 알 수 있다. 주식이 분명 더 위험하기는 하지만 채권과 비교했을 때 그 위험도의 차이가 수익률의 차이를 설명할 수 있을 정도로 크지는 않다는 것이다. 이처럼 주식과 채권의 위험도 차이만을 가지고 수익률 차이를 설명할 수 없는 것을 '주식프리미엄 퍼즐'이라고 한다. 수익률의 차이를 프리미엄이라고 표현한 것이다.

알레의 패러독스가 패러독스인 것은 사람들이 확실성에 지나치게 높은 가치를 부여하기 때문이다. 주식프리미엄 퍼즐이 퍼즐이 된 것은 안전 자산인 채권을 사람들이 지나치게 선호하기 때문이다. 확실성에 대한 선호와 안전 자산에 대한 선호는 밀접히 연관된 현상이다.

알레의 패러독스와 연관된 또 하나의 현상으로 '자국 편향 퍼즐'이라고 불리는 현상이 있다. 자국 편향 퍼즐이란 사람들이 외국에 투자하는 것을 꺼리고 국내 자산에 지나치게 많이 투자하는 현상을 가리킨다. 국내 주식과 채권에 투자하는 비중을 줄이고 해외 투자의 비중을 늘리면 수익률은 낮추지 않으면서 위험은 줄일 수 있는데도 다수의 사람들이 그렇게 하지 않는 것이 퍼즐이다. 국가 단위로 보았을 때만 그런 것이 아니다. 자기가 사는 지역의 회사에 더 많이 투자하고, 자기에게 더 익숙한 기업에 더 많이 투자하는 것도 비슷한 현상으로 볼 수 있다. 삼성전자 공장이 내가 사는 동네에 있기 때문에 삼성전자 주식을 산다거나, 현대자동차 광고를 TV에서 많이 봤기 때문에 현대자동차의 주식을 사는 것 등이 그 예이다.

사람들은 왜 자신에게 더 익숙한 것을 선택하는 것일까? 익숙하다고 더 많이 아는 것도 아니고, 익숙한 것을 선택한다고 더 많은 만족감을 얻을 리가 없는데 말이다. 삼성전자 공장이 내가 사는 동네에 있다고 내가 삼성전자에 대해 더 많이 알게 되는 것은 아니다. 내가 현대자동차를 타고 다닌다고 현대자동차 주식을 소유하는 데서 더 많은 만족을 얻게 되는 것도 아니다. 이 같은 익숙함에 대한 선호는 어떻게 설명할 수 있을까?

위험과 불확실성은 어떻게 구분할까

어떤 일의 결과가 확실하지 않은 때 우리는 보통 '위험성이 있다' 혹은 '불확실성이 있다'는 말을 쓴다. 그러니까 위험이라는 말과 불확실성이라는 말을 같은 의미로 쓰는 것이 보통이다. 하지만 이 두 말을 조금 구분해 쓰는 것이 도움이 될 때가 있다. A라는 결과가 나올 가능성, B라는 결과가 나올 가능성을 확률로 분명히 표현할 수 있을 때에만 위험이라는 표현을 쓰고, 그렇지 않을 때 불확실성이라는 표현을 쓰는 것이다. 하트 3개를 내고 나서 영화표를 받을 확률이 60퍼센트이고 그렇지 못할 확률이 40퍼센트라면, 이는 위험은 있지만 불확실성은 없는 경우이다. 하트 3개를 내고 나서 영화표를 받을 확률이 얼마인지 모른다면 이는 불확실성이 있는 경우이다.

위험과 불확실성의 구분은 미국의 경제학자 프랭크 나이트(1885~1972)가 처음 제안한 것으로 알려져 있다. 불확실성을 때로는 '나이트의 불확실성'이라고 부르는 것은 이 때문이다. 나이트 교수는 보험을 통해 피할 수 있는 것을 위험이라고 불렀고, 그렇지 못한 것을 불확실성이라고 불렀다. 나이트는 기업이 이익을 내는 것은 불확실성을 감수하는 것에 대한 대가라는 주장을 하였다. 그리고 위험은 보험을 통해 피할 수 있는 것이기 때문에 위험을 감수하는 것에 대해 대가가 주어질 필요가 없다는 생각이다.

어떤 식으로든 위험과 불확실성을 구분해놓고 나면 위험의 크기가 비슷하더라도 불확실성의 크기에 따라 사람들의 선택이 바뀔 수 있으리라는 것을 알 수 있다. 그러니까 사람들이 외국의 자산보다 자기 나라의 자산에 투자하는 것을 선호하는 이유는 위험 때문이 아니라 불확실성 때문인 것으로 설명할 수 있다. 우리나라의 주식이 외국의 주식에 비해 위험이 적은 것은 아니지만, 적어도 우리나라 사람의 관점에서 볼 때 덜 불확실한 것으로 볼 수 있다.

얼마 전 베트남의 하노이를 방문했다가 찻길을 건너는 데 상당히 애를 먹은 기억이 있다. 도로는 자동차와 오토바이로 가득 차 있었고 횡단보도는 찾을 수 없었다. 횡단보도가 있고 신호등이 있는 경우에도 차들이 신호를 지키지 않기 때문에 어차피 상관은 없었다. 찻길을 건너는 유일한 방법은 무단횡단을 하는 것이었다. 차가 오지 않기를 기다렸다가 길을 건너는 것은 불가능했다. 도로가 항상 자동차와 오토바이로 가득 차 있었기 때문이다. 다른 사람들은 어떻게 길을 건너나 살펴보니 그냥 도로 위의 차를 무시하고 천천히 걸어가는 것이었다. 이렇게 천천히 걸어가면 자동차와 오토바이는 보행자를 알아서 비켜 가는 것이었다. 나도 한참을 망설이다가 남들 하듯이 천천히 길을 건너기 시작했는데 몇 번 하다 보니 보기보다 무섭지 않았다.

그러다 문득 생각났다. 내가 어렸을 때 우리나라에서도 사실은 이런 식으로 도로를 건넜다. 하노이에서처럼 천천히 걷는 대신 빠른 걸음으로 건너기는 했지만 도로 위의 차를 무시하고 건너간 것은 마찬가지였다. 그때 '외국 사람들은 찻길 하나 건너는 데 30분은 걸린다'는 말이 있었다. 차가 오는 것이 보여도 그냥 빨리 지나가면 될 것을, 차가 하나도 없을 때까지 한참이나 기다리는 외국인들을 가리켜 한 말이었다. 그런 외국인들이 우리에게는 답답하고 미련해 보이기까지 했던 것이다. 내가 이번에 하노이에서 찻길을 못 건너고 한참 주저했을 때 베트남 사람들이 혹시 비슷한 말을 하지 않았을까라는 생각이 들었다.

　비록 어렸을 때이기는 하지만 우리나라에서는 별 주저 없이 무단횡단을 했으면서 베트남에서는 한참을 망설이게 되는 것도 일종의 '자국 편향 현상'이 아닌가 싶다. 우리나라에서는 무단횡단을 하는 것이 위험하기는 하지만 불확실성은 적게 느껴질 수 있다. 우리나라 사람에게는 그렇다. 그런데 외국에 가면 무단횡단을 하는 것이 위험할 뿐만 아니라 불확실하기까지 하다. 운전자들이 도대체 어떤 생각을 하며 운전을 하는지, 교통사고가 얼마나 빈번히 일어나는지, 아는 것이 전혀 없기 때문이다. 그러고 보면 익숙함에 대한 선호, 자국 편향은 상당히 광범위하게 퍼져 있는 현상이라는 생각이 든다.

베짱이 패러독스

ⓒ 김대환, 2012

초판 1쇄 인쇄일 | 2012년 4월 10일
초판 1쇄 발행일 | 2012년 4월 17일

지은이 | 김대환
펴낸이 | 강인숙
펴낸곳 | 부엔리브로

출판등록 | 제 313-2006-000119호
주소 | 121-840 서울시 마포구 서교동 394-25 동양한강트레벨 1416
전화 | 02-324-2437
팩스 | (02) 335-1358
e-mail | buenlibro21@naver.com

ISBN 978-89-94435-13-8   13320